ABC
DE LA
RADIESTHÉSIE

JEAN-LOUIS CROZIER
JACQUES MANDORLA

ABC DE LA RADIESTHÉSIE

Préface du Professeur Rémy Chauvin

Directeur de collection :
Michel Grancher

JACQUES GRANCHER
98 RUE DE VAUGIRARD
75006 · PARIS

COLLECTION ABC

Ésotérisme

ABC de l'Astrologie,
D. de Caumon-Paoli
ABC de la Cartomancie,
G. Sciuto
ABC de l'Astrologie chinoise,
D. de Caumon
ABC des Tarots,
C.H. Silvestre
ABC du Yi-King,
B. Ducourant
ABC de la Géomancie,
A.-M. Cacciaguerra
ABC du Magnétisme,
J. Mandorla
ABC de la Numérologie,
J.-D. Fermier
ABC des Prévisions Astrologiques,
D. de Caumon
ABC de la Symbolique du tarot,
C. Silvestre-Haéberlé
ABC des Runes,
J.-P. Ronecker
ABC de la Numérologie chinoise,
J.-D. Fermier
ABC de l'Astrographologie,
S. Chermet-Carroy
ABC de l'Encromancie,
U. Mukanda
ABC de la Magie blanche,
P. Guérin
ABC des Coïncidences mystérieuses,
J. Moisset
ABC de l'Énergie pyramidale,
J. Warin
ABC des Pierres énergétiques,
D. Mantez, J.M. et M. Paffenhoff
ABC de l'Astrologie indienne,
D. Huat

Psychologie

ABC de la Graphologie,
M. Moracchini
ABC de l'Hypnose,
E. Barone et J. Mandorla
ABC des Rêves,
C. Genest
ABC de la Morphopsychologie,
C. Binet
ABC de la Morphochirologie,
M. Bouillon et P. Rouillier
ABC de Généalogie,
V. Gautier
ABC de Psychologie,
C. Morel
ABC de la connaissance de soi,
C. Blin
ABC de l'Ennéagramme,
E. Salmon
ABC des Psychothérapies,
C. Morel
ABC des couleurs,
D. Béresniak

Équilibre

ABC du Yoga,
M.-F. Lemoine
ABC de la Géobiologie,
D. Semelle
ABC de la Relaxation,
J. Choque
ABC de la Médecine chinoise,
N. Raphaël
ABC du Qi Gong,
L. Dong
ABC des Chakras,
D. Lecroq
ABC des Massages, traditionnels thaïlandais
D. Lamboley

Santé

ABC des Elixirs floraux,
E. et C. Maizierre
ABC de la Numérologie médicale,
Dr. M. Rubin, M. Piétri-Vignat
ABC de la Phytothérapie,
Drs. J. Valnet, C. Duraffourd, J.-C. Lapraz

ISSN : 1243-0013

A Hermine, Joseph et Jean-Yves.

Préface

Je viens de lire l'ABC de la radiesthésie de Jacques Mandorla, écrit en collaboration avec Jean-Louis Crozier et franchement, je suis surpris, agréablement. Je m'attendais au pire, ayant lu je ne sais combien d'ouvrages similaires (quand je dis lu : au bout d'un quart d'heure, l'ouvrage vous tombe des mains). Or, j'ai affaire à un travail très clairement rédigé, précédé d'un historique bien construit et pardessus le marché animé d'un scepticisme de bon aloi. Qu'on m'entende bien : je ne mets pas en doute les capacités vraiment étonnantes de certaines personnes, qu'elles s'intitulent voyantes ou radiesthésistes ; au contraire, j'ai eu des exemples personnels qui m'ont convaincu. Mais ce dont je doute fort, ce qui m'irrite comme tout scientifique, ce sont les théories plus folles les unes que les autres et les « appareils de mesure » ou prétendus tels, qui visent à accroître la capacité paranormale de celui qui les emploie. Quand j'entends parler d'ondes, c'est tout juste si je ne sortirais pas mon revolver... si j'en avais un. Or Jacques Man-

dorla expose d'abord impartialement lesdites théories et n'oublie pas de mentionner les « ondes ». Mais cela étant fait, il ne manque pas de dire franchement que tout cela n'a de science que l'apparence (je répète que je parle des théories et non des faits).

Avouons plutôt que les faits existent et que nous n'y comprenons rien. *La grande difficulté dans l'étude du paranormal c'est l'absence, justement, d'une théorie : la physique et la biologie sont trop jeunes encore sans doute. Rien ne sert donc d'employer des termes savants empruntés à la physique alors qu'il ne s'agit manifestement de rien de tel.*

Mais dans la seconde partie qui est consacrée à un des personnages les plus étonnants de cette époque (Jean-Louis Crozier), nous sommes sur un terrain plus solide. Il ne s'agit pas du tout, à mon avis, de radiesthésie au sens du Professeur Rocard : la prospection à distance que pratique Crozier, même s'il se sert d'un pendule, n'a rien de commun avec le geste du pendulisant qui cherche une source sur le terrain. *Le point intéressant, c'est non seulement la faculté qu'a notre sujet de retrouver des personnes disparues, à l'aide de la prospection sur carte, mais aussi le fait qu'il se prête avec la meilleure grâce du monde à l'expérimentation. Je retiens tout particulièrement l'expérience du « faux disparu » tentée avec la télévision, en présence d'un huissier, et l'expérience dite « du jeu de la bataille navale » que Crozier gagne à distance. D'ailleurs, ce qui est rare c'est la complaisance avec laquelle Crozier se prête aux desiderata des scientifiques, ce qui ne semble pas le gêner le moins du monde. Nous tenons en lui « un grand sujet » comme il en apparaît bien rarement. Espérons que nous saurons en profiter.*

Quant à l'explication Encore une fois, Crozier semble faire à peu près n'importe quoi à distance et peu importe cette distance. Quel dommage que nous n'ayons pas même une tentative d'explication ! Sauf peut-être ce que m'a dit un de mes amis, scientifique de haut renom, qui lui aussi fait couramment de la vision à distance. Je lui demandais.

— « Mais quand vous suivez tel ou tel sujet à distance, cela est incompréhensible, puisque votre corps reste loin de lui !

— *Eh ! me répondit-il,* je ne me déplace pas, ni en corps ni en esprit : c'est le temps et l'espace qui sont momentanément annulés ».

C'est ce qui nous est décrit, sans doute, en de nombreuses occasions dans le livre de Jacques Mandorla et Jean-Louis Crozier.

Professeur Rémy CHAUVIN

CHAPITRE 1

Introduction

Pourquoi un *ABC de la radiesthésie* ? — Quand un mot chasse l'autre. — Définitions. — Que pensent les Français de la radiesthésie ? — L'avis de Jean-Louis Crozier.

Pourquoi un ABC de la radiesthésie

« Suite au succès obtenu par l'''ABC du magnétisme'', aussi bien en librairie qu'en édition France Loisirs, nous avons convenu, Michel Grancher et moi, de publier un *ABC de la radiesthésie*.

L'esprit en est le même : faire le point de façon claire, simple mais exhaustive sur le sujet ; fournir des témoignages sérieux, vérifiés, troublants ; mettre en garde les lecteurs sur les pièges qui les guettent ou sur les charlatans qui les menacent ; proposer des tests qui permettent à chacun de mesurer sa propre sensibilité radiesthésique ; enfin enquêter scientifiquement, avec l'aide et la caution du professeur Yves Rocard, sur un ''monstre sacré'' de cette discipline.

Dans l'''ABC du magnétisme'', ce fut Jacques Montagner, ce magnétiseur gersois, disciple de Maurice Mességué, qui a accepté avec grâce les plus complètes investigations sur lui. Dans cet ouvrage, c'est Jean-Louis Crozier qui s'est soumis, avec patience et sensibilité, à une enquête en profondeur. Passionné par cette discipline depuis son enfance (il fut initié par son grand-père sourcier), Jean-Louis Crozier est aujourd'hui le radiesthésiste français le plus consulté en matière de recherche de personnes disparues. Appelé jour et nuit par les gendarmes, les pompiers ou les familles, il a à son actif, en 30 ans de travail, plus de 1 000 recherches, aussi bien en France qu'à l'étranger. Découvrez ce personnage étonnant et attachant dans le chapitre 8 qui lui est totalement consacré et où il se ''met à nu'', aussi bien au cours d'une interview passionnante qu'à travers des tests scientifiques proposés par le professeur Yves Rocard et moi-même.

Et comme il a une expérience très riche et une sagesse proverbiale, je lui ai demandé, à chaque chapitre, son avis personnel, objectif, sans contrainte, sur tout ce qui concerne cette discipline mi-art, mi-science, qu'est la radiesthésie. »

Jacques MANDORLA

Quand un mot chasse l'autre

Radiesthésie est un mot étrange. Pour les puristes de la langue française, sa « composition » est hybride. En effet, ce mot provient de deux termes d'origine différente : l'un, latin : *« radius »* signifiant rayon, l'autre, grec : *« aisthesis »* signifiant sensation.

Ce mot d'allure barbare fut créé officiellement le 29 décembre 1929 par l'abbé Bouly, lorsque ce dernier fonda à Lille le premier groupement de baguettisants et de pendulisants : l'Association des Amis de la Radiesthésie (qui existe d'ailleurs toujours). En inventant ce terme, il est certain que l'abbé Bouly a été impressionné par les découvertes effectuées par des physiciens et des chimistes réputés : Henri Becquerel (qui constata en 1896 l'émission spontanée de rayons particuliers par des sels d'urane sous l'action de la lumière), Marie Curie (qui, la même année, créa le terme de radioactivité) ou encore Ernest Rutherford (qui montra l'existence des rayonnements α et β émis par l'uranium).

Grâce à l'abbé Bouly donc, et cela depuis plus d'un demi-siècle, le mot radiesthésie est devenu populaire et célèbre. Il a d'ailleurs totalement fait disparaître le mot qu'utilisèrent, au cours des siècles, de nombreuses générations pratiquant un mode de divination à l'aide d'une baguette qu'on nomma la rhabdomancie : ce terme formé de deux mots grecs (ici, pas de compromission avec le latin !) signifiant l'un «*rhabdos*» : baguette et l'autre «*manteia*» : divination.

En somme, on peut dire qu'en passant de la rhabdomancie à la radiesthésie, on a consacré le pendule au détriment de la baguette et sacrifié un terme rappelant trop la voyance au profit d'un autre correspondant mieux au scientisme du XXe siècle.

Définitions

Quand on étudie l'ensemble de la littérature concernant la radiesthésie, on est étonné de deux choses : d'abord, il y a une multitude d'ouvrages sur le sujet (certains sérieux, d'autres fantaisistes), ensuite, il y a autant de définitions du mot radiesthésie que d'auteurs ! Aussi me suis-je seulement intéressé à celles qui sont vraiment pertinentes.

En premier lieu, il faut relever la définition donnée par le *Grand Robert* de la langue française : « la radiesthésie, c'est la réceptivité particulière à des radiations qu'émettraient différents corps et c'est aussi le procédé de détection fondé sur cette sensibilité ».

Pour Antoine Luzy, auteur de *Radiesthésie moderne* (éditions Dangles) : « la radiesthésie est l'art de mettre en jeu directement et volontairement l'activité inconsciente pour la recherche d'objets qu'on ne peut découvrir par d'autres moyens ».

De Bélizal dans son *Essai de radiesthésie vibratoire* (Desforges éditeur) essaie, lui, d'être plus précis : « la radiesthésie est la transformation et l'amplification de la radiation traversant le corps de l'homme par l'intermédiaire du fluide vital et dont le mécanisme se traduit par le mouvement d'un détecteur (pendule ou baguette) dont le sens d'interprétation peut donner au problème une solution exacte ou fausse ». On constate que De Bélizal ajoute un élément qu'on ne trouve pas dans les autres définitions : le fluide vital qu'on peut assimiler au magnétisme. Or, on verra plus loin avec le professeur Rocard que magnétisme et radiesthésie ont des points communs.

De son côté, Henry de France (fils) introduit dans *Radiesthésie théorique et pratique* la notion d'intuition : « la radiesthésie est l'art de provoquer l'intuition pour essayer de découvrir ce qui ne tombe pas sous les sens habituels, en utilisant une baguette en équilibre instable ou un pendule, pour obtenir des mouvements inconscients, auxquels une signification conventionnelle est attribuée ».

Pour Jean Auscher, ancien conseiller scientifique au Centre de Recherche de la Marine et auteur chez Desforges en 1973 du livre *Les mystérieux pouvoirs du cerveau humain démontrés par la radiesthésie graphique*, la radiesthésie est l'art d'entrer en communication avec la mémoire qui imprègne les objets, et de traduire en clair son contenu.

Enfin, signalons pour être complet que le professeur Yves Rocard, auteur de quatre ouvrages faisant autorité : *Le signal du sourcier* (Dunod, 1962, épuisé), *Les sourciers* (Que sais-je, 1981), *Le pendule explorateur* (Erg, 1983) et, surtout, *La science et les sourciers* (Dunod, 1989) affirme préférer au terme de radiesthésie celui de « biomagnétisme », qui exprime la sensibilité de l'être humain aux inégalités locales du champ magnétique.

Cependant, quelles que soient les définitions retenues, les opinions concernant la radiesthésie sont très contrastées. Il suffit pour s'en convaincre de lire les réactions totalement opposées de Noël Bayon et d'Alexis Carrel. Pour Noël Bayon, auteur de *Miracles chez les guérisseurs*, qui en 1951 sur RTL (appelée Radio Luxembourg, à l'époque) avait organisé une confrontation entre médecins et radiesthésistes ayant tourné au désavantage de ces derniers (5 fois sur 7, leurs diagnostics se sont avérés faux), « la radiesthésie est un champignon de l'espèce délirante qui croît sur un fumier de mensonges » !

Alors que pour le docteur Alexis Carrel, prix Nobel de médecine en 1912 et auteur du best-seller *L'homme, cet inconnu* en 1936, « la science a toujours été obligée de reconnaître la vérité. Mais avant d'en arriver là, avant de se libérer de ses œillères opaques, elle a toujours su inventer les mots qui blâment, les mots qui essaient de tuer. La radiesthésie n'échappe pas à cette règle, elle sait que tout passe... sauf la vérité, sauf la justice et elle sourit à l'avenir car elle aura sa revanche ».

Que pensent les Français de la radiesthésie ?

La réponse est donnée dans un sondage paru dans *l'Express* du 21 mars 1991 et effectué par l'IFOP auprès d'un échantillon (999 personnes) représentatif de la population française de plus de 15 ans. On y relève en effet que 65 % des interviewés considèrent les recherches de sources avec une baguette de coudrier comme un phénomène bien réel, alors que 26 % pensent qu'il s'agit d'un trucage, et que 9 % n'ont pas d'opinion.

L'AVIS DE JEAN-LOUIS CROZIER

Je pense qu'il y a autant de définitions de la radiesthésie qu'il y a d'individus !

Mais puisqu'il faut m'engager, je vous donne ma définition personnelle de la façon d'exercer cet « art » :

« La radiesthésie, ce n'est pas un don mais simplement un phénomène de sensibilité, d'émotivité et de sensation que le radiesthésiste, en condition de travail, met en activation. »

Ainsi, lorsque je travaille au pendule, je me compare à un radar : mon cerveau émet une sorte d'onde porteuse, peut-être d'origine électrique, en direction du disparu, onde qui me revient ensuite sous forme de réponse positive ou négative.

En d'autres termes, j'ai l'impression que chaque question mentale que je formule part à la recherche de l'écho que je dois obtenir.

CHAPITRE 2

Historique : de la rhabdomancie à la radiesthésie

La radiesthésie à l'aube de l'humanité. — Il y a 4 000 ans : la première baguette en Chine. — Des objets mystérieux en Égypte. — Moïse était-il sourcier ? — Les vertus divinatoires de la baguette en Grèce. — Les condamnations à mort du pendule à Rome. — Quand sorcellerie et sourcellerie se confondaient. — La triste histoire de Martine de Bertereau et du baron de Beausoleil. — Quand la baguette résout une énigme policière. — Un sourcier très doué : Barthélémy Bleton. — Le pendule l'emporte sur la baguette. — XXe siècle : la radiesthésie s'organise. — L'inventeur du terme «radiesthésie» : l'abbé Bouly. — Un pionnier remarquable : l'abbé Mermet. — L'avis de Jean-Louis Crozier.

La radiesthésie à l'aube de l'humanité

Il semblerait que, dès la préhistoire, les peuplades primitives aient eu leurs sourciers. Ceux-ci possédaient-ils une sorte d'instinct de l'eau, comme les animaux du désert? Selon M. de la Bastide, la baguette, « bâton de commandement » de forme spécifique se rapprochant d'une baguette ouverte et percée de trous, aurait permis aux chefs de tribus préhistoriques de trouver l'eau pour choisir l'emplacement des villages et de découvrir des cavernes (on pense que c'est le cas des hommes de Cro-Magnon). D'ailleurs, les parois de certaines grottes montrent des sorciers brandissant un objet allongé. Seraient-ce les premières baguettes?

Pour de Bélizal, l'auteur de l'*Essai de radiesthésie vibratoire*, c'est certain : *« Ce bâton était tout simplement un pendule qui avait la particularité de porter gravé sur ses parois des dessins d'animaux. Généralement construit en bois ou en os de renne, le bâton de commandement était un détecteur-témoin parfait pour la chasse de cet animal. De forme droite ou coudée, percé à sa partie supérieure d'un trou servant au passage d'une tige cylindrique en bois ou en os (tige que l'homme tenait horizontalement à la main par l'une de ses extrémités), le bâton-pendule virait autour de ce support (par la loi des ondes entretenues), dès que la main de l'autre bras, formant antenne, captait la radiation-renne, et cela quelle que soit la distance où se trouvait la bête. »*

Il y a 4 000 ans : la première baguette en Chine

On sait avec certitude que la sourcellerie était pratiquée en Chine plus de 2 000 ans avant J.-C., et que les sourciers chinois étaient devenus dès lors des experts dans les recherches souterraines. La baguette utilisée, fourchue, ressemblait plutôt à un diapason qu'à un « Y ».

L'Empereur Yu Huang, fondateur de la dynastie de Hsia, était capable de déceler avec une baguette des objets cachés, des gisements miniers, des sources et réglait même les travaux agricoles en fonction de ses découvertes. Il fut sans doute le plus éminent hydrologue de l'Antiquité. Un document nous relate d'ailleurs les talents de sourcier de cet empereur : il s'agit d'une gravure chinoise sur bois datant, pense-t-on, de 147 après J.-C. reproduisant un bas relief plus ancien. Cependant, il faut noter que le Professeur Yves Rocard doute du fait que l'empereur, qui régna de 2205 à 2197 avant J.-C., ait bien une baguette en main.

Des objets mystérieux en Égypte

Des fouilles effectuées dans les tombeaux de la Vallée des Rois ont permis de découvrir des baguettes. A quoi servaient-elles ? Par ailleurs, dans certaines tombes de pharaons furent trouvées des boules de bois percées, à travers lesquelles passe un fil. Étaient-ce des pendules ?

Il est fort probable que seuls des Mages ou des Prêtres surent pratiquer la radiesthésie et qu'ils en gardèrent jalousement les secrets. On connaît les influences telluriques et radiesthésiques de la Grande Pyramide et du Sphinx dont les emplacements mêmes ne furent pas du tout choisis au hasard (et que nous évoquerons au chapitre 3 : radiesthésie, rayons et ondes de forme).

Moïse était-il sourcier ?

Les textes sacrés et la Bible évoquent largement l'utilisation variée de bâtons ou de baguettes, mais rien ne prouve qu'il en ait été fait usage pour la sourcellerie. Toutefois, huit siècles avant J.-C., le prophète Osée crie au scandale en voyant certains moyens de divination employés par le peuple d'Israël : « Mon peuple consulte son bois et sa baguette le renseigne » (chap. IV - verset 3).

Au VIe siècle avant J.-C., le prophète Ezéchiel raconte dans l'Ancien Testament que le Roi de Babylone interrogeait les « téraphim », sortes d'idoles à figure humaine ou animale qui rendaient des oracles, et avait aussi recours à la divination avec des baguettes en forme de flèches ou de lances. Ainsi, il consultait de préférence un cavalier de bronze représenté une lance à la main, et qu'on mettait face au danger : si la lance tombait, c'était l'annonce d'une attaque imminente de l'ennemi, si au contraire elle restait immobile, c'est qu'aucun péril ne menaçait. Beaucoup plus connu est le témoignage de Saint-Paul sur les pouvoirs de Moïse qui fit jaillir, en plein désert, de l'eau du rocher d'Horeb en le frappant de son bâton en bois d'amandier.

L'épisode du bâton de Moïse est cité dans la Bible au chapitre 22 (les nombres) :

« Les enfants d'Israël, toute l'assemblée, arrivèrent dans le premier mois au désert de Sin, et le peuple séjourna à Cades.

Comme il n'y avait pas d'eau pour l'assemblée, ils s'attroupèrent contre Moïse et Aaron. Le peuple se disputa avec Moïse et lui dit : ''Que n'avons-nous péri quand nos frères périrent devant Jéhovah ? Pourquoi avez-vous fait venir l'assemblée de Jéhovah dans ce désert, pour que nous y mourrions, nous et notre bétail ? Pourquoi nous avez-vous fait monter d'Égypte, pour nous amener dans ce méchant lieu, où l'on ne peut semer, où il n'y a ni figuier, ni vigne, ni grenadier, ni même d'eau à boire ?'' Alors Moïse et Aaron, quittant l'assemblée, se retirèrent à l'entrée de la tente de réunion. Ils tombèrent face contre terre, et la gloire de Jéhovah leur apparut. Jéhovah parla à Moïse en disant : ''Prends un bâton et convoque l'assemblée, toi et ton frère Aaron ; vous parlerez au rocher en leur présence, afin qu'il donne ses eaux ; et tu feras sortir pour eux de l'eau du rocher, et tu donneras à boire à l'assemblée et à son bétail''. Moïse prit le bâton qui était devant Jéhovah, comme Jéhovah le lui avait ordonné. Puis Moïse et Aaron convoquèrent l'assemblée en face du rocher et Moïse leur dit : ''Écoutez donc, rebelles ! Vous ferons-nous sortir de l'eau de ce rocher ?''

Moïse leva la main et frappa deux fois le rocher de son bâton et il sortit de l'eau en abondance. L'assemblée but ainsi que le bétail. »

Notons que le professeur Yves Rocard a exprimé son scepticisme sur les dons de « sourcier » de Moïse dans son dernier ouvrage (*La science et les sourciers*) : « *Toutes sortes d'auteurs ont interprété sans aucun scrupule, ou plutôt sans que rien ne les retienne, la présence d'une baguette dans certains récits légendaires comme l'indice d'un procédé pour détecter de l'eau. Nous sommes persuadé qu'il n'en est rien. Voyons par exemple Moïse dans la Bible. Sur le mont Horeb, il frappe le rocher de sa baguette, mais il s'y prend à deux fois. Jéhovah s'indigne de son manque de confiance, quoi qu'il fasse jaillir de l'eau. D'après quelques exégètes, l'emploi d'une baguette révélerait le sourcier. A notre avis, « frapper avec une baguette » serait plutôt un geste venant à l'appui de l'affirmation d'un chef. Du reste, où est le texte original ? Voilà le bon peuple, dans les siècles des siècles, obligé de croire soit aux sourciers soit aux miracles ? N'insistons pas et, dans l'état actuel de nos connaissances, évitons d'embrigader de force Moïse chez les sourciers. S'il avait eu une baguette fourchue, ce serait différent. Mais aucun élément n'est apparu dans ce sens.* »

Enfin, il est intéressant de remarquer que la Bible mentionne positivement la baguette de Moïse, mais condamne l'emploi des baguettes utilisées dans un but de divination... comme ce sera le cas en Grèce.

Les vertus divinatoires de la baguette en Grèce

C'est dans l'île de Lesbos, selon Philostrate, que les peuples de Mytilène utilisaient la baguette comme un attribut divin et réservé à celui qui entre en contact avec les dieux.

C'est de là que vient l'origine du terme rhabdomancie. D'autres pratiques divinatoires cohabitaient d'ailleurs avec la rhabdomancie : la bélomancie (divination par la flèche), la xylomancie (divination par le bois) et l'hydromancie (divination par l'eau).

Les baguettes furent-elles symboles de pouvoir ? On pourrait le croire, car on a trouvé des sculptures d'idoles ayant en main une baguette fourchue. De plus, dans la mythologie grecque, Athéna, la Minerve des Romains, utilisait une baguette pour rajeunir ou vieillir Ulysse, et Hermès, le Mercure des Latins, brandissait la sienne pour déchaîner les éléments ou envoyer une âme aux Enfers. Et les deux plus célèbres magiciennes, Circé (qui retint Ulysse et métamorphosa ses compagnons en pourceaux) et Médée (qui s'éprit de Jason pour son malheur), usaient elles aussi de la baguette pour leurs pratiques de magie.

Les condamnations à mort du pendule à Rome

Comme les Grecs et les Égyptiens, les Romains connaissaient aussi la baguette et le pendule. Des écrits relatent l'existence d'une sorte de bâton en forme de crosse appelé *Lituus*, qui servait à percevoir des influences fastes ou néfastes. Ainsi, lorsque Romulus fonda Rome, un augure étrusque l'accompagna sur la colline et, baguette en main, détermina la zone des influences favorables pour l'implantation de la ville.

Réputés pour leurs connaissances approfondies des influences cosmiques et telluriques, les Etrusques plantaient des sortes de tiges dans le sol pour accélérer la croissance des végétaux et pour dévier la foudre.

Mais la baguette fut utilisée pour tout autre chose lors de la conquête par les légions romaines de la Gaule et de la Germanie. Des porteurs de baguettes précédaient les armées et avaient pour tâche de détecter les eaux souterraines utiles aux troupes lorsqu'elles stationnaient dans un camp militaire. C'est ainsi que les sources thermales des Romains furent découvertes.

Dans la Rome Impériale, les prêtres utilisaient le pendule à des fins divinatoires. Ainsi, vers 370 après J.-C., lors d'une conspiration contre Flavius Valens, l'empereur de Byzance, celui-ci voulut savoir qui le menaçait. Ammianus Marcellinus (330-390 après J.-C.) raconte qu'ayant fixé un anneau à un fil, les prêtres promenèrent ce pendule au-dessus des lettres de l'alphabet. L'anneau oscilla puis s'arrêta sur quatre lettres qui formèrent : T... H... E... O... : l'Empereur décida alors de condamner à mort tous les sujets dont le nom commençait ainsi ! Mais cela ne put empêcher Valens d'être remplacé à la tête de l'Empire d'Orient par... Théodose qui, au moment du verdict du pendule, vivait à Rome ! On a même pu identifier quel pendule fut utilisé car il figure dans un récit relatif à cette conjuration, qui le décrit « maintenu par un support, sorte de trépied, surmonté d'un bras aminci pour être sensible aux vibrations ».

Quand sorcellerie et sourcellerie se confondaient

Au-delà de la quasi-homonymie (à une lettre près, le « u »), il ne s'agit bien entendu pas d'une confusion faite par les gens entre les deux mots. Ceux-ci ayant une origine totalement différente, (sourcellerie vient de source, apparu dans notre langue au XIIe siècle, alors que sorcellerie vient de sorcier, apparu au VIIIe siècle), ont cependant été rapprochés dans l'esprit des gens du Moyen-Âge et même après. Pourquoi ? Probablement parce que l'esprit humain a eu du mal à comprendre ce que faisaient ces gens, arpentant la campagne avec des baguettes, et disant « creusez ici, vous trouverez de l'eau ou de l'or ». Et tout cela, avec comme seul outil une branche fourchue de coudrier !

Vous ne pouvez alors empêcher les gens de penser qu'il y a l'intervention du diable là-dedans. Et, inévitablement, le sourcier est qualifié de sorcier et assimilé à lui.

Ainsi, dès le XIIe siècle, un manuscrit montre l'assimilation de la sourcellerie à la sorcellerie, la baguette servant à détecter alors les métaux précieux et les trésors cachés.

Dans la mythologie germanique, la baguette divinatoire, qui avait pour nom Wunsciligerta, était un attribut du dieu Wotan (Odin), protecteur des héros, dieu-guerrier et dieu-magicien. Le Niebelungslied contient d'ailleurs la description d'une baguette d'or.

Mais c'est en 1518, avec Luther (1483-1546) que l'amalgame sourcellerie/sorcellerie s'amplifie. Luther soupçonnait la baguette de servir à un échange avec le diable et en condamnait solennellement l'usage : son utilisation pour des motifs néfastes allait à l'encontre du premier commandement biblique.

En 1521, le moine bénédictin Basile Valentin, qui était aussi alchimiste, dénombra dans son *Novum Testamentum*, sept sortes de baguettes (qu'il nomme verges) dont les mineurs autrichiens auraient usé pour découvrir les filons de charbon : verges divine, luisante, saillante, transcendante, tremblante, tombante, supérieure. (Il est intéressant de noter, avant d'y revenir un peu plus loin, qu'au siècle suivant, Martine de Bertereau proposera aussi sept baguettes différentes). D'après Valentin, la baguette qu'ils portaient en permanence attachée à leur ceinture ou fixée à leur chapeau était un fort précieux outil. Des gravures de l'époque appuient cette thèse, notamment le portrait du Directeur des Mines à la fin du XVIe siècle, Christophe Von Schenberg, qu'on peut observer baguette en main au Musée de l'École des Mines de Feiberg, en Saxe. Sébastien Munster, dans la *Cosmographie Universelle*, publia une gravure montrant aussi un mineur baguette en main.

Cette même année 1521, paraît le grimoire *Le Dragon Rouge* qui développe une méthode pour utiliser la baguette : « *Dès le moment où le soleil paraît sur l'horizon, vous prendrez, dans un but divinatoire, de la main gauche une baguette vierge de noisetier sauvage et la couperez de la droite en trois coups, disant : Je te ramasse au nom d'Eloim, Mitraton, Adonay et Semphoras, afin que tu aies la vertu de la verge de Moïse et de Jacob, pour découvrir tout ce que je voudrais savoir : et pour la faire tourner, il faut dire, la tenant serrée dans ses mains par les deux bouts qui font la fourche : Je te commande au nom d'Eloim, Mitraton, Adonay et Semphoras de me révéler, etc.*

Après avoir prononcé ces grandes et terribles paroles, et ayant toujours la vue du côté du Soleil Levant, vous achèverez de couper votre baguette, et l'emporterez dans votre chambre : ensuite vous chercherez un morceau de bois que vous rendrez de même grosseur que les deux bouts de la véritable que vous porterez chez un serrurier pour faire ferrer les deux petites branches fourchues avec la lame d'acier qui a servi à égorger la victime, faisant attention que les deux bouts soient un peu aigus, lorsqu'ils seront posés sur le morceau de bois; le tout étant ainsi exécuté, vous retournerez à la maison et mettrez ladite ferrure vous-même à la véritable Baguette, vous prendrez ensuite une pierre d'aimant que vous ferez chauffer pour aimanter les deux pointes de votre Baguette, en prononçant les paroles suivantes : par la puissance du grand Adonay, Eloim, Ariel et Jehovam, je te commande d'unir et d'attirer toutes les matières que je voudrai : par la puissance du grand Adonay, Eloim, Ariel et Jehovam, je te commande suivant l'incompatibilité du feu et de l'eau, de séparer toutes matières, comme elles furent séparées le jour de la Création du monde. »

Puis, en 1546, dans *De re metallica* (le Traité des Métaux), le minéralogiste allemand Agricola (1494-1555) exposa qu'il ne voyait aucune affinité entre la baguette et l'eau. Or, à ce moment-là, en Allemagne, s'installa fortement l'idée que la pratique de la baguette est un rituel magique, célébré par des « gens sans religion » qui font appel aux forces de l'au-delà. Mais, exceptés Luther et Agricola, les savants croyaient généralement tous aux vertus de la baguette divinatoire.

A ce propos, un siècle plus tard, l'abbé de Vallemont, qu'on évoquera un peu plus loin, écrira : « Le petit peuple ne pouvant s'imaginer que la nature employait des agents qui ne fussent pas visibles et palpables, a attribué aux sorciers et aux démons tous les effets dont il ne pouvait pas développer le mécanisme ». Toutefois, il admettra que des charlatans et des fourbes exploitèrent aussi ce don.

Gravure tirée du *De re metallica* d'Agricola
et représentant des mineurs-sourciers.

La théorie médicale de Paracelse (1493-1541), médecin et alchimiste suisse, avait pour base l'idée alchimiste des correspondances ou analogies entre les différentes parties du corps humain (microcosme) et celle de l'Univers dans sa totalité (macrocosme). Son avis sur la baguette était pourtant assez mitigé. Toutefois, selon le père jésuite Kircher, savant et orientaliste allemand (1601-1689), le bois de coudrier était bien approprié pour détecter les métaux.

Goclénius, André Libavius, Michel Mayer admirent eux aussi l'efficacité du coudrier. Le dernier, philosophe et alchimiste, compara la baguette « à une sage-femme aidant les montagnes à accoucher des matières métalliques dont elles sont enceintes » ! Il attribuait les propriétés précieuses de la baguette de coudrier à la sympathie de ce bois pour les métaux. Il affirma dans *Verum inventum, hoc est munera germaniae* que l'Allemagne avait été le précurseur en matière de divination par la baguette.

Quant au philosophe et alchimiste Gaspard Peucer (1525-1602), il écrivit le *Traité des principaux genres de divination* (1584) dans lequel il évoqua le pendule « cet anneau suspendu au-dessus d'un verre à demi rempli d'eau et qui heurtait, selon lui, le verre au moment où était détectée la vérité ».

Le XVIIe siècle fut une époque de transition. Écrivains, savants et philosophes comme Robert Fludd, auteur de *Philosopha Moysaica* (1638) ou Rodolphe Glauber expliquèrent que la baguette mettait à jour l'affinité innée du monde végétal avec le monde minéral.

A la détection des métaux précieux et des trésors cachés, vint alors s'ajouter une propriété nouvelle : celle de révéler l'existence des eaux. La première à exploiter ce don fut Martine de Bertereau.

La triste histoire de Martine de Bertereau et du baron de Beausoleil

Martine de Bertereau et son mari, le baron de Beausoleil, minéralogiste, originaire du Brabant, directeur des Mines du Tyrol et du Trentin, après avoir réussi de nombreuses prospections en Allemagne, Italie, Suède, revinrent en France, en 1626, à la demande du surintendant des Mines du Royaume, le Maréchal d'Effiat, pour prospecter les provinces françaises. Leurs recherches étaient fondées sur un appareillage complexe : un grand compas, une boussole à 7 angles, un astrolabe universel ainsi que 7 verges métalliques et hydrauliques qui permettaient de découvrir, en les distinguant, les minéraux et les végétaux et de détecter les différentes qualités d'eaux souterraines. Dans un ouvrage paru en 1650 et introuvable aujourd'hui, *la Restitution de*

Pluton ou Exposé des découvertes des mines par les Beausoleil en France de 1602 à 1640, ils donnèrent aux 7 baguettes un nom : la lumineuse pour l'or, la sautante pour le cuivre, l'éblouissante pour l'argent, la battante pour l'étain, la trépidante pour le plomb, la tombante pour le fer, la relevante pour le mercure.

Ils énoncèrent aussi une théorie de recherche des métaux : *« Il y a cinq règles méthodiques qu'il faut savoir pour connaître les lieux où croissent les métaux :*
— la première, par l'ouverture de la terre, qui est la moindre ;
— la seconde, par les herbes et les plantes qui croissent dessus ;
— la troisième, par le goût des eaux qui en sortent ou que l'on trouve dans les euripes (canaux) de la terre ;
— la quatrième, par les vapeurs qui s'élèvent autour des montagnes et vallées à l'heure du soleil levant ;
— la cinquième et dernière, par le moyen de seize instruments métalliques qui s'appliquent dessus.

Or, outre ces cinq règles et seize instruments, il y a encore sept verges métalliques dont la connaissance et la pratique sont nécessaires, et desquelles nos anciens se sont servis pour découvrir, de la superficie de la terre, les métaux qui sont dedans et en leur profondeur, et si les mines sont pauvres ou riches en métal, comme aussi pour découvrir la source des eaux, avant que d'ouvrir la terre, si elles sont abondantes... »

Mais leurs activités n'allèrent pas sans difficultés car les fonctionnaires royaux étaient souvent superstitieux : ainsi, à Rennes, sous l'inculpation de sorcellerie, ils furent arrêtés et leurs biens et instruments confisqués. Bien que rapidement disculpés, ils ne récupérèrent pas ce qui leur appartenait.

En 1632, dans la *Véritable déclaration faite au roi et à nos seigneurs de son Conseil, des riches et inestimables trésors nouvellement découverts dans le royaume*. Martine de Bertereau énuméra le résultat de leurs recherches en France : ils avaient découvert plus de 150 mines et de nombreuses sources, notamment la source d'eau minérale de Château Thierry, baptisée source de Mont-Martel et signalée au public par une plaque commémorative rappelant la prospection de 1629.

Finalement ruiné par ses recherches, le couple (qui ne reçut jamais aucun dédommagement des services du Roi, sinon le titre d'Inspecteur Général des Mines et un brevet en 1634, pour le baron), décida de s'adresser à Richelieu.

Dans le but d'obtenir quelques subsides, la baronne lui envoya la liste de leurs découvertes déjà effectuées : métaux précieux et cristal dans les Pyrénées, fer et plomb argentifères dans le Comté de Foix, charbon dans la Vallée du Rhône, antimoine, zinc et soufre dans le Comté d'Alais, turquoise dans le Quercy, rubis et opale dans la région du Puy, ardoise et marbre en Normandie et en Bretagne.

Richelieu ne transigea pas et les fit tous deux incarcérer pour magie et sorcellerie. La Bastille pour lui et Vincennes pour elle virent alors la fin des deux découvreurs bien en avance sur leur temps.

Au cours du XVIIe siècle, on peut dire que le monde savant fut très partagé : certains condamnèrent d'emblée et d'autres révisèrent ou nuancèrent leur jugement sur le pouvoir de la baguette et de ses utilisateurs, qui furent affublés du terme « baguettisants ».

Ainsi, en 1631, le père jésuite Kircher constata « la sympathie de l'instrument pour les courant d'eaux » mais mit en doute son efficacité dans la recherche des métaux.

Quand au père jésuite Gaspard Schott, qui condamnait l'usage de la baguette, il révisa son jugement après avoir observé son action dans la main d'un homme « pieux et honnête » (1657). Il mentionna même l'usage du pendule pour déterminer l'heure du jour. En 1662, dans *Physica Curiosa Subterranea*, il fut le premier à parler du pendule dit « explorateur » qui servit à détecter l'or.

En 1674, Jacques le Royer, avocat au Parlement de Rouen, s'enthousiasma dans le *Traité sur le bâton universel* qu'on puisse ainsi « découvrir toutes sortes de choses cachées », mais il exclut le monde moral, ce qui rassura un peu l'Inquisition. Il affirmait par ailleurs que le bâton pouvait être constitué de toute matière (or, argent, bois, ivoire...). L'année suivante, le Dr Christianus Frommann professait que les mouvements de la baguette restaient sans explications mais donnaient des résultats effectifs. Il critiquait ceux qui niaient les réalités.

Quand la baguette résout une énigme policière

« L'affaire Jacques Aymar » (car c'est comme cela qu'on l'appelle aujourd'hui) défraya la chronique en cette fin de XVIIe siècle. Que s'est-il exactement passé ?

Tout commence le 5 juillet 1692 à Lyon. De bon matin, un marchand de vin constate que son voisin, qui pratique le même métier que lui, n'a toujours pas ouvert sa boutique. Il avertit la police qui force alors la porte et découvre dans la cave les corps du propriétaire et de sa femme, assassinés à coups de serpe. Au rez-de-chaussée du magasin, le tiroir-caisse a été forcé : le mobile est clair, c'est le vol.

L'enquête n'ayant rien donné, on décide de faire appel, malgré un certain scepticisme, à un paysan du Dauphiné, âgé d'une trentaine d'années : Jacques Aymar.

Sourcier réputé dans sa région, il trouvait des sources et pouvait même, dit-on, repérer la présence d'un homme dans un tonneau ! Par contre, lorsqu'il réussissait ses expériences, cela se passait toujours dans la souffrance : son corps tremblait et il se mettait à transpirer, comme pris d'une forte fièvre.

Muni d'une attestation du curé de sa paroisse certifiant qu'il était bon catholique mais en aucun cas fou ou jeteur de sorts, Jacques Aymar arrive à Lyon.

Il est tout de suite amené sur les lieux du crime. Armé d'une baguette, il détecte un trajet invisible qui, d'après lui, aurait été emprunté par le criminel et se décide à suivre cette trace.

Partant de la maison du crime, il traverse une partie de Lyon, passe sur la Saône, enjambe le pont du Rhône et pénètre dans un des quartiers de la ville : La Guillotière. Là, Aymar, toujours « guidé » par sa baguette, se dirige vers la maison d'un jardinier, tout étonné de voir arriver chez lui des policiers et des magistrats, précédés par un individu qui conduit le groupe au moyen d'une baguette!

Dans la pièce principale, Aymar voit sa baguette pointer vers trois escabeaux puis vers un des enfants du jardinier qui, tremblant de peur, témoigne alors avoir vu entrer, le 5 juillet, dans la maison, trois hommes dont un bossu. Après lui avoir demandé à boire, ils s'étaient assis sur les trois escabeaux indiqués par Aymar puis étaient repartis en direction de Vienne, en longeant le fleuve.

La poursuite continuait, elle allait amener les enquêteurs, toujours précédés d'Aymar, à travers Vienne, Saint-Vallier, Tain, Valence, pour se terminer à Beaucaire. Là, Aymar se dirigea vers la prison où il fut pris de tremblements violents et désigna une cellule dans laquelle était enfermé... un bossu, arrêté le jour même pour avoir volé du pain chez un boulanger. Le bossu avoua avoir assassiné, avec deux complices, le marchand de vin et sa femme. Il fut roué vif place des Terreaux à Lyon, le 20 août, soit six semaines à peine après le double crime. L'enquête, grâce à Aymar et à sa baguette, avait été menée tambour battant.

Cette « affaire Jacques Aymar » eut un énorme retentissement dans toute la France et déclencha un engouement sans précédent pour la rhabdomancie. D'ailleurs, dès l'année suivante, en 1693, parurent de très nombreux livres sur le sujet (le plus célèbre fut celui de l'abbé de Vallemont dont nous allons parler un peu plus loin).

Pour conclure sur Aymar, laissons la parole à Louis Figuier qui, deux siècles plus tard, en 1880, écrivit dans *Les mystères de la science* : « *L'unique agent qui a découvert le criminel et qui l'a mis entre les mains de la justice, c'est un homme à baguette, le Dauphinois Jacques Aymar. Voilà des faits qui ont paru et qui doivent paraître encore réunir tous les caractères de certitude que peut exiger la foi humaine. Personne n'a donc hésité, à l'époque où ils se sont produits, à leur accorder pleine créance ; on ne songea pas un moment à les mettre en doute, seulement on s'occupa beaucoup de les interpréter, et chacun les commenta à sa manière.*

L'événement extraordinaire dont la cité lyonnaise avait

été le théâtre eut donc pour résultat d'attirer vivement l'attention du public vers les merveilles de la baguette divinatoire. Ce n'était pas, en effet, la première fois que l'on entendait parler en France des usages de la baguette; elle était depuis longtemps populaire dans les campagnes. Mais elle avait été réservée, jusqu'à cette époque, à la solution de difficultés d'un ordre secondaire : à la recherche des eaux souterraines, à la détermination des limites contestées d'un héritage, en un mot, au jugement des petits différends des campagnards. L'événement de Lyon vit agrandir tout d'un coup la sphère d'action et les applications de la baguette. Des hameaux, elle pénétra dans les villes, elle passa du vulgaire au savant. C'est, en effet, entre des hommes fort instruits que cette matière épineuse se traita à partir de cette époque, et l'on mit à contribution, pour essayer de l'éclaircir, tous les systèmes de philosophie, de physique et de théologie qui étaient alors en faveur. Cela devait être, puisque la vertu de la baguette divinatoire, si longtemps considérée comme une superstition populaire, venait de prendre rang parmi les dispositions juridiques».

A cette époque, un auteur se distingua des autres par le retentissement qu'il donna à l'affaire Aymar : l'abbé de Vallemont, jésuite, professeur de physique au Collège Louis-le-Grand, de son vrai nom l'abbé Le Lorrain. Il tenta d'expliquer l'affaire Aymar dans *La Physique Occulte* ou *Traité de la baguette divinatoire* (1693).

Pour lui, le tremblement de la baguette était dû au du sourcier. Son explication était la suivante : des esprits subtils provenant de l'eau ou de l'homme (et spécialement résistants pour les criminels) passeraient dans les deux branches de la baguette de coudrier pleines de pores. Lors d'un crime, les atomes crochus de la victime et du criminel étaient exacerbés et se maintenaient en éveil. C'est pourquoi, sur le lieu du délit ou sur le passage du criminel, ils réagissaient. Pour l'abbé de Vallemont, c'est de cette façon que Jacques Aymar aurait élucidé l'affaire! Le livre eut un grand succès immédiat.

Mais le 26 octobre 1701, l'Inquisition mit ce livre (ainsi que tous ceux qui prônent l'usage de la baguette) à l'index, en excommuniant les baguettisants. Pourtant, il fut réédité ensuite de nombreuses fois. Très sensible à la sorcellerie, l'époque donne aussi la parole au Père Pierre Lebrun, prêtre de l'Oratoire, qui assimila la rhabdomancie à un rapport avec le démon et la magie. On rapporte qu'à cette lecture, une demoiselle Ollivet qui avait le don de faire tourner la baguette sur les métaux et les eaux, fut bouleversée. Très pieuse, elle pria Dieu de ne plus laisser la baguette réagir dans ses mains. Et l'histoire raconte qu'elle fut exaucée...

Gravure tirée du *Traité de la baguette divinatoire* de l'abbé de Vallemont

Un sourcier très doué : Barthélémy Bleton

Ce paysan originaire, comme Jacques Aymar, du Dauphiné[1] eut, par hasard, à l'âge de 7 ans, la révélation de ce don : assis sur une pierre, il fut tout à coup saisi d'une intense fièvre qui disparut sitôt qu'il changea de place. Elle reprit quand il revint s'asseoir sur la pierre. Le prieur de la Chartreuse du lieu fit creuser la terre sous la pierre et une source souterraine se mit à jaillir ! Sorcellerie étonnante puisque la baguette lui avait été inutile ; d'ailleurs lorsqu'il en prenait une, elle était projetée en hauteur dès qu'il passait près d'un point d'eau.

Pendant ses expériences, Bleton ressentait physiquement des symptômes plus ou moins violents selon le volume et la profondeur de l'eau avoisinante : il passait de la fièvre aux étouffements et aux tremblements nerveux.

Appelé à la Cour, il découvrit, entre autres, à la demande de la reine Marie-Antoinette, les abondantes sources qui alimentèrent Trianon.

Bien sûr, le sérieux de ses dons fut nié par la majorité des savants d'alors, tel l'astronome Lalande. Si Diderot, lui, semblait croire au phénomène naturel de la baguette, le philosophe des Lumières se fondait uniquement sur les mathématiques ; quant à Voltaire, dans *l'Encyclopédie des Amateurs*, il ne lésina pas sur la critique : « on trouve les sources d'eau, les trésors au moyen d'une baguette de coudrier qui ne manque pas de forcer un peu la main à un imbécile qui la serre trop et qui tourne aisément dans celle d'un fripon ».

Heureusement, un savant fut plus positif : en 1780, le Dr Thouvenel, de Nancy, fit venir Bleton en Lorraine et le soumit à toute une série de tests. Il écrivit son *Mémoire Physique et Médical montrant les rapports évidents entre*

1. Le Dauphiné a toujours fourni de nombreux sourciers. Pour le professeur Yves Rocard, « cela peut être dû à sa géologie contrastée, charriage de terrains quaternaires sur des soubassements granitiques, donc assez magnétiques ».

les phénomènes de la baguette divinatoire, du magnétisme et de l'électricité, pour exprimer son enthousiasme devant la technique et les résultats obtenus par ce sourcier étonnant.

Le pendule l'emporte sur la baguette

Les superstitions s'endormaient quelque peu et des esprits neufs s'éveillaient. Pourtant, même si le pendule avait été mentionné dès 1662 dans les ouvrages de Schott et qu'on crût en avoir trouvé dans les tombeaux égyptiens ou dans les ruines romaines, il ne fut pas utilisé, jusqu'à la fin du XVIIIe siècle, par les sourciers qui, tous, travaillaient avec la baguette.

Dès 1730, le physicien anglais Gray avait remarqué que certaines matières suspendues à un fil tendu étaient attirées par des masses électrisées.

En 1792, Antoine Gerboin, professeur à la Faculté de Médecine de Strasbourg, ramena des Indes des pendules qu'on utilisait pour trouver des sources. Puis, il observa qu'une sphère creuse, reliée à la main par une ficelle, prenait un mouvement circulaire après quelques oscillations. Il conclut dans *Recherches expérimentales sur un nouveau mode d'action électrique* (1808) qu'« une force particulière existerait dans l'homme. Wheler, lui, avait estimé que le désir de produire un mouvement déterminé était la cause première de ce mouvement.

Quant à Ritter, membre de l'Académie des Sciences de Munich, dont l'enthousiasme à défricher ce domaine eut un impact sur l'opinion publique, il fit une analyse comparée des réactions du pendule de Gerboin selon la nature (eau ou métal) qu'il approchait.

Plus pratique que la baguette, le pendule devint alors l'outil habituel des sourciers.

L'un des plus farouches opposants à la radiesthésie fut le chimiste Michel Eugène Chevreul (1786-1889), célèbre pour avoir découvert la stéarine, qui permit de mettre au point la bougie. Il ne vit dans la sourcellerie que supercherie et charlatanisme. A Deleuze, magnétiseur et disciple de Mesmer, qui lui montrait le maniement du pendule explorateur, il rétorqua : « Étant donné qu'il n'y a aucune action physique du milieu extérieur sur le corps du sujet, seul l'esprit, par le concours de la vue, peut commander ces tremblements organisés. Ceci par une action inconsciente, involontaire, de la volonté. Finalement, on ne peut détecter par le pendule explorateur que ce que l'on voit ou l'on sait avoir à détecter ».

Ainsi, Chevreul refusa l'idée que la rotation du pendule soit liée à un mécanisme physique : son explication serait dans l'autosuggestion du sujet sur l'objet. Il en était tellement persuadé qu'en 1833 dans une *Lettre à Ampère*, il mit celui-ci en garde à propos de ses recherches sur l'électromagnétisme, l'invitant à ne pas étendre sa curiosité au pendule explorateur. Vers 1850, à l'Académie des Sciences, il fut chargé d'analyser les travaux d'un sourcier, médecin à Hyères, qui prétendait faire des découvertes grâce au pendule. Indigné, il publia trois ans plus tard, *De la baguette divinatoire, du pendule dit explorateur et des tables tournantes*, où il condamnait ces trois pratiques, les traitant d'escroquerie. Cependant, il concluait que la connaissance visuelle déclenchait le phénomène du pendule dont le mouvement était provoqué par l'involontaire action des muscles du sourcier lorsqu'il savait ce qu'il devait découvrir.

Cet ouvrage sera longtemps la référence des rationalistes, et aujourd'hui, quelques sceptiques s'y rapportent encore.

Un des contemporains de Chevreul, le Comte de Tristan, ancien élève de l'École Polytechnique, réussit enfin, après cinq années de vains essais, à faire tourner sa baguette sur une source souterraine.

Il reprit en 1826 dans *Recherches sur quelques effluves terrestres*, la théorie de Thouvenel avec quelques variantes. Il nomma la baguette « furcelle » (petite fourche), le sourcier « bacillogyre » (tourneur de baguette) et le sol qui dégage des effluves « excitateur ». Après avoir employé la baguette en bois classique des sourciers, il choisit ensuite du fanon de baleine, constitué de deux tiges réunies par une douille. Selon ses vues, l'électricité qui passe du sol dans le corps porteur de baguette s'y décompose, le fluide positif allant dans la main droite et le fluide négatif dans la gauche. Le déséquilibre entre ces deux fluides provoquerait la mise en rotation de la furcelle.

L'anthropologue Gabriel de Mortillet, sourcier professionnel, publia en 1849 une *Histoire de l'Hydroscopie* où il décrivit ses expériences mais ses conclusions ne furent guère pertinentes. Par contre, dans ses *Observations sur le mouvement des baguettes et des pendules* (1854), le baron de Morogues développa sa théorie sur les radiations des corps et leur influence : la rhabdomancie fait alors de grands pas vers la radiesthésie moderne.

A la fin du siècle, des chercheurs, dont Jansé et Louis Probst, tentèrent de déterminer, sans succès, les lois susceptibles de régir les mouvements du pendule.

Si les Français et les Allemands furent certainement les plus passionnés au cours des XVIIe, XVIIIe et XIXe siècles, d'autres pays comme l'Angleterre et l'Autriche se sont aussi intéressés à l'utilisation de la baguette. Ainsi, en Angleterre, vers 1821, le Révérend Ralph Emerson et le Révérend Steele effectuèrent quelques expériences, le premier souhaitant surtout recenser des données significatives sur l'usage de la baguette. De Quincey dans *Modern Superstitions* (1840) signalait l'utilisation fructueuse de baguette de saule pour la recherche de l'eau dans la province de Somersetshire et parlait de « rhabdomancie païenne ».

En Autriche, la théorie de la rhabdomancie progressa grâce aux travaux de K.-F. Reichenbach qui notait, en 1867 : « Les corps émanent ou rayonnent quelque chose qui ne diminue pas leur poids, qui traverse le verre et qui exerce un effet si puissant à distance qu'il provoque des activités motrices, comme le mouvement d'un pendule ».

XXe siècle : la radiesthésie s'organise

Le XIXe siècle fut plutôt matérialiste, mais Freud et ses travaux sur l'inconscient réactivèrent les mouvements sourciers, notamment en Allemagne et en France. La baguette fourchue quitta donc la main de l'homme de la terre pour celle du chercheur, du physicien, de l'ingénieur, du savant. Avec la découverte du radium, naquit la radiesthésie. Celle-ci n'explore plus guère le sous-sol mais analyse la terre, la vie végétale et animale.

Certains crièrent au scandale lorsque baguettes et pendules réagirent devant des troubles organiques du corps humain et osèrent, par la voix de leur utilisateur, diagnostic et thérapeutique.

Le docteur Chavanon, homéopathe, constatait avec courage que « pour choisir la meilleure teinture ou la meilleure dilution obtenue de la culture choisie, il n'y a, à l'heure actuelle, qu'un seul procédé rapide, la radiesthésie sérieuse, qui puisse aider l'expérimentation chimique des remèdes. La radiesthésie n'en est qu'à ses balbutiements mais déjà les conclusions métaphysiques qu'il est possible d'en tirer dressent contre elle une majorité d'adeptes des sciences dites positives ».

Selon Guy Chastel, son domaine est illimité car c'est celui même de la création. C'est pourquoi les enthousiastes voulurent appliquer la sourcellerie à toutes choses et créèrent donc des associations, des revues, des ouvrages, des Congrès...

L'année 1911 est à marquer d'une pierre blanche : c'est en effet cette année-là que se tint le premier Congrès des Sourciers à Hanovre, où l'industrie minière du lieu offrait ses mines à l'expérimentation... Le 2e Congrès eut lieu en Angleterre, à Guilford.

Le Docteur Paul Beyer fonda en 1913 en Allemagne l'Union Internationale des Sourciers tandis qu'à Paris, au Congrès International de Psychologie Expérimentale, Henri Mager proposa de contrôler des expériences faites par des radiesthésistes sur les recherches suivantes : des cavités souterraines en précisant si elles contenaient ou non de l'eau ; des métaux enfouis avec indication de leur nature ; des courants d'eau souterrains avec indication de leur direction, de leur profondeur et de leur largeur.

Une vingtaine de sourciers, parmi lesquels Coursange, Pelaprat, Lebrun, Probst, Falcoz, participèrent à ces épreuves dont les résultats furent très satisfaisants. Armand Viré, directeur du Laboratoire de Biologie souterraine au Muséum de Paris, qui dirigeait les opérations, en fut stupéfait ; lui qui, au départ, était plutôt sceptique, se découvrit des dons de sourcier et révéla l'existence de la galerie souterraine de plusieurs kilomètres qui relie des grottes de Lacave, dans le Lot.

Durant la guerre de 14-18, les Allemands ont utilisé des sourciers pour détecter le sol compact qui convenait le mieux à l'installation de « La Grosse Bertha », ce canon à longue portée destiné à pilonner Paris, qui avait été précédemment placé sur un sol trop mou. De l'autre côté du front, l'abbé Bouly (voir juste après) repéra fort précisément dans le sol des obus non éclatés.

L'inventeur du terme « radiesthésie » : l'abbé Bouly (1865-1958)

L'abbé Bouly, sourcier et curé d'un village du Pas-de-Calais et l'abbé Bayard, professeur aux Facultés Catholiques de Lille, recherchaient un terme à la fois populaire et scientifique qui intégrerait les expérimentations faites à l'aide de pendules ou de baguettes. Ils allièrent finalement deux racines, l'une latine (*radius* : rayon), l'autre grecque (*aisthêsis* : sensibilité). Et le terme « radiesthésie » naquit ainsi, contre l'avis de certains puristes. Il fut rendu public en 1929, lorsque l'abbé Bouly créa l'Association Française et Internationale des Amis de la Radiesthésie. De nombreux scientifiques de renom y adhérèrent tels Édouard Branly, membre de l'Institut, Deslandres et Arsonval, membre de l'Académie des Sciences et le Docteur Meillère, ancien Président de l'Académie de Médecine...

Les découvertes de l'abbé Bouly furent fort nombreuses, tant en France qu'à l'étranger (Portugal, Espagne, Roumanie). En plus des sources profondes, il révéla des cimetières mérovingiens et des souterrains dans des châteaux féodaux. Il fut une aide même à la médecine, car la justesse de ses diagnostics atteignit le corps médical qui le convia à utiliser ses dons dans des hôpitaux du Nord de la France. Voici ce qu'humblement il disait de lui : « Nous vivons dans un océan de radiations que nous ne percevons pas : des effluves invisibles émanent de toutes choses, il ne s'agit que de déceler leur existence en constituant soi-même un détecteur vivant. Une fragile antenne permet de capter plus aisément les radiations cachées : c'est la fameuse baguette du sourcier. Je ne suis qu'un chercheur de vibrations et c'est tout... ».

Un pionnier remarquable : l'abbé Mermet (1866-1937)

Si l'abbé Bouly a inventé le mot de radiesthésie, devenu célèbre depuis, l'abbé Mermet a sans doute été le créateur de la technique de radiesthésie à distance qu'on appelle la téléradiesthésie et dont le mot a été inventé par Émile Christophe (voir chapitre 7).

Dans son remarquable ouvrage *Le Guide de la Radiesthésie*, Michel Moine révèle une étonnante expérience réussie par l'abbé Mermet. Ce dernier voulut expérimenter le système de recherche de sources sur plan à la prospection d'objets, avec l'un de ses amis, l'abbé Racineux. Dans le but de vérifier ce nouveau mode de recherche, Racineux envoya à Mermet le plan de son logement et du jardin pour détecter à distance, avec son pendule, « ce qu'il y aurait dans sa maison, en or, en argent, en charbon » tel jour à telle heure précise. Voici la réponse de Racineux, le 12 mai 1919, après qu'il eut reçu par écrit les résultats de Mermet :

Bien cher confrère,

J'attendais la réponse avec une bien vive impatience. A vrai dire, je ne comprends rien, absolument rien à votre nouvelle méthode. Je suis ahuri et je suis dans la stupéfaction la plus absolue. Comment pouvez-vous arriver, à la distance de 1 015 kilomètres qui sépare Pornic et Landeron, comment, dis-je, pouvez-vous arriver à déterminer d'une façon aussi précise les objets cachés, la quantité, l'emplacement, le jour et l'heure où la personne a pu renfermer ces objets ? C'est cependant ce qui vient de se passer et M. le curé de Pornic, l'abbé Louet, à qui j'ai communiqué votre première lettre, ne peut pas y croire : il me dit : « Vous êtes des fumistes, je crois que vous avez dû faire un pacte avec Satan... Eh quoi ! Vous avez pourtant renoncé au diable ? » J'aime à croire que vous ne serez nullement offensé, en tout cas, je me permets de lui montrer votre lettre dans laquelle vous m'annoncez votre expérience, qui est si probante, du reste.

Quoi qu'il en soit, cher confrère, vous avez pleinement réussi. C'est bien exactement le jeudi, entre 9 heures trois quarts et 10 heures du matin, que j'ai caché mon argent, somme de 400 francs en pièces d'argent, et vous dites approximativement : 375 francs en argent monnayé ou non monnayé : c'est bien cela. J'ai placé cet argent dans le tiroir de ma table de travail à 0,80 m de la cheminée et non pas à 1,50 m de la cheminée, mais le dessin était mal fait.

De l'or, je n'en possède pas, comme vous le dites : je l'ai versé pour la défense nationale, sauf une montre en or, souvenir de famille qui se trouvait dans un tiroir à droite : ce que vous avez indiqué du reste. Ce qui m'a le plus surpris, c'est l'annonce du charbon dans la partie sud-ouest de mon jardin et, toujours d'après le même plan, dans ma remise. Vous m'avez tué net. Je n'avais pas souvenance, en effet, qu'il me restait encore, depuis l'année 1911, 28 à 30 kilos de boulets à moitié enfouis sous des branches d'arbres.

Ma surprise a été encore plus grande par l'annonce d'une très petite quantité de charbon dans ma remise, j'ai là, en effet, 12 à 15 kilos de charbon de bois.

A vrai dire, cher confrère, votre nouvelle méthode est admirable : elle est surtout très précise. Puisque vous ne pouvez pas me divulguer par lettre la façon dont vous procédez, je me vois contraint d'aller faire un voyage en Suisse à cet effet. J'ai hâte d'apprendre votre système.

Aujourd'hui, pour vous tranquilliser, je vous envoie quelques lignes; dès que je vais avoir un moment de loisir, je vous écrirai plus longuement.

Avec ma bien sincère amitié, cher confrère, veuillez agréer l'assurance de mon bon souvenir.

Racineux

Les « révélations » de l'abbé Mermet devinrent rapidement une méthode de recherche très utilisée aujourd'hui à partir de photographies, de cartes, de plans, de croquis...

Nous ne saurions conclure ce chapitre sur l'historique de la radiesthésie sans citer quelques autres chercheurs qui ont, par leurs travaux, beaucoup aidé à faire progresser cet art[1].

De Turenne, qui a écrit l'ouvrage le plus dense sur le sujet *De la baguette de coudrier au détecteur du prospecteur* à Joseph Treyve, grand expert en téléradiesthésie et horticulteur dans la vie, dont un livre explique les recherches (*Joseph Treyve*, par le docteur Laval) en passant par Émile Christophe (inventeur du mot téléradiesthésie et auteur de *L'apologie des sourciers* et de *Tu seras sourcier*), le révérend père Jurion, spécialiste de radiesthésie médicale et les deux Henry de France (le père, qui créa la baguette moderne à deux lames distinctes et plates, attachées entre elles à un bout, et le fils, aujourd'hui Président de l'Association des Amis de la Radiesthésie) qui sont les auteurs de nombreux livres-référence sur le sujet (voir bibliographie en fin d'ouvrage).

1. Abbé de Vallemont, abbé Mermet, abbé Bouly, abbé Ferran, abbé Bayard, Révérend Père Jurion, Révérend Père Kircher, Révérend Père Bourdoux... : on constate que les ecclésiastiques ont été, à travers les siècles, de très fervents adeptes de la radiesthésie. Pour Antoine Luzy, l'explication est simple : un prêtre fait généralement un bon sourcier car il est exercé à la méditation, à la prière et à la maîtrise de soi.

L'AVIS DE JEAN-LOUIS CROZIER

De toute l'histoire de la radiesthésie, passionnante et pleine de rebondissements, je retiens surtout l'affaire Aymar. Ce qu'a fait ce personnage m'a impressionné. Avec si peu de moyens — une simple baguette — arriver à trouver une piste, la suivre sur des centaines de kilomètres et permettre d'arrêter un assassin est tout simplement extraordinaire. Devant un succès aussi éclatant, je me sens un bien petit radiesthésiste. Pourtant aujourd'hui, grâce à la photographie, grâce à des cartes de très grande précision, notre travail est rendu plus facile. Aymar était simple, modeste, mais combien efficace ! J'avoue que je voudrais bien lui ressembler.

J'ajouterai aussi l'abbé Alexis Mermet, qui a droit à une place particulière dans mon cœur. C'est, en effet, la lecture de son livre Comment j'opère, *devenu un ouvrage-référence depuis, qui a déclenché ma passion pour la radiesthésie. Je n'hésite pas à dire que l'abbé Mermet a été mon guide.*

Enfin, j'ai le sentiment que depuis la fin de la deuxième guerre mondiale, la radiesthésie intéresse moins le grand public, qui fut très enthousiaste dans les années 1920-1930. Cependant, j'ai l'impression — cela dit sans prétention aucune — que depuis que les médias m'ont sollicité (c'est-à-dire à partir de 1975), on reparle beaucoup plus de cet art. La centaine d'émissions radio et la quinzaine d'émissions TV auxquelles j'ai participé n'y sont, sans doute, pas étrangères.

CHAPITRE 3

Radiesthésie, rayons et ondes de forme

Les principaux rayons radiesthésiques : Les trois rayons de l'abbé Mermet. — Les deux rayons de l'abbé Bouly. — Le rayon vert négatif de De Bélizal. — Les réseaux quadrillés. — Les cheminées cosmo-telluriques.
Les ondes de forme : Généralités. — Les caractéristiques des ondes de forme. — Ondes de forme et aura. — Les formes émettrices anciennes. — Les formes émettrices modernes : la radionique.
La géobiologie ou l'étude des ondes nocives : Les ondes nocives d'une habitation (le magnétisme terrestre, les eaux souterraines, l'habitation elle-même, l'électricité).
L'avis de Jean-Louis Crozier.

Pour une part importante de la famille de ses adeptes, la radiesthésie consiste à détecter des ondes, des rayons, rejoignant ainsi la définition donnée par l'abbé Bouly, fondateur du mot « radiesthésie » (sensibilité aux rayons) que nous avons évoquée au chapitre 1.

La notion de rayons a surtout été popularisée entre 1930 et 1940, années qui ont vu des millions de Français se passionner pour la radiesthésie et des centaines d'ouvrages être publiés sur le sujet.

Il faut dire qu'entre les deux guerres les travaux de Pierre et Marie Curie sur le radium et ceux de Marconi et Branly sur la télégraphie sans fil (T.S.F.) ont vulgarisé la notion de rayons ou d'ondes invisibles. Ce qui a alors engendré de nombreuses erreurs d'interprétation par tous ceux qui, justement, rapprochaient un peu trop facilement la radiesthésie de la T.S.F. ou de la radioactivité.

Pour Jean Pagot (*Radiesthésie et émission de forme*) : « *On a beaucoup parlé d'émetteur, de récepteur, un objet émet, le radiesthésiste reçoit. Ce ne sont que des façons de parler qui conduisent à croire qu'effectivement il y a émission et réception, mais les choses ne sont pas si évidentes, une influence peut se faire sentir à distance sans qu'il y ait eu émission et propagation de quoi que ce soit, d'autre part l'influence se fait sentir après disparition du ''générateur'', cette situation est connue des voyants et sensitifs opérant dans le domaine musical, par exemple.* »

Cependant, aujourd'hui, les lois de la physique empêchent toujours d'accréditer la thèse de l'existence d'un rayonnement constant d'énergie d'un objet ou d'une personne très éloignés de l'observateur. En effet, on sait que tout rayonnement d'énergie de caractère physique (magnétique, électrique, lumineux...) s'affaiblit de façon proportionnelle au carré de la distance qu'il parcourt. Ainsi, un objet émettant un rayonnement, situé à un mètre de l'observateur et qu'on éloignerait de 10 mètres, verrait l'intensité de son rayonnement devenir 100 fois plus faible !

Voilà pourquoi, après le travail de nombreux scientifiques et spécialement du professeur Yves Rocard, on ne peut toujours pas conclure que les radiesthésistes captent une sorte d'énergie se présentant sous forme de rayons (voir, pour plus de précisions, le chapitre suivant : « Les explications des scientifiques »).

Cela étant, de nombreux auteurs et chercheurs parlent de rayons ou de rayonnements. Il importe donc, pour être objectif et complet, d'analyser les principales théories concernant ces rayons puis d'étudier les ondes de forme (pour certains, il y aurait des objets, à configuration particulière, qui émettraient un ensemble de rayons bien caractéristiques) et enfin d'aborder la notion de géobiologie (théorie des ondes nocives qui menacent notre habitat et notre vie).

LES PRINCIPAUX RAYONS RADIESTHÉSIQUES

Les trois rayons de l'abbé Mermet

On a vu dans le chapitre précédent combien l'abbé Alexis Mermet, surnommé le « prince des sourciers », a fait progresser la connaissance (par ses incontestables recherches et réussites personnelles) et la reconnaissance officielle de la radiesthésie (par ses nombreuses conférences).

Dans son livre best-seller, intitulé *Comment j'opère*, l'abbé Mermet évoque trois rayons radiesthésiques distincts, qu'il a nommés :

- le rayon fondamental ;
- le rayon capital ;
- le rayon lumineux.

a) LE RAYON FONDAMENTAL

Pour l'abbé Mermet, tout corps émettrait dans une direction spécifique, située sous le plan horizontal, un rayon fondamental (appelé parfois par d'autres auteurs rayon physique).

Ce rayon fondamental serait toujours identique pour un même corps (cela signifie que tout radiesthésiste cherchant à détecter ce corps percevra un sens déterminé de rotation de son pendule).

De plus, il émettrait dans une direction donnée et non tout autour du corps (ce qui le distinguerait d'un rayonnement de type radioactif), à une distance limitée.

Enfin, le rayon fondamental ferait un angle déterminé avec le nord magnétique, angle spécifique à chaque corps, et permettant d'identifier ce dernier.

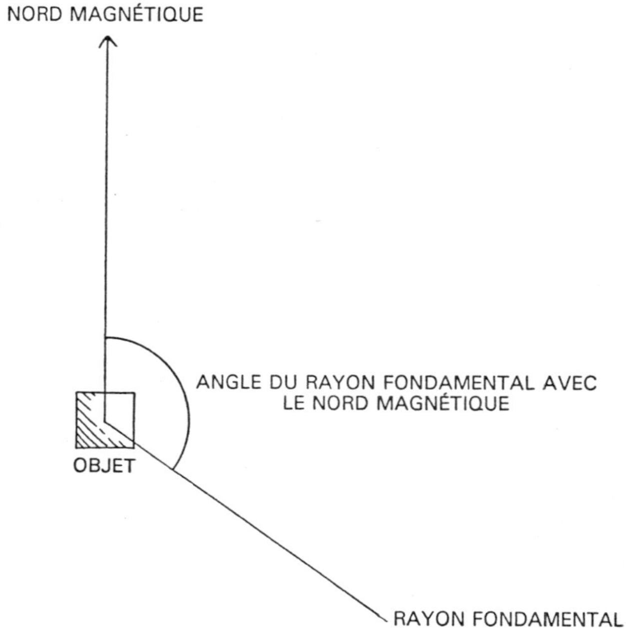

Le rayon fondamental de l'abbé Mermet.

Voici quelques angles caractéristiques calculés par l'abbé Mermet :

fer/acier : 180° sud
aluminium : 75° nord-est
eau : 30° nord-ouest

Pour l'abbé Mermet : « *D'après les études faites sur les rayons fondamentaux de plusieurs corps, on est arrivé à admettre que ceux-ci sont semblables aux rayons lumineux, mais qu'ils chemineraient sur la ''lumière noire'' et seraient obscurs, pour notre vue tout au moins. Comme les rayons lumineux, les rayons fondamentaux à travers un prisme se réfractent. Ils subissent des phénomènes d'interférence et peuvent être bloqués ou dérivés par des filtres ou des miroirs opaques. Ces rayons se polarisent comme le rayon lumineux.*

« Cette vibration est donc un fait précis, contrôlé, qui peut se chiffrer et se chiffrera un jour dans une gamme voisinant le millième de millimètre, assez voisine des rayons X. Il reste à savoir comment on atteint ce rayon radiesthésique fondamental et aucune explication définitive n'en a été donnée. Comme il est avéré qu'un sourcier, même extra-sensible, peut éviter de recevoir ces ondes et de les traduire par ses mouvements ou ceux de son pendule et que seuls sa volonté ou son subconscient décident son organisme à être en position de captage des rayons fondamentaux, on en viendra donc à admettre la nécessité de la détection par un organisme prédisposé. »

b) LE RAYON CAPITAL

Selon la tradition radiesthésique, le rayon capital (appelé aussi rayon mental) serait un rayon émis par tout objet captable par l'opérateur cherchant à le détecter, et cela quelle que soit la distance qui les sépare.

Le rayon capital fut dénommé ainsi par l'abbé Mermet parce qu'il s'agit, à son sens, d'une vibration reliant l'objet au cerveau du radiesthésiste (capital vient du latin « *caput* » = tête).

Mais suivons l'abbé Mermet plus loin dans son explication : « *De même que toutes les étoiles, sauf obstacle interposé, nous regardent d'un rayon lumineux, tous les corps, sans restriction d'obstacles, nous regardent d'un rayon obscur. Chaque corps, vibrant dans toutes les directions, atteint constamment chaque homme du flot de ses ondes noires. Ce sont elles qui viennent à nous, et non pas quelque chose de nous qui s'évaderait pour explorer au loin; notre organisme n'est pas un poste émetteur d'ondes mais un poste récepteur. (Cette dernière phrase vise le sourcier en travail, car autrement elle serait fausse, notre corps vibre*

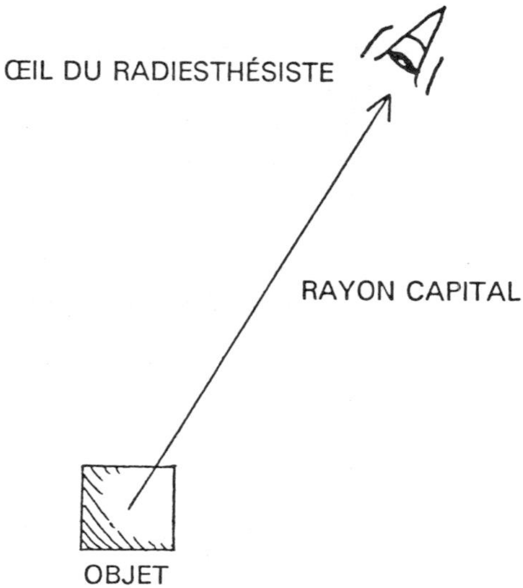

Le rayon capital (ou mental) de l'abbé Mermet.

mais sa vibration émettrice n'est pas utilisée ici.) Notre cerveau est comme un œil radiesthésique, et non un phare ; il accueille ou néglige les rayons. On reste chez soi, mais toujours libre d'ouvrir sa porte ou de la fermer. La presque totalité de ces rayons des choses est perdue parce que mal accueillie, ce n'est qu'en rencontrant l'homme accordé qu'ils peuvent attirer son attention. »

A propos du rayon capital, un auteur très connu des radiesthésistes, René Lacroix-à-l'Henri, révélait dans son *Manuel théorique et pratique de radiesthésie* : « *En réalité, nous pensons que le rayon capital existe bien, mais n'est qu'une partie constitutive des possibilités ou des facultés de la moyenne fréquence du sourcier. Il serait le pont entre le domaine physique et le spirituel ou le subconscient de l'opérateur. Il faut le définir, selon Mermet, comme une vibration reliant l'objet au sourcier ou à d'autres personnes.*

« *Capital, parce qu'il va de l'objet à la tête, yeux ou cerveau de l'opérateur. Explique-t-il par son cheminement la quasi-nécessité des yeux ouverts ? Vient-il sensibiliser un obscur arrière-nerf de la rétine, qui sentirait cette vibration obscure pour le reste de l'œil ? C'est très possible. En tout cas, la prospection les yeux fermés constitue non pas un record, mais presque une anomalie.»*

c) LE RAYON LUMINEUX

Pour l'abbé Mermet, ce troisième rayon est un rayon qui va du soleil vers l'objet (ou corps). Il correspond exactement au rayon solaire de l'abbé Bouly (voir ci-après).

Les deux rayons de l'abbé Bouly

L'abbé Bouly, contemporain de l'abbé Mermet, croyait à l'existence de deux rayons : le rayon solaire et le rayon témoin.

a) LE RAYON SOLAIRE

L'abbé Bouly travaillait essentiellement à l'aide du plan solaire. Ce plan (mental) passant d'après lui par le soleil et par l'objet recherché, on peut se demander comment identifier ce dernier indice, puisque c'est précisément le but de la recherche.

Pour l'abbé Bouly, la technique consiste à déterminer deux rayons solaires reliant le soleil à l'objet à trouver. Chacun de ces rayons se situant dans un plan solaire, l'objet recherché sera localisé à l'intersection des deux plans.

Concrètement, il s'agit de faire des mesures à deux moments distincts de la journée (suffisamment espacés pour obtenir un angle assez grand entre les deux plans et pas trop près de midi, pour éviter d'avoir deux plans verticaux trop proches).

Prenons un exemple : on cherche à trouver une boîte contenant des pièces de monnaie enfouie dans un champ.

On procédera à deux mesures :

— l'une à 9 heures : le radiesthésiste va s'efforcer de détecter un point au sol situé dans le plan solaire 1. A ce point, il faut planter un piquet dont l'ombre indique dans quelle direction se trouve la boîte et tracer une ligne matérialisant cette ombre.

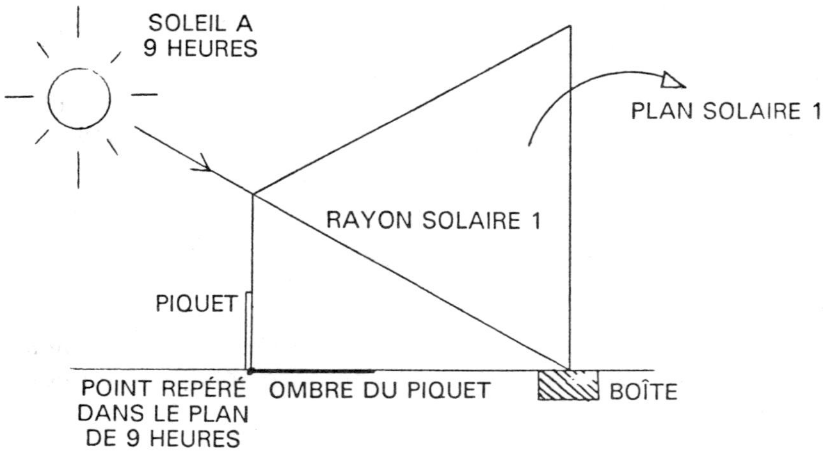

— l'autre à 17 heures : on détecte, de même, un deuxième point au sol dans le plan solaire 2.

L'intersection des 2 plans fixe la localisation de la boîte recherchée.

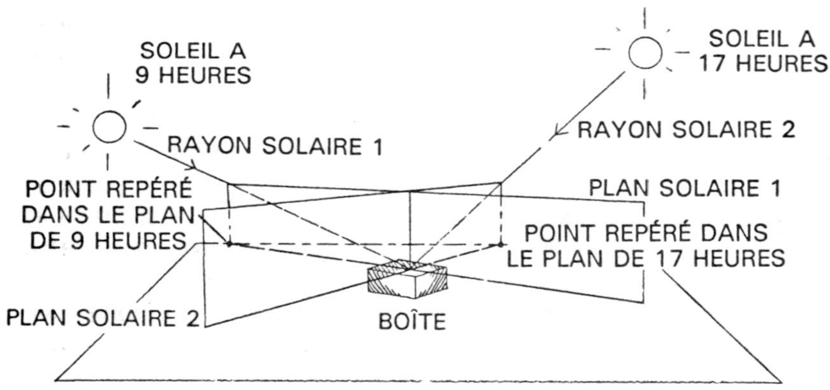

b) LE RAYON TÉMOIN

En plus de la technique des rayons solaires que nous venons d'étudier, l'abbé Bouly procédait aussi par une technique de type analogique.

Le principe consiste à utiliser comme témoin un objet identique à celui recherché (ce qui suppose, pour cette méthode, qu'on connaisse la nature de l'objet à trouver, ce qui n'est pas toujours évident).

Exemple : on recherche toujours la boîte pleine de pièces, mais en sachant qu'il s'agit de louis d'or. Il faut alors se munir d'un louis d'or (témoin) et, à l'aide d'un instrument radiesthésique, obtenir deux rayons témoins reliant cette pièce à la boîte, dont l'intersection se situera sur celle-ci.

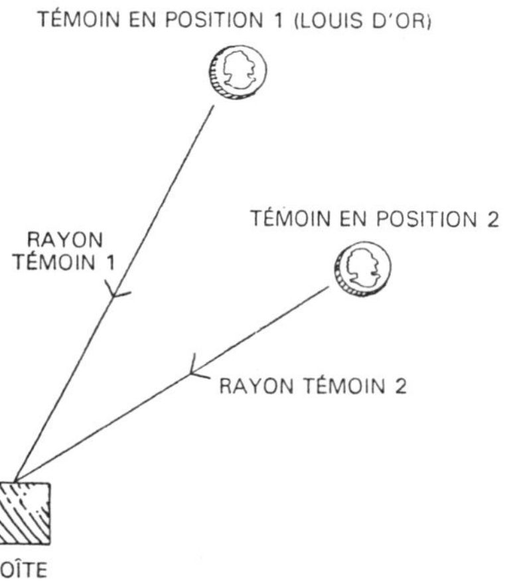

Le rayon vert négatif de De Bélizal

Son « inventeur » est André de Bélizal, qui, en compagnie de Léon Chaumery, a élaboré une théorie de la radiesthésie vibratoire publiée dans un essai paru en 1936. Cette théorie étant assez compliquée, nous allons essayer de la résumer sans la trahir.

De Bélizal est parti des rapports existant entre l'électromagnétisme terrestre, l'énergie cosmique et les forces agissant sur les êtres humains vivant sur le globe terrestre. Il en déduit alors que la sphère — forme simple et parfaite — pourrait être le « centre d'émission de toutes les vibrations » en partant du constat qu'à travers une sphère soumise au magnétisme terrestre naturel, il se produit une décomposition en longueurs d'ondes-couleur (dans l'ordre des radiations visibles et invisibles) du même type que celle qu'on obtient lorsqu'on décompose par réfraction la lumière blanche à travers un prisme de cristal ou de verre. Ce que de Bélizal appelle la « décomposition du spectre dans la sphère ».

Par analogie avec les 7 couleurs provenant du spectre de la lumière qu'on aperçoit dans l'arc-en-ciel (violet, indigo, bleu, vert, jaune, orangé, rouge), de Bélizal parle aussi de longueur d'ondes et de rayons-couleurs, à la seule différence fondamentale près que ces derniers ne sont pas du tout visibles.

De Bélizal, adepte de l'école physique plutôt que de l'école mentale, a fondé sa théorie sur la création d'un « pendule universel » possédant une énergie spécifique, indépen dante de toute convention mentale (voir chapitre 5 : les ins truments de la radiesthésie).

Ce pendule universel est sphérique, car on a vu que de Bélizal considère la sphère comme la figure géométrique parfaite. Sur cette sphère se trouvent trois cercles fondamentaux (et fictifs) :

a) un premier cercle (méridien, car passant par les deux pôles), nommé par de Bélizal « méridien électrique », parce que l'émission est arrêtée par un isolant électrique, de type bakélite ou caoutchouc ;

b) un second cercle, méridien aussi, perpendiculaire au précédent, appelé « méridien magnétique », car l'émission est arrêtée par un corps magnétique, de type acier ou fer.

Notons que deux méridiens n'ont aucune réelle vertu électrique ou magnétique, au sens physique du terme.

c) un troisième cercle, perpendiculaire aux deux méridiens précédents, appelé « équateur électro-magnétique ».

Le dessin ci-après indique l'emplacement respectif de chacun des cercles.

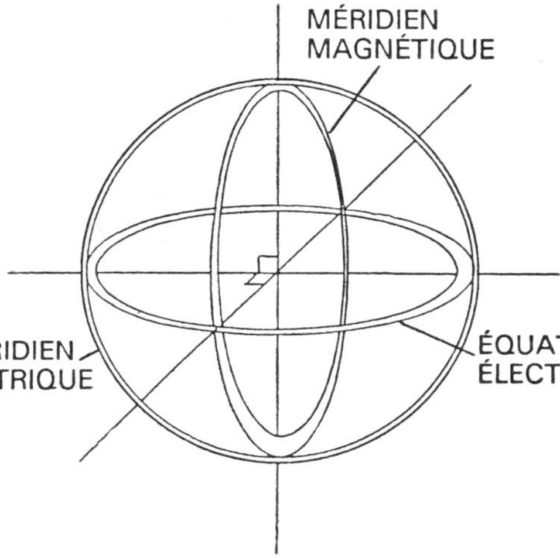

Pour de Bélizal, chaque cercle émet des vibrations : « une énergie fonctionnelle propre et invariable » selon ses propres termes. De quelles vibrations s'agit-il exactement ?

Pour le savoir, de Bélizal analyse une sphère en bois naturel, posée sur un socle indépendant, un pendule neutre en main et prend successivement les diverses couleurs du spectre de la lumière comme témoins (se reporter à la notion de témoins, dans le chapitre 5 sur les instruments).

Il a créé alors la notion de vibrations-couleur qui se répartissent régulièrement sur le cercle, avec un écart égal de 30 degrés entre chaque couleur.

Ainsi, sur le méridien électrique, le vert + indique le nord magnétique terrestre et le vert – est négatif par convention, car situé à l'opposé du vert habituel du spectre lumineux.

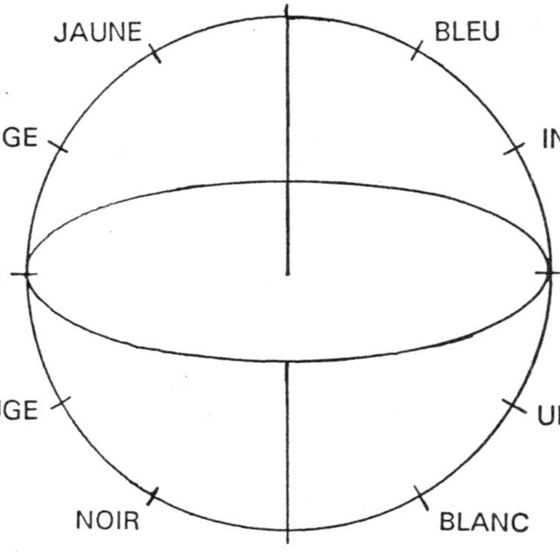

La théorie de De Bélizal résumée, analysons plus longuement son fameux « rayon vert négatif ».

S'agit-il d'une sorte de rayon de la mort, de rayon U comme celui que combattent les héros des bandes dessinées d'Edgar P. Jacobs, le génial créateur de Blake et Mortimer ? A en croire de Bélizal, oui !

« Le rayon vert négatif est une vibration mystérieuse, rayonnant exactement entre le blanc et le noir, et ayant la propriété de faire virer négativement un détecteur neutre soumis à son action. C'est la vibration la plus courte et la plus pénétrante existant dans l'Univers et sa puissance de rayonnement est telle qu'elle traverse des épaisseurs de plomb jugées efficaces contre les rayons X. Le vert négatif momifie avec une puissance prodigieuse : viande, poissons, œufs[1]... Et selon sa fréquence, cette vibration peut être nocive, détruisant les cellules, ou bien bénéfique, guérissant des cancers. »

Autant dire qu'avec de telles assertions, surtout non

1. *Pour en savoir plus sur la momification, lire l'*ABC du Magnétisme, *par Jacques Mandorla (Jacques Grancher, éditeur).*

prouvées, nous ne pouvons pas suivre de Bélizal sur cette voie. D'autant plus que, dans la dernière édition de son ouvrage, il n'hésitait pas à aller encore plus loin : « *Cette prodigieuse découverte du V– qui a été faite en collaboration avec mon grand ami Léon Chaumery, vers 1932, a été reprise par moi seul en 1968, onze ans après la mort de mon collaborateur, et c'est alors que, me penchant avec plus d'expérience encore sur cette vibration mystérieuse, j'ai pu observer qu'elle se présentait sous deux fréquences différentes :*

« a) Une fréquence magnétique pure, vibration bénéfique par excellence. C'est la vibration du BIEN, sur le plan philosophique, celle qui rétablit une santé déficiente, à condition bien entendu d'être rigoureusement dosée.

« b) une fréquence électrique pure, c'est une vibration nocive, et sur le plan philosophique, la vibration du MAL. C'est elle qui détruit les santés et entraîne la mort par déséquilibre vibratoire de la cellule.

« A titre d'exemple, il m'est possible, et je le fais, de tuer un arbre adulte en une semaine en soumettant ce dernier à l'action du Vert Négatif (V–) électrique.

« Des physiciens tchèques et russes tuent actuellement en laboratoire, et à volonté, mouches, vers, araignées, moustiques, etc. en soumettant ces derniers à l'action d'un V– électrique pur.

« En 1974, ayant reconstitué mon laboratoire avec de grosses piles cosmiques et magnétiques émettant le V– électrique par l'intermédiaire d'un émetteur à onde de choc, et ayant exposé à ce rayonnement des films très sensibles à émulsion gamma, ils ont obtenu en obscurité absolue, temps d'exposition 88 heures, des émissions de rayons Röntgen infiniment plus intenses qu'avec les procédés classiques. Ils ont baptisé ce rayonnement un Bélizalogramme.

« Reproduit non plus sur le plan laboratoire, mais sur le plan industriel, avec un radar émettant à grande intensité un V– électrique pur sur un grand champ d'action, il serait possible de supprimer toute vie, par déshydratation, dans tout un secteur balayé par cette vibration de mort. »

Les réseaux quadrillés

De nombreux chercheurs français ou étrangers ont élaboré des théories relatives à l'existence sur le sol de réseaux quadrillant la surface terrestre de façon régulière.

Les «rayons» qui composent chaque carré (ou rectangle) ne sont d'ailleurs pas, pour leurs auteurs, des lignes mais des bandes. Étudions les grilles de trois chercheurs (tous médecins!) dont les noms sont devenus célèbres : le docteur Peyré, le docteur Hartmann et le docteur Curry. A propos du réseau censé recouvrir la Terre, il est curieux de noter, dans un tout autre domaine, qu'un spécialiste de recherche sur les OVNI, Bruce Cathie, commandant de bord dans l'aviation civile néo-zélandaise, a publié en 1981 un ouvrage intitulé *Harmonic 695*, dans lequel il estime que notre globe terrestre est recouvert d'une «ovnitrame». Cette ovnitrame serait un quadrillage d'invisibles lignes de force (créant des carrés de 7,5 milles nautiques de côté, soit 13,890 km) aux carrefours desquelles, d'après l'auteur, apparaissent, et parfois se posent, les OVNI, ou bien encore se produisent les séismes, les éruptions volcaniques et les explosions atomiques expérimentales.

En radiesthésie, les réseaux découverts sont du même type que l'ovnitrame de Bruce Cathie : un maillage plus ou moins serré où des signaux radiesthétiques seraient détectés.

Analysons-les, en nous efforçant de voir ce qui les différencie.

a) LA GRILLE DU DOCTEUR PEYRÉ

Il y a une cinquantaine d'années, le Dr Peyré a émis l'hypothèse qu'il existe sur notre globe une grille quadrillée de carrés de 7 mètres de côté, orientée suivant l'axe des deux pôles magnétiques nord et sud. Les lignes délimitant chaque carré seraient des bandes d'une vingtaine de centimètres de large. L'auteur affirme que des animaux (principalement les chats et les fourmis) suivent ces bandes radiesthétiques qu'ils ressentent particulièrement.

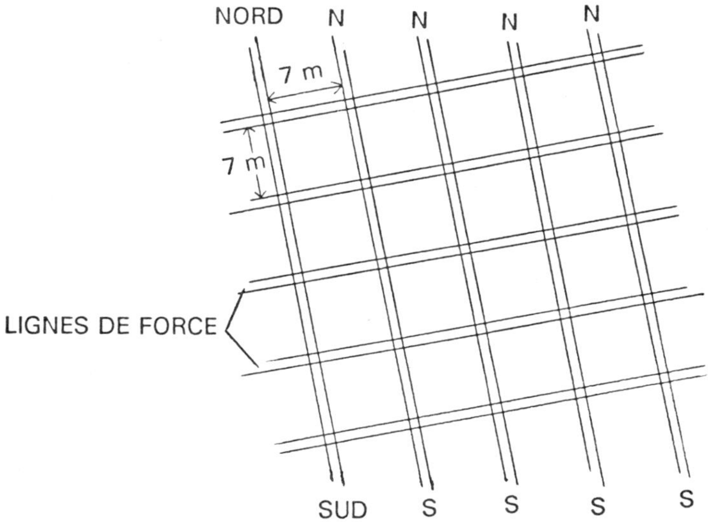

b) LE RÉSEAU DU Dr HARTMANN

Peu de temps après le Dr Peyré, le Dr Hartmann a, au cours des années cinquante, en Allemagne, affirmé qu'il avait détecté, lui aussi, une grille magnétique à la surface de la terre.

Mais, contrairement au Dr Peyré, son réseau serait constitué non pas de carrés mais de rectangles et de dimensions inférieures : 2,50 mètres sur 2 mètres. C'est le petit côté qui est orienté nord-sud. Il faut rappeler que le pôle nord magnétique ne coïncide pas avec le pôle nord géographique (ils sont distants l'un de l'autre de 1 900 km, ce qui, au niveau de la France, représente un angle de 6 degrés environ).

Chaque ligne de force du maillage d'Hartmann serait large de 21 centimètres, sur une hauteur de plusieurs mètres à partir du sol.

Selon Hartmann, le maillage se déformerait en fonction

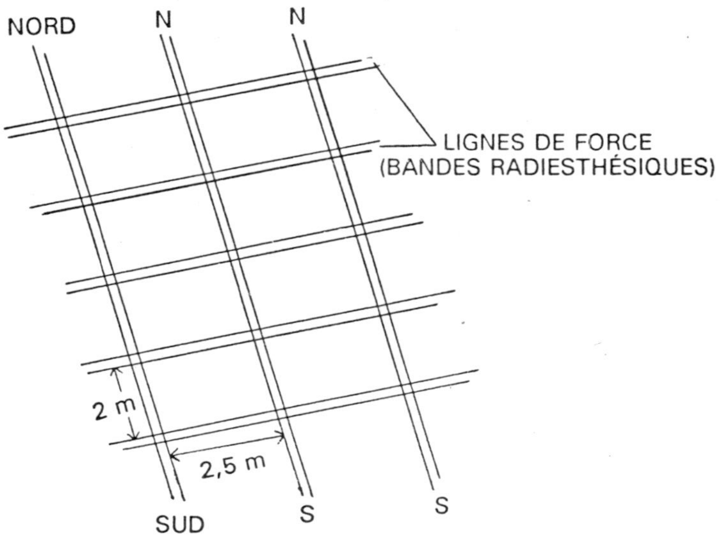

des perturbations magnétiques rencontrées sur le terrain (nappes ou cours d'eau, minerais, masses radio-actives, failles souterraines) et même lors de tremblements de terre (dans ce cas, les bandes radiesthésiques doubleraient de volume dans les heures précédant le cataclysme).

c) LE QUADRILLAGE DU Dr CURRY

Troisième système, troisième méridien, troisième grille différente. Pour le Dr Curry, la terre est recouverte d'un quadrillage dont les mailles seraient variables, passant du carré au rectangle et réciproquement (de 5 à 15 mètres de côté) et présentant des lignes de force de 40 centimètres de large. De plus, leur orientation serait décalée de 45 degrés par rapport au pôle nord magnétique.

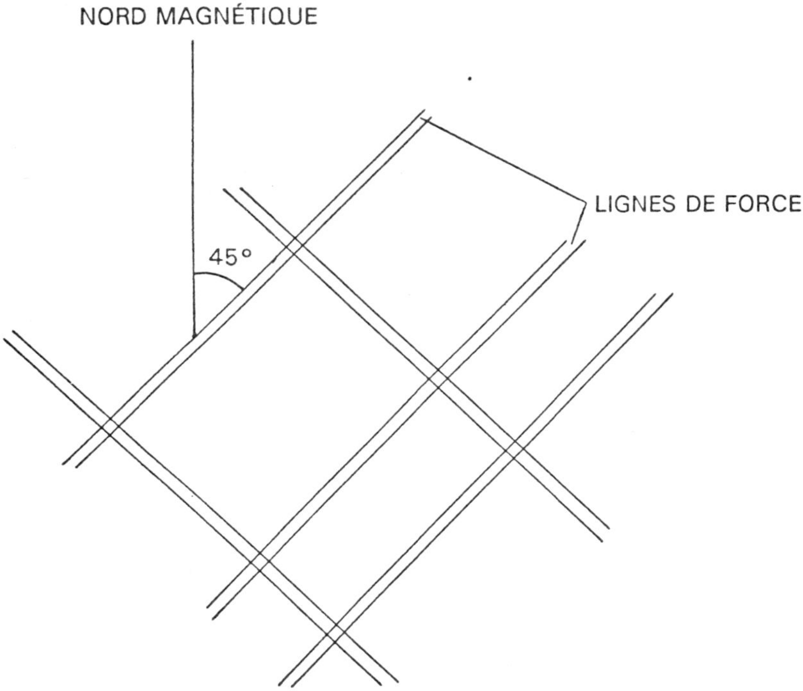

Conclusion

Chaque théoricien a découvert (ou inventé) un système qui est contredit par son confrère : les maillages sont différents, les orientations dissemblables, les bandes radiesthésiques sans rapport entre elles. Que penser de toutes ces informations non cohérentes ?

Il y a probablement un réseau de lignes de force qui recouvre la terre de façon régulière, véritable treillis magnétique servant de baromètre aux perturbations terrestres. Mais aujourd'hui, aucun scientifique sérieux n'a entrepris de travaux de mesures permettant d'affirmer ou d'infirmer cette hypothèse. Il peut être cependant intéressant de noter que

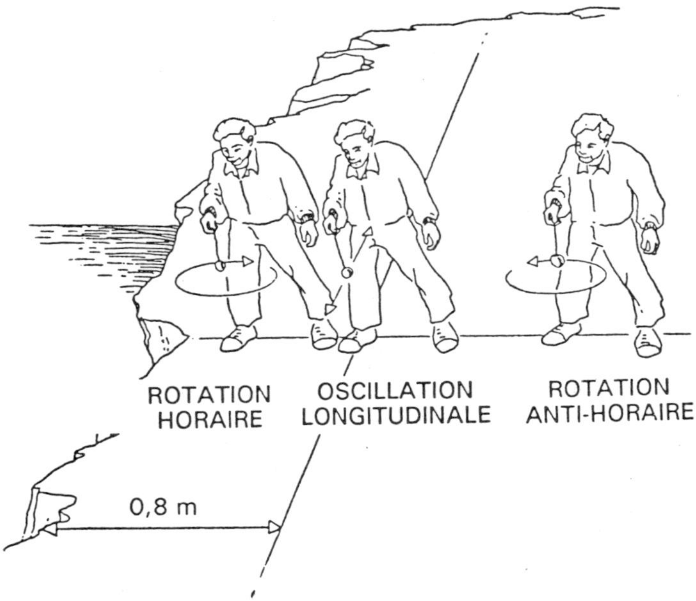

Effet falaise du professeur Yves Rocard.

le professeur Yves Rocard a détecté ce qu'il appelle un « effet falaise ». Cet effet se produit lorsqu'un sujet longe une perturbation existante dans un terrain sur lequel il marche : grille métallique, mur, vide (au bord d'un quai ou d'une falaise, par exemple)... Le professeur a constaté que, près de l'obstacle, le sourcier voit son pendule tourner dans le sens horaire, à plusieurs mètres de l'obstacle dans le sens antihoraire et à environ 80 centimètres de l'obstacle, le pendule ne tournera plus du tout.

Pour M. Rocard, l'explication est simple : il considère que la distribution du champ magnétique ne varie pas ni son orientation : c'est la complexité des centres récepteurs magnétiques dans le corps humain (étudiés au chapitre suivant), dont les effets peuvent s'annuler, qui crée cette ligne neutre caractéristique de l'effet-falaise. Au passage, le professeur en profite pour parler du réseau Hartmann : « Si maintenant les rationalistes veulent venir sur le terrain avec des appareils pour détecter le réseau Hartmann, nous leur souhaitons bien du plaisir ! Ils n'y parviendront pas avec une seule série de mesures au magnétomètre puisque, selon nous, ce réseau n'est qu'une apparence due à la complexité de la distribution des capteurs du corps humain. »

Les cheminées cosmo-telluriques

Mentionnées par Roger Pencréach dans son ouvrage *Vers une radiesthésie du 3e millénaire*, ces « cheminées » seraient des colonnes verticales radiesthésiques, réparties sur le sol au hasard, détectables par le pendule, lequel agirait dans deux directions opposées suivant le cycle ci-après :

1. rotation dans le sens opposé aux aiguilles d'une montre (3 minutes) ;
2. balancement (45 secondes) ;
3. rotation dans le sens des aiguilles d'une montre (2 minutes) ;
4. balancement (30 secondes) et ainsi de suite.

Pencréach a appelé ces colonnes « cheminées cosmo-telluriques », considérant la phase 1 comme tellurique (car indiquant une énergie provenant du sol) et la phase 3 comme cosmique (énergie provenant du « cosmos »).

Pour l'instant, si elles existent, on ne sait pas exactement à quoi correspondent ces « cheminées », ni à quoi elles servent.

LES ONDES DE FORME

Généralités

Voilà un sujet très controversé : les ondes de forme existent-elles vraiment ou ne sont-elles que de simples élucubrations de chercheurs en mal de sensationnel ? Avant d'essayer de conclure définitivement, cherchons à faire le point sur ce sujet.

Grâce aux recherches des physiciens, nous savons que nous vivons entourés d'ondes :

— les ondes électromagnétiques, comprenant les ondes hertziennes (c'est-à-dire radioélectriques), dont l'application concrète est la T.S.F. (télégraphie sans fil); les rayons infrarouges, les radiations visibles, les rayons ultraviolets, les rayons X et les rayons gamma;

— les ondes lumineuses de la lumière;

— les ondes sismiques, mesurées lors des tremblements de terre, sur l'échelle Richter ou Mercalli;

— les ondes sonores.

Une onde, selon le *Petit Robert*, est une « déformation, un ébranlement ou une vibration dont l'élongation est une fonction périodique des variables de temps et d'espace »

Pour les tenants de la théorie des ondes de forme, toute forme géométrique (qu'elle soit linéaire, plane ou en volume) est influencée par le magnétisme terrestre, ce qui lui permet de capter de l'énergie, énergie qui est ensuite rayonnée vers l'extérieur par la forme elle-même. C'est ce rayonnement qui est appelé onde de forme (l'expression fut d'ailleurs créée par André de Bélizal, qui les qualifiait de « forces invisibles »).

Pour ce dernier, « père » du rayon vert négatif, l'onde de forme est appelée à prendre dans la radiesthésie de demain une place de plus en plus grande, comme il l'explique dans son *Essai de radiesthésie vibratoire :*

« Il y aurait donc, en dehors de l'onde-matière, du rayon fondamental, du rayon de profondeur, une autre vibration qui serait engendrée par les formes et prendrait naissance dans la décomposition du courant magnétique naturel qui existe au centre de figure de tous les corps.

« Cette décomposition est bien réelle et non due à une imagination fantaisiste, autrement on n'expliquerait pas que des statuettes de momie puissent indisposer et même altérer profondément des santés, ni que des statues de l'île de Pâques puissent momifier viande, poisson, dans certaines conditions calculées par le ''Pendule Universel''.

« Il s'agit là, de toute évidence, de rayons très puissants au contact desquels un pendule, même renforcé, renverse sa polarité. Ces rayons peuvent contaminer une demeure

par leur action propre, mais aussi et surtout par les produits recouvrant les formes qui les engendrent, tels que venin, vernis empoisonné, etc. La forme émet l'onde porteuse pénétrante, l'onde portée étant la vibration du poison chargé de déséquilibrer la fonction de la cellule vivante. »

Par contre, Jean Pagot, dans son livre *Radiesthésie et émission de forme*, paru en 1978, est moins lyrique mais plus rationnel que de Bélizal à propos des ondes de forme qu'il nomme les « émissions de forme » :

« *On note que beaucoup d'auteurs n'hésitent pas à parler d'ondes ou de rayonnements électromagnétiques, les analogies les conduisent à pousser plus loin leur façon de penser, cependant on n'a jamais pu prouver à ce jour qu'il y avait une onde. Cette notion d'onde relève de la convention mentale élaborée par des radiesthésistes dont la formation et la culture s'accommodent de mots auxquels ils attribuent un sens spécial, qui convient parfaitement à ces opérateurs. Les bons résultats obtenus montrent la puissance de la radiesthésie, de l'orientation mentale dans la recherche, mais ces bons résultats ne sont pas une preuve de la justesse de ces analogies, c'est si vrai que certains n'hésitent pas à affirmer que plus la longueur d'onde qu'ils mesurent (?) est grande, plus l'énergie considérée est élevée. Cette notion d'onde relève également d'expérimentations mal comprises, les radiesthésistes physiciens détectent dans l'espace une suite de ''ventres'' et de ''nœuds'' espacés de plusieurs décimètres ou mètres, en réalité ils remarquent que l'émission de forme se fait sentir plus fortement à certains points régulièrement espacés, ils considèrent, un peu vite à mon sens, qu'ils ont affaire à un système vibratoire. On ne peut affirmer qu'une chose : la détection n'est pas uniforme dans l'espace, c'est tout. A quoi attribuer ce phénomène ? A une modulation de la sensibilité du radiesthésiste ou à une modulation de densité du phénomène? Lorsqu'on sait que l'on travaille sur les ''couleurs'' avec des longueurs d'ondes de l'ordre du micron, on ne comprend pas pourquoi on ressent différemment ''l'onde'' à des intervalles de l'ordre du mètre. Une modulation de matière par exemple, nœuds sur une ficelle, donne bien lieu à une périodicité qui, en aucun cas, ne saurait être assimilée à un état vibratoire.»*

Enfin, Jean de La Foye, chercheur-spécialiste des ondes de forme et disciple de De Bélizal, a précisé, à l'issue de ses recherches personnelles, sa propre opinion dans *Ondes de vie, ondes de mort* : *«Donc, les ondes de forme existent. Elles ont leurs lois et ne sont pas des inventions de radiesthésistes. Il s'agit de réalités extérieures à l'opérateur avec lesquelles on peut entreprendre des expériences et dont on peut reproduire les effets. Elles sont l'objet de science, même si, par certains de leurs aspects, elles côtoient le symbolisme et l'ésotérisme des formes. Beaucoup de leurs propriétés restent à découvrir, en dehors de celles déjà vues ou que nous aborderons.*

«Les ondes de forme pures se propagent dans l'espace comme des vibrations dirigées et sont alors très pénétrantes, au point qu'il ne semble pas exister de bouclier matériel inerte capable de les arrêter.

«Par contre, comme les ondes lumineuses avec un prisme en cristal, on peut dévier les ondes de forme avec un prisme en bois. On peut aussi les concentrer avec une lentille convexe en bois, les réfléchir sur un miroir incliné. Elles semblent obéir dans une certaine mesure aux lois de l'optique, telles des rayons lumineux sans photons.

«Si bien qu'on peut se poser la question : pourra-t-on utiliser des ondes de forme comme vecteurs d'énergie et avec quelle perte de restitution ? En l'état actuel des choses, nous sommes là en pleine science-fiction...

«Il ne fait pas de doute que le jour où de véritables scientifiques y mettront sérieusement la main, ces ondes entreront dans un domaine accepté par tous, mais alors, et avec plus d'acuité que maintenant, se posera le problème moral, car, répétons-le, les ondes de forme peuvent tuer ou guérir et ne se laissent pas toujours manipuler si facilement qu'on le croit.»

Les caractéristiques des ondes de forme

Jean Pagot a par ailleurs recensé certaines caractéristiques propres aux ondes de forme, obtenues d'après ses propres recherches :

— Elles sont générées spontanément par la vie, les ruptures de force, les failles, les sources, les courants d'eau, les agencements naturels de pierres ou autres agencements architecturaux et constructions diverses.

— Elles sous-tendent le monde visible, dans tous les domaines semble-t-il.

— Elles sont générées artificiellement, on peut en contrôler les phases et les polarités, de même que leur puissance ou efficacité.

— On les transporte sur un fil conducteur ou isolant. Un tuyau, de plastique par exemple, les transporte très bien, de même un faisceau lumineux ou hertzien.

— Elles subissent le phénomène d'amplification.

— Si un important blindage ne les bloque pas forcément, elles peuvent se montrer incapables de franchir un léger réseau métallique ou textile.

— Elles sont influencées par la pensée qui peut, soit les créer, soit les annuler; l'opération dépense beaucoup d'énergie nerveuse.

— Leur verticalité est un caractère important.

— Leur action est particulièrement remarquable sur les systèmes en cours de processus, c'est-à-dire qu'elles influencent beaucoup les dynamiques internes, processus biologiques, chimiques, polymérisations, fermentations.

Ondes de forme et aura

Les ondes de forme seraient non seulement émises par les corps inertes mais aussi par les êtres humains. Depuis l'Antiquité, on nous parle d'un corps invisible qui entourerait notre corps physique : l'aura.

Cette aura serait une émanation si subtile (comme l'exprime son étymologie latine, *aura* signifiant « souffle d'air ») qu'elle a traversé les siècles avec son mystère. Et même si les dénominations se firent plus nombreuses : corps subtil, corps éthérique, halo lumineux (qu'on trouve sur les tableaux autour de la tête des saints et de Jésus-Christ), les explications demeurèrent toujours aussi rare. Ainsi que les preuves[1].

Jusqu'à ce jour de 1939 où un électricien russe de Krasmodar, Semione Kirlian, découvrit, par hasard, en travaillant sur des appareils de haute fréquence, que des efflorescences lumineuses apparaissaient autour des corps vivants. Avec sa femme Valentina, Semione Kirlian effectuera des milliers de photographies de ce qu'on appellera après la deuxième guerre mondiale : l'effet Kirlian[2].

De quoi s'agit-il exactement ? Du corps astral dont tous les livres d'occultisme ont parlé ? De l'âme humaine, comme l'ont affirmé certains ? D'un halo lumineux visible seulement par quelques initiés et médiums ?

Les résultats des travaux du couple Kirlian mirent plus de trente ans avant de parvenir en Occident. Vraisemblablement parce que des chercheurs furent détachés en exclusivité sur ce dossier par l'Académie des Sciences de l'URSS, et que les résultats de leurs recherches furent tenus secrets pendant toute cette période.

Aujourd'hui, on comprend beaucoup mieux ce qu'est cet « effet Kirlian ». Il s'agit d'un phénomène facilement photographiable à l'aide d'appareils électroniques sophistiqués dont le principe consiste à émettre et à photographier un champ électrique de haute tension (pouvant aller jusqu'à 50 000 volts), distribué en haute fréquence (jusqu'à 10 000 hertz). Rappelons que la haute tension n'est en aucun cas dangereuse quand l'ampérage est très faible

1. *Lire à ce propos l'intéressant ouvrage du Dr Janine Fontaine,* La Médecine des 3 Corps *(R. Laffont, éd.).*
2. *Pour en savoir plus sur l'effet Kirlian, lire l'*ABC du Magnétisme *par Jacques Mandorla (Jacques Grancher, éditeur).*

(c'est le cas des appareils à effet Kirlian, qui ont un ampérage de 0,01 ampère), alors qu'une haute tension avec ampérage élevé (de l'ordre de 2 ampères) est mortelle (comme dans la « chaise électrique » servant à exécuter un condamné à mort).

Cette émission n'a pas besoin d'être longue (quelques secondes suffisent) : il importe seulement de travailler en lumière dite « inactinique » (c'est-à-dire n'ayant aucune action chimique sur l'émulsion du film soumis au rayonnement de l'appareil).

La photo étant faite, que voit-on réellement ? Un halo lumineux, plus ou moins puissant, plus ou moins coloré, autour du corps physique photographié. Les Soviétiques ont nommé ce phénomène lumineux le « corps énergie » ou « corps bioplasmique » et ils ont observé trois faits essentiels :

1. Ce halo est un baromètre de la santé du patient (s'il est malade, l'intensité du halo diminue).

2. Ce halo est lié au corps physique (ainsi ils ont, paraît-il, photographié un jour un sujet amputé d'une jambe : sur la photo, le halo épousait la forme du membre manquant ! Nous n'avons malheureusement aucun document permettant de vérifier le sérieux de cette allégation).

3. Ce halo est un véritable détecteur de maladies : on a, en effet, constaté que toute variation du halo (baisse d'intensité, changement de couleur...) est annonciateur d'une perturbation physique (et même psychologique) à venir.

On perçoit immédiatement toutes les possibilités offertes par ces appareils : bilans de santé, prévention des maladies, « check-up » photographique remplissant le rôle de véritable carte d'identité de l'énergie vitale de l'individu.

Certains magnétiseurs français se sont déjà équipés de ce type d'appareils pour dresser un diagnostic du patient. Ce diagnostic, intitulé « bilan bio-énergétique »[1], est des-

1. La société Madesign-Photo, dirigée par Guy Gruais, 20 rue de la Michodière, 75002 Paris (tél. 47.42.39.88) fabrique et commercialise ces appareils « électrophotoniques » à effet Kirlian. Leur prix se situe entre 2 500 F et 20 000 F TTC. Cette société établit aussi des bilans bioénergétiques complets pour 280 F (photos des deux mains et des deux pieds, ainsi qu'une analyse des états pathologique et psychologique).

tiné à révéler les déficiences organiques et les troubles psychologiques d'un individu au moyen de deux photos distinctes, après changement de réglage de l'appareil : l'une pour le bilan pathologique, l'autre pour le bilan psychologique.

Les formes émettrices anciennes

De nombreuses civilisations anciennes ont privilégié des formes, parvenues jusqu'à nous en ayant traversé les siècles et qui, pour cette raison, d'après différents auteurs, doivent émettre des ondes sortant de l'ordinaire. Ces civilisations sont principalement celles de Chine, d'Égypte, de l'île de Pâques et d'Amérique.

1) LA RADIESTHÉSIE CHINOISE

La figure radiesthétique la plus courante depuis plusieurs milliers d'années est le « Pakoua », inventé par Fu-Hsi, roi mythique vivant, selon la tradition, 2 800 ans avant Jésus-Christ et à qui on attribue aussi l'invention du calendrier et de l'écriture.

Le Pakoua est un octogone dont chacun des huit côtés est rempli de traits continus et discontinus, et dont le centre contient la très célèbre figure ronde du yin-yang.

Il est important de rappeler que les principes de la philosophie chinoise divisent toutes les forces et réalités de notre monde en deux énergies complémentaires : le yin correspond au repos, à la femme, au froid et à la terre, alors que le yang correspond à l'activité, à l'homme, au chaud et au ciel. C'est ce couple négatif-positif dont l'interaction incessante crée toute action et toute vie.

Les Chinois se servaient probablement de ce symbole pour étudier le sol (recherche de minerais, de sources ou même d'ondes nocives, appelées « Veines du Dragon ») et pour diagnostiquer et guérir les maladies.

De Bélizal a analysé le Pakoua. Voici ses conclusions :

« D'une précision inégalée, cet émetteur-récepteur a la propriété de rayonner toutes les vibrations de l'Univers, depuis l'infra-noir jusqu'au vert négatif (V –). Les radiations s'échappent à tous les 1/8 de l'octogone et le cycle complet du spectre peut être ainsi détecté sur le pourtour de la circonférence. La puissance d'émission de ce génial instrument peut encore être augmentée en le plaçant exactement dans la ligne nord-sud et un témoin posé au centre permet de déceler tout à la fois et la vibration-maladie, et la vibration-remède. En exposant la souche d'une personne malade à l'action de cette onde guérisseuse, on obtient des résultats positifs des plus encourageants. »

2) LA RADIESTHÉSIE ÉGYPTIENNE

Si la Chine a vu un symbole unique (le Pakoua) parvenir jusqu'à nous, l'Égypte, elle, a utilisé plusieurs formes : la croix ansée, le sphinx, la pyramide.

• *La croix ansée* (un T surmonté d'une anse), appelée aussi croix d'Ankh ou clé du Nil. Sa signification est celle de la vie : c'est pourquoi cette forme a servi de talisman, réservé à l'aristocratie égyptienne et porté surtout sous forme de bague. Il est curieux de noter que cette croix devait être tenue par l'homme dans la main droite et par la femme dans la main gauche.

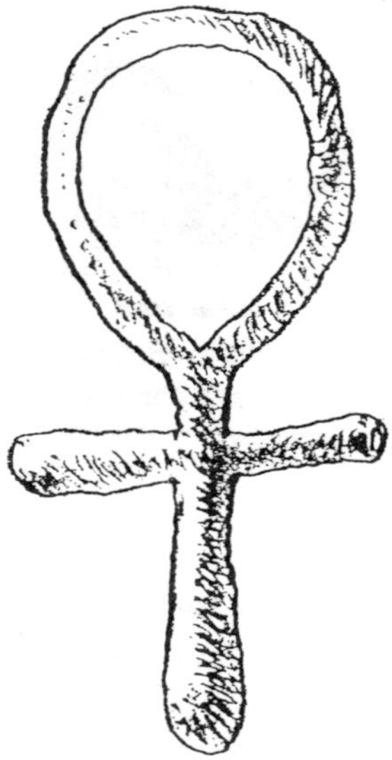

• *Le sphinx*. Pour certains chercheurs, le sphinx possède une fonction radiesthésique évidente. Si le plus connu, le plus imposant et le plus ancien est celui de Giseh (faisant 21 mètres de haut sur 57 de long, il représente le pharaon Khéphren), il faut savoir que le sphinx, symbole de puissance et de protection, était une forme très répandue dans l'Égypte ancienne : ainsi, de chaque côté des allées menant aux temples, on trouve une rangée de sphinx qui jouent le rôle de gardiens de sanctuaires.

• *La pyramide.* La forme pyramidale, qui n'existe en construction gigantesque nulle part ailleurs au monde qu'en Égypte (les pyramides mayas sont, elles, à degrés successifs), a donné lieu à des centaines d'interprétations — des plus sérieuses aux plus fantaisistes. Du point de vue radiesthésiste — le seul qui nous intéresse ici — la pyramide présente des vertus affûtantes et momifiantes (on ignore encore quel type de « rayonnement » agit ainsi : pour certains, la forme pyramidale modifierait le magnétisme terrestre comme le fait le prisme avec les rayons de la lumière) :

— vertus affûtantes : depuis qu'un chercheur tchèque avait, dans les années cinquante, constaté qu'une lame de rasoir usagée retrouvait ses capacités tranchantes après avoir été placée à l'intérieur d'une pyramide, cette vertu n'a plus qu'un intérêt anecdotique car la majorité du marché du rasage est constituée d'utilisateurs de rasoirs électriques !

— vertus momifiantes : un morceau de viande ou un fruit, placé à l'endroit où se trouve la chambre du Roi dans la pyramide de Chéops (soit à environ un tiers de hauteur en partant de la base), durcissent sans pourrir au bout de quelques jours (on obtient ainsi le même type d'effet qu'en magnétisant par imposition des mains).

Il faut noter que ces modifications « énergétiques » sur la matière vivante sont aujourd'hui appliquées au vieillis-

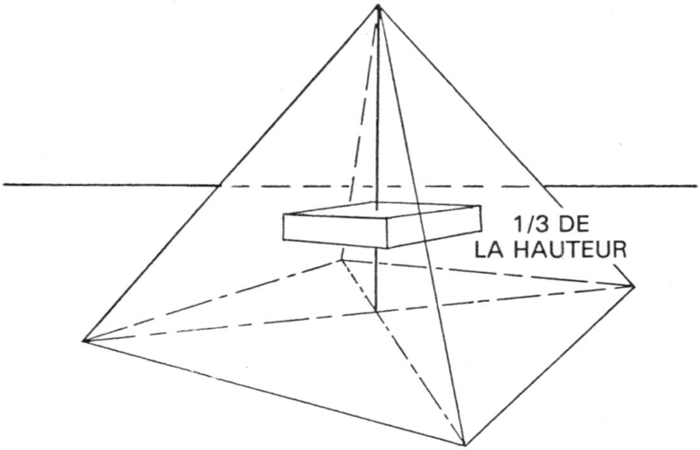

sement du vin en bouteilles. Ainsi, dans plusieurs catalogues de vente par correspondance, on trouve des pyramides en bois d'une valeur de quelques centaines de francs seulement, permettant de bonifier un bon vin plus rapidement que dans la cave traditionnelle. Il suffit de coucher les bouteilles à l'intérieur de tout l'espace de la pyramide.

3) LA RADIESTHÉSIE INDIENNE

Révélée par L. Turenne, la forme dite « conque indienne » (du nom d'un coquillage en spirale qu'on trouve en Amérique) aurait des vertus radiesthésiques provenant de son dessin d'escargot (pour ceux qui se passionnent pour les mathématiques, le tracé obtenu correspond à la « suite de Fibonacci », dont chaque terme est égal à la somme des deux précédents : 0, 1, 2, 3, 5, 8, 13, 21, 34...).

4) LA RADIESTHÉSIE PASCUANE

Taillées dans le tuf ou le basalte, les statues de l'île de Pâques, appelées « moai », ont été construites par des descendants des Polynésiens arrivés sur cette île perdue du Pacifique au IVe siècle après Jésus-Christ. Ces statues, pouvant atteindre jusqu'à 10 mètres de haut, sont encore une énigme aujourd'hui : à quoi servaient-elles, comment ont-elles pu être déplacées et dressées, pourquoi cette espèce de coiffe qui recouvrait leur tête ?

Pour certains chercheurs, il existerait une zone radiesthésique puissante au pied des statues, permettant de momifier des corps vivants.

Les formes émettrices modernes : la radionique

En plus des formes émettrices anciennes que nous venons de passer en revue, il existe tout un ensemble d'appareils, appelés soit générateurs soit émetteurs, conçus par de nombreux chercheurs au cours du XXe siècle. Pour recouvrir toutes ces recherches et créations d'appareils émetteurs d'ondes, a été créé un mot nouveau : la radionique.

Il serait long et fastidieux de les étudier tous : le mieux, pour ceux qui souhaitent approfondir ce sujet, est de lire les ouvrages spécialisés et plus particulièrement : Jean de la Foye (*Ondes de vie, ondes de mort*, Robert Laffont), Jacques Bersez (*Vos débuts en radionique*, éditions Faire Savoir), Alain et Albert Masson (*Les appareils étranges*, éditions Jacques Bersez), F. et V. Servranx (*Cours de radionique*, éditions Faire Savoir).

Les appareils qu'on rencontre peuvent être de métal, de bois, de papier ou électroniques, selon le désir de leur inventeur.

Pour Antoine Luzy (*Radiesthésie moderne*), il existe deux catégories d'appareils : « *Dans la première pourront se classer tous les appareils sensibles aux radiations magnétiques ou électromagnétiques, et, d'ailleurs, tous ceux qu'on a établis jusqu'à présent comprennent uniquement des dispositifs électromagnétiques dérivés de dispositifs plus anciens. Il y a là un fait en relation avec la conviction d'un grand nombre de sourciers, que l'électricité et le magnétisme sont la cause de tous les phénomènes radiesthésiques. C'est une manière un peu simpliste de voir les choses, en faisant abstraction du rôle fondamental joué par l'opérateur.*

« *Dans la seconde catégorie pourront se ranger les appareils étudiés spécialement pour explorer les champs issus des forces inconnues. Ces appareils devront obligatoirement comprendre des dispositifs insensibles aux radiations électromagnétiques, et c'est là, précisément, où gît la dif-*

ficulté, peut-être plus apparente que réelle, mais capable d'arrêter tous les chercheurs restés étrangers à l'étude des forces inconnues, parmi lesquelles il faut bien admettre les forces mentales et d'autres forces diverses pouvant révéler leur existence par des manifestations visibles.»

Il faut cependant avouer que personne ne sait réellement comment ces générateurs parviennent à émettre des «ondes» ni pourquoi ils en émettent et quelles sont exactement les caractéristiques précises de ces rayonnements. Le mieux, pour aller plus loin dans ce domaine, est de faire vous-même des expériences avec ces appareils et de confronter vos résultats avec d'autres chercheurs.

Pour Jacques Bersez, dans *Vos débuts en radionique*, un appareil doit satisfaire à 5 conditions :

— augmenter la vibration d'un témoin pour mieux le contrôler;

— adapter tous les moyens nécessaires pour contrôler cette vibration (pendule, baguette teflon, détecteur tactile, cellule photo-électrique, etc.);

— assurer entre le témoin et le détecteur un circuit oscillant dont la fiabilité des réglages permettra de répéter toutes sortes de syntonisations sans témoin;

— augmenter, par tous les moyens (amplificateurs électroniques, optiques, de forme, etc.), les vibrations obtenues en sortie d'appareil par entretien des ondes ou augmentation de leur aptitude;

— adapter les moyens adéquats pour transmettre à distance : messages, indices, traitements, etc.

Voici quelques appareils de radionique parmi les plus célèbres :

a) LA PILE RADIESTHÉSIQUE

Inventée par De Bélizal et Chaumery, et faisant l'objet d'un brevet déposé le 10 avril 1936 (n° 816.132), la pile radiesthésique a été élaborée après étude de la sphère et de la demi-sphère, que nous avons évoquée au début de ce chapitre.

Ses inventeurs l'ont appelée «pile» (car ils la comparent à la pile créée par Volta) et sa puissance augmente à chaque fois qu'on ajoute des éléments. Ainsi, cette puissance s'accroît en fonction du nombre de demi-sphères et aussi en fonction du diamètre de chaque élément.

De Bélizal et Chaumery affirment avoir réussi des expériences de momification de viandes, œufs, poissons, fleurs avec une « pile radiesthésique » de leur invention, comportant 9 éléments en bois dur (type acajou), représentée ci-après :

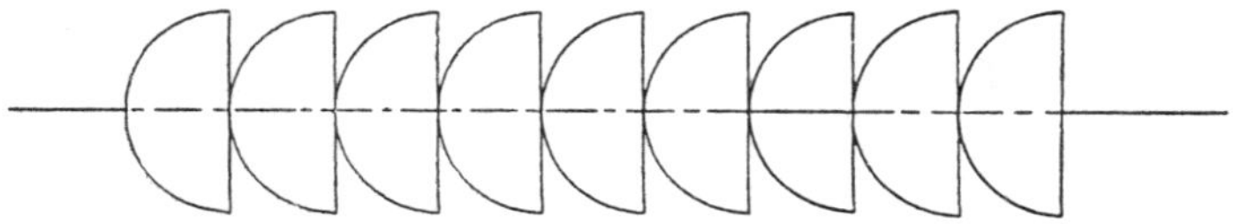

b) LE GÉNÉRATEUR DE LAKHOVSKY

Mis au point entre les deux guerres, cet appareil est constitué d'un ensemble d'éclateurs électriques, alimentés par induction à l'aide d'un courant passant dans différents cercles concentriques.

Cet appareil à circuits oscillants servait à traiter l'eau (dynamisation) ou à soigner des rhumatismes. Pour Georges Lakhovsky : « chaque cellule vivante se comporte comme un circuit ouvert en oscillation à très haute fréquence et capte les forces cosmiques qui ont une action positive sur les êtres humains. »

c) L'ÉTOILE DE DAVID

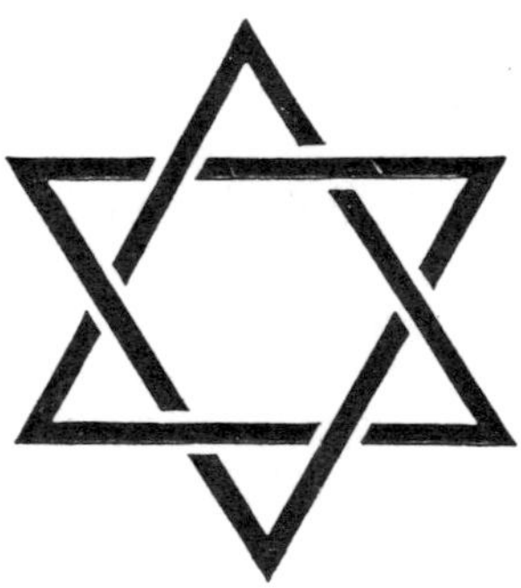

La fameuse étoile à 6 branches, construite en bois ou en cuivre, permettrait, pour certains, de « magnétiser » de l'eau ou des plantes. Cette figure, appelée hexagramme, est l'entrelacement de deux triangles équilatéraux et est censée protéger du feu, des armes mortelles et des dangers du voyage.

Laissons la conclusion à Antoine Luzy qui affirme que « certaines indications fournies par un opérateur peuvent être contrôlées par des appareils, mais le radiesthésiste peut exercer ses moyens à toutes distances et sur toutes sortes d'objets, alors que les appareils peuvent révéler seulement des variations de potentiel, résultant des accidents du sous-sol et à des distances limitées. L'état de chose ainsi caractérisé semble réserver encore un bel avenir à la radiesthésie mentale, si, toutefois, l'on veut bien comprendre la nécessité impérieuse de la dégager le plus possible de l'empirisme et baser son emploi sur les données psychophysiologiques rationnelles. Parmi tous les appareils, il n'en existe pas encore un seul ayant la propriété, lorsqu'il est posé sur le terrain, d'indiquer le rayonnement d'un objet caché dans le sous-sol et d'en faire connaître en même temps la nature ; toutes les indications qu'ils peuvent fournir portent uniquement sur un ensemble de radiations, sans en sélectionner particulièrement quelques-unes. De plus, leur emploi nécessite pour chaque point examiné une préparation assez longue, rendant impossible l'exploration d'un terrain d'une étendue un peu considérable. »

Nous verrons dans le chapitre 5 (les instruments), qu'aujourd'hui certains appareils sophistiqués permettent d'obtenir des performances impossibles à l'époque (1943) où Antoine Luzy écrivait ces lignes.

LA GEOBIOLOGIE OU L'ÉTUDE DES ONDES NOCIVES

Pour beaucoup d'auteurs, il existerait des rayons nocifs dégagés par différents corps, terrains, cours d'eau, qui provoqueraient des troubles de santé pouvant aller jusqu'à déclencher des maladies graves chez l'individu, comme dépressions nerveuses, rhumatismes ou même cancer.

Pour d'autres, il s'agit tout simplement des effets de l'autosuggestion. Alors, où se trouve la vérité ? Essayons donc d'y voir plus clair en apportant des éléments concrets à ce dossier « sensible » qu'est la géobiologie[1] (littéralement, « la science générale étudiant les rapports entre les êtres vivants et la terre ») qui conduit à se pencher sur ce qu'on appelle les maisons à cancer. Une discipline a d'ailleurs été créée pour cela : la « médecine » de l'habitat. De nombreux chercheurs (souvent radiesthésistes) proposent à leurs clients un « diagnostic » de leur domicile, ce diagnostic consistant à étudier un certain nombre de rayonnements possibles auxquels peut être soumise leur habitation. Auparavant sont analysés les troubles courants que peuvent ressentir les patients : sommeil difficile, fatigue régulière au réveil, douleurs rhumatismales...

Les ondes nocives d'une habitation

Si on fait la synthèse des différentes recherches effectuées sur les ondes nocives, celles-ci proviendraient de quatre origines différentes : du magnétisme terrestre, des eaux souterraines, de l'habitation elle-même et de l'électricité.

1. *Pour plus de renseignements, lire l'*ABC de la géobiologie *par Danielle Semelle (Jacques Grancher, éditeur).*

a) LES ONDES NOCIVES DUES AU MAGNÉTISME TERRESTRE

Nous, les êtres humains, sommes soumis à différents champs magnétiques : un champ uniforme dans l'axe des pôles Nord-Sud, un champ interne provenant de la masse terrestre, un champ externe constitué des rayonnements solaires (dont l'intensité augmente lorsqu'apparaissent tous les onze ans les fameuses taches solaires).

Ces influences magnétiques sont inéluctables et nous n'avons aucun moyen de nous y soustraire.

b) LES ONDES NOCIVES DUES AUX EAUX SOUTERRAINES

Un certain nombre d'habitations seraient situées sur des cours d'eaux, sources, nappes, torrents et seraient ainsi soumises à des perturbations pouvant être néfastes à leurs habitants. Ces ondes nocives ont été décrites par différents auteurs il y a plus de cinquante ans, comme l'abbé Mermet qui supposait que « ces radiations souterraines nuisibles sont transmises d'étage en étage dans toute la maison située au-dessus d'elles. On peut être exposé à elles aussi bien dans une boutique, une usine, un bureau qu'au dixième étage d'un immeuble. C'est dans une chambre à coucher que leur présence est le plus nuisible, dans bien des cas, pour l'individu touché, qui est non seulement sujet aux mauvais effets de telles radiations, mais est aussi privé d'un sommeil sain et régénérateur ».

Ces dernières années, aux États-Unis, le radiesthésiste Herbert Douglas a beaucoup enquêté sur ce sujet. Il s'est rendu au domicile de personnes souffrant de rhumatismes ou de cancer. Il a alors découvert, au moyen d'une baguette de sourcier que, dans tous les cas, des cours d'eau (qu'il appelle veines) passent sous le lit des patients. Mais surtout, il a trouvé qu'il n'y avait pas une seule veine mais plusieurs, se croisant toujours sous le lit. Et, à chaque fois, cette intersection se trouvait précisément au-dessous de la partie affectée du corps. Il cite d'ailleurs l'exemple étonnant d'une femme d'environ 40 ans vivant dans le Vermont qui souffrait de douleurs dans le cou et les genoux le matin à son réveil. « Elle avait vu des médecins, mais rien de ce qui lui avait été donné ne l'aida. Je contrôlai les deux lits de sa chambre sans savoir lequel était le sien. Le premier lit avait juste une veine. D'après mon expérience, une veine ne paraît pas affecter les gens. Aussi, je lui dis que ce premier lit était bon. L'autre lit avait une intersection sous la partie inférieure du milieu de l'oreiller, juste sous le cou, qui pouvait lui causer des douleurs à cet endroit. Mais quand j'eus contrôlé plus loin, je trouvai un croisement de veine à environ 45 centimètres plus bas que l'oreiller. C'était trop haut dans le lit pour lui causer les douleurs qu'elle avait aux genoux. Je lui en parlai et lui dis que la théorie n'était pas valable dans son cas. Mais sa réponse fut : « Herbert, vous ne savez pas comment je dors, mes jambes sont pliées et tout le temps ramenées vers le cou quand je dors. Disant cela, elle se met sur le lit pour me montrer. Et, en effet, il y avait les deux genoux, l'un sur l'autre et tous deux directement au-dessus de l'intersection qui se trouvait 45 centimètres plus bas que l'oreiller ».

Mais la vraie question qu'il faut se poser, c'est pourquoi y aurait-il nocivité des eaux souterraines ?

L'explication serait la suivante : celles-ci créent des courants électriques engendrant de très faibles champs électromagnétiques.

Or, un savant soviétique, le professeur Presman, de l'Université de Moscou, a écrit dans *Champs électromagnétiques et vie* qu'il est caractéristique que le système nerveux central réagisse plus amplement sur basse intensité que sur forte intensité. Les effets des expositions répétées sur l'organisme s'accroissent par accumulation et l'exposition à de faibles champs entraîne progressivement des changements de plus en plus importants dans l'organisme.

Pour conclure sur l'influence néfaste des eaux souterraines étudiées par Herbert Douglas, il faut noter que ce dernier a constaté que plus il y a de veines, plus grave est la maladie. Dans un cas de cancer de la prostate, il a détecté 7 veines se croisant sous le lit, à l'endroit de la prostate, mais pour un cancer des poumons, il a compté jusqu'à 35 croisements !

Ses recommandations sont alors évidentes : rechercher

d'autres endroits (soit dans la même pièce, soit dans une autre pièce) où pouvoir mettre le lit du malade.

c) LES ONDES NOCIVES DUES A L'HABITATION ELLE-MÊME

Pour les tenants de la théorie des émissions de forme, les perturbations dans le volume d'une habitation peuvent être d'origines diverses : présence de couleurs « toxiques »[1], d'un moteur puissant, d'une chaudière, d'un poêle, de certains motifs de papiers peints (pour Pagot, les dessins sur papier métallisé et moiré, donnant l'illusion du relief), de statuettes « chargées », de cheminées murées ou de puits comblés.

Concernant ces derniers, Jean Pagot dans son très complet ouvrage *Radiesthésie et émission de forme*, cite un exemple d'ondes nocives dans un appartement de Seine et Marne, relatif à un aquarium qui était installé sur un meuble de cuisine, dans un coin entre deux fenêtres. « Trois semaines après leur installation, les poissons étaient tous morts. On repeuple l'aquarium : quinze jours plus tard, les poissons sont tous morts. On achète de nouveaux poissons, on repeuple une troisième fois, et une troisième fois tous les poissons meurent en quinze jours environ. Dans l'intervalle, l'eau suspectée avait été remplacée. Sans effet : non seulement les poissons mouraient mais les plantes accusaient le coup et ne se développaient pas. De plus, on me dit que la pendule à transistor accrochée au mur au-dessus de l'aquarium ne fonctionnait pas, mais si on la déplaçait d'un mètre sur la droite, elle marchait. J'ai alors soupçonné une très forte rupture de force, j'ai obtenu une forte réaction à la baguette au milieu de la cuisine et sur une diagonale passant par l'aquarium. Après coup, on me fait savoir que la cuisine avait été construite sur un puits comblé. C'était le puits comblé et ses arrivée et sortie d'alimentation qui rayonnaient ainsi. Je préconise alors un compensateur de type alpha vertical, on recharge à nouveau l'aquarium en poissons et on attend. Les poissons ainsi que

1. *Voir l'*ABC des couleurs, *par Daniel Béresniak (Jacques Grancher, éditeur).*

les plantes ont rapidement prospéré en quelques semaines, la pendule marche à n'importe quel endroit. »

Un autre facteur de perturbation peut être l'air respiré à l'intérieur même de l'habitation.

Tous les spécialistes savent qu'un air sain est un air ionisé négativement, c'est-à-dire chargé majoritairement d'ions négatifs. Or, dans une habitation, l'air peut être chargé positivement (il devient donc néfaste) sous l'action des matériaux de construction des murs, des cloisons et des toitures.

On trouve maintenant dans le commerce des appareils appelés ionisateurs d'air qui se branchent à une prise électrique et fournissent des ions négatifs en permanence, dans la maison ou l'appartement.

Enfin, certains chercheurs considèrent que des meubles mal placés peuvent être « nocifs ». En général, il s'agirait des meubles installés dans les angles d'une pièce, émetteurs d'ondes de forme négatives. Le meilleur test consiste à disposer une plante sur ce meuble et de vérifier si elle dépérit. Si c'est le cas, changez-la de place et observez bien s'il y a reprise. Un autre test (plus fiable et plus « visible ») est de faire germer des graines à pousse rapide, en semant le même nombre de graines dans deux pots distincts : l'un est posé sur le meuble à tester et l'autre dans un endroit neutre.

Le moyen le plus simple pour détecter les endroits nocifs et les endroits neutres est d'utiliser une baguette ou un pendule et de dresser un véritable plan « radiesthésique » de vos pièces, l'une après l'autre.

d) LES ONDES NOCIVES DUES A L'ÉLECTRICITÉ

C'est une notion qui est toute récente. Jusqu'il y a peu, en effet, il apparaissait inconcevable que l'électricité puisse avoir des effets négatifs. Consacrée « fée », l'électricité (avec laquelle les hommes sont familiers depuis plus d'un siècle) a incontestablement apporté des progrès dans le mode de vie de chacun. Aussi paraît-il suspect de lui prêter des vertus dangereuses.

Pourtant, de plus en plus de savants, ingénieurs, techniciens, médecins, font entendre leur voix pour mettre en garde certaines populations plus exposées que d'autres.

Ainsi, le docteur Jean-Pierre Maschi, médecin généraliste installé à Nice après avoir quitté Madagascar en 1963, affirme qu'à son avis la pollution électrique est responsable de nombreux troubles de santé chez les humains. Pour lui, une habitation trop fortement exposée à des courants à haute tension sera soumise à un champ électromagnétique dangereux pour l'individu et pouvant occasionner chez lui certains rhumatismes et la sclérose en plaques. Ce médecin soigne ces maladies depuis une vingtaine d'années à l'aide de sels minéraux et de conseils d'hygiène de vie. Ce qui lui a valu d'être radié de l'Ordre des Médecins, en 1968.

Nos maisons sont ainsi soumises à une double «pollution électrique» : à l'extérieur, lignes à haute tension et transformateurs nous agressent alors qu'à l'intérieur, fours à micro-ondes, ordinateurs, couvertures électriques, téléviseurs, courant alternatif nous irradient quotidiennement.

Cette pollution électrique est suffisamment inquiétante pour motiver plusieurs chercheurs sérieux qui ont entrepris des études sur des groupes humains plus exposés que d'autres.

Ainsi, une étude réalisée en 1986 sur 550 maisons de Denver (Colorado) a montré que 10 à 15% des cancers touchant les enfants seraient dus aux champs électromagnétiques à basse fréquence des lignes électriques. Et qu'en vivant auprès de ces lignes et des transformateurs, le risque de cancer est accru de 50%.

En 1988, l'*American Journal of Medecine* a publié une enquête faite sur 1583 femmes enceintes. Chez celles qui avaient passé plus de 20 heures par semaine (soit quatre heures en moyenne par jour) devant un écran d'ordinateur depuis le début de leur grossesse, on a constaté 80% de fausses couches de plus que chez celles qui n'ont pas été devant leur écran !

Enfin, depuis peu, on suspecte aussi les radiofréquences/micro-ondes (RF/MO) d'engendrer des troubles dans l'organisme humain. Lors de la seconde guerre mondiale, plusieurs opérateurs-radar sont morts par brûlures internes. Chez les pilotes de ligne et le contrôleurs aériens, on trouve un très fort taux de cataractes dues à une exposition permanente aux écrans-radar. Et on se rend compte que même les émetteurs des radios FM sont dangereux et provoquent fatigue, vomissements et migraines.

L'AVIS DE JEAN-LOUIS CROZIER

Cette histoire de rayons est quand même étonnante. J'ai plusieurs remarques importantes à faire sur ce sujet.

Je me demande d'abord si beaucoup d'auteurs et de chercheurs n'ont pas confondu allègrement rayonnement et radiesthésie.

Ensuite, je dois reconnaître que lorsque je fais mes recherches radiesthésiques, je ne tiens jamais compte ni du lieu, ni de l'orientation. J'ai le sentiment de n'être soumis à aucune influence extérieure. Sauf, peut-être, à celle du soleil, comme j'ai pu le découvrir lors de l'éclipse totale de 1961[1]*.*

A propos des réseaux Hartmann ou Curry, je dois dire que je n'ai jamais rien ressenti ou détecté de tel.

Quant aux ondes de forme nocives, je dois admettre qu'on m'a consulté des centaines de fois à ce sujet et que je n'ai jamais rien trouvé de grave ou d'inquiétant sur les plans qu'on a soumis à mes recherches. Sauf une fois où j'ai eu la surprise de constater, sur la carte d'un très vieux village, qu'il existait deux failles souterraines invisibles en plein milieu et qu'aucune maison n'avait jamais été construite sur ces deux fractures ! Comment les anciens avaient-ils pu deviner ce phénomène ?

Mystère.

Pour en revenir à ce que je ressens, je dois avouer

1. *Voir page 224 où cette expérience est racontée en détail.*

que si je ne perçois pas de rayons, je perçois par contre des échos. Ainsi, lorsque je recherche un disparu, je deviens une sorte de radar! Je m'explique : j'ai l'impression que j'émets des ondes mentales à 360 degrés, donc dans toutes les directions. Comme je travaille à partir d'une photo sur laquelle je pose ma main gauche, je pense que les ondes que je diffuse sont chargées de celles de la personne recherchée (dont on pourrait dire que j'ai détecté la longueur d'onde spécifique).

A un certain moment de mon travail, j'approche du disparu sur la carte d'état-major : je reçois alors un écho en retour. J'ai retrouvé la personne. Mon « radar » personnel a fonctionné et j'ai perçu le « bip » caractéristique. Mais si, sur un vrai radar, le bip est sonore, dans mon cas il est visuel : c'est le moment où le pendule tourne.

Ensuite, je n'ai plus qu'à travailler sur des cartes de plus en plus précises, en passant de l'échelle au 100 millième, au 50 millième puis au 25 millième, les plus précises fournies par l'Institut Géographique National. Et enfin prévenir la gendarmerie ou les pompiers.

En ce qui concerne les échos de personnes mortes qu'on me demande de trouver, j'ai constaté qu'ils étaient de puissance différente : les meilleurs échos sont, pour moi, ceux qui proviennent d'un disparu se trouvant sous l'eau[1]*. J'ai coutume de dire que l'eau est « porteuse » d'échos. Puis viennent les échos de personnes sur terre et enfin ceux de gens enterrés. Dans ce cas, l'écho m'apparaît étouffé.*

1. « Paradoxalement (?), Jean-Louis Crozier, lorsqu'il est en condition de travail près de l'eau (rivières, lacs, mers,...), se trouve très perturbé et ne ressent plus rien au pendule (il dit lui-même qu'il est comme dans une sorte de coma). Cela a-t-il un rapport avec le fait qu'il a failli mourir noyé à l'âge de 3 ans? »

CHAPITRE 4

Les explications des scientifiques

Le biomagnétisme du professeur Rocard : une grande découverte. — Les centres récepteurs magnétiques. — La carte d'identité magnétique. — La sensibilité sourcière dans la population. Les soviétiques et la méthode des effets biophysiques.
Les expériences américaines.
L'avis de Jean-Louis Crozier.

Nous venons de voir, lors du chapitre précédent, que de nombreux chercheurs ont essayé, par empirisme, d'apporter leur contribution à la radiesthésie : les abbés Bouly et Mermet, André de Bélizal, Pencréach, les docteurs Peyré, Curry et Hartmann... mais aucun d'eux n'était scientifique de formation.

C'est probablement pour cette raison que la radiesthésie n'est jamais devenue une science officielle mais est restée un « art », un passe-temps, qui a fait sourire de tout temps la communauté scientifique par son côté irrationnel.

Aujourd'hui, cette dernière commencerait peut-être à changer d'avis, grâce aux travaux du professeur Rocard, physicien mondialement célèbre, et ceux de ses confrères soviétiques et américains.

Le biomagnétisme du professeur Rocard

Voilà plus de 30 ans que le professeur Rocard se bat pour faire connaître au monde scientifique que la radiesthésie est quelque chose de réel, correspondant à des lois physiques qui peuvent être mises en équation et dont les expériences peuvent être répétées afin de montrer leur pertinence.

a) UNE GRANDE DÉCOUVERTE

Qu'a donc trouvé le professeur Rocard ? Un fait fondamental. Avant lui, on croyait que les baguettisants et les pendulisants ressentaient la présence d'eau à l'aide de leurs instruments. En réalité, Yves Rocard a démontré qu'ils détectent non pas l'eau mais la présence d'une anomalie dans le champ magnétique local, anomalie qui va agir sur le sourcier lui-même, alors que l'eau se trouve là parce que des effets magnétiques se produisent et l'attirent.

La grande découverte de M. Rocard, c'est donc que l'homme est sensible aux inégalités locales du champ magnétique, doctrine qu'il a baptisée biomagnétisme.

Il ne s'agit pas, bien sûr, ici, du magnétisme terrestre dans lequel nous baignons tous et dont le champ magnétique est uniforme au même endroit : ainsi à Paris, ce champ est de 47 000 gamma alors qu'il monte à 75 000 au Pôle et baisse à 30 000 à l'Équateur.

En revanche, l'être humain subit un changement physiologique temporaire lors d'une légère variation locale du champ ambiant, ce qui déclenche le fameux « effet sourcier », se manifestant par les mouvements d'une baguette ou d'un pendule.

b) LES CENTRES RÉCEPTEURS MAGNÉTIQUES

Le professeur Rocard fut le premier à émettre l'hypothèse que le corps humain contenait de la magnétite (Fe_3O_4), c'est-à-dire des cristaux d'aimant naturel.

Deux faits lui donnent raison : le premier c'est incontestablement la découverte scientifique d'un biologiste anglais, Robin Baker, de l'université de Manchester, qui en 1983 a localisé, à l'aide d'un puissant microscope électronique, des cristaux de magnétite dans les arcades sourcilières d'un cadavre et le second, c'est plus modestement la découverte empirique de votre serviteur auquel une douleur tenace de quelques heures a appris que nos pauvres arcades étaient effectivement chargées de magnétite, stimulée par la puissante action d'un magnétiseur : Jacques Montagner[1].

Pour le professeur Yves Rocard, la nature a placé de la magnétite dans différentes articulations de l'homme, sous forme de cristaux, qu'on trouve deux par deux au même étage et symétriques par rapport à l'axe vertical du corps.

Ces cristaux de magnétite, découverts à l'aide de patientes mesures du professeur Rocard, se retrouvent dans sept endroits du corps humain et en fait à six niveaux, symétriques à droite et à gauche, qu'il a appelés « centres récepteurs magnétiques » :

1. *dans les arcades sourcilières* : sur les tendons des muscles oculo-moteurs, servant à tourner les yeux sans bouger la tête.
2. *dans la nuque* : sur les tendons des muscles qui permettent à l'homme de tenir sa tête verticale.
3. *dans les coudes* : aux creux des coudes, exactement aux attaches des biceps.
4. *dans le bas du dos* : aux points d'attache des muscles lombaires.
5. *dans les genoux* : aux creux mêmes des genoux.
6. *dans les talons* : sur la verticale des os des jambes, à 6 cm en avant de la base arrière du talon et pratiquement à 1 cm du sol.

1. *Voir l'ABC du magnétisme*, par Jacques Mandorla (Jacques Grancher, éditeur).

7. *dans les gros orteils* : dans l'articulation de la première phalange, à 1 cm du sol aussi.

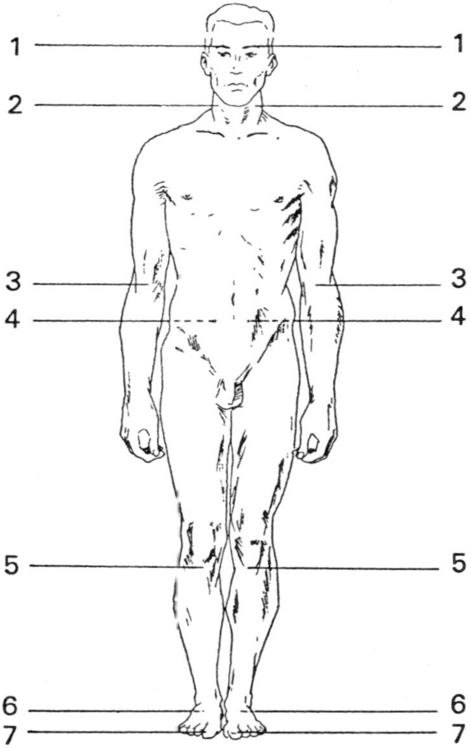

Mais à quoi peuvent bien servir tous ces « centres récepteurs magnétiques », répartis assez régulièrement sur notre corps ? A maintenir notre équilibre et à nous éviter de tomber, surtout lorsque nous traversons des endroits à forts chaos magnétiques qui sollicitent et fatiguent nos muscles. Ils servaient peut-être davantage à l'homme préhistorique qui n'avait pas de lumière pour se déplacer la nuit, et devait conserver son équilibre, sans l'usage de ses yeux qui voient l'horizon. Si chacun d'entre nous a de la magnétite dans le corps, se peut-il que les mains des magnétiseurs (ces « outils » qui servent à transmettre leur « fluide » aux malades) contiennent aussi de la magnétite ?

Y a-t-il de la magnétite dans les mains des magnétiseurs-radiesthésistes ?

Pour Yves Rocard, il ne fait aucun doute que le magnétiseur-radiesthésiste professionnel a de la magnétite dans les mains. Pour illustrer cette hypothèse, le professeur Rocard pratique systématiquement le test suivant (figure n° 1) : il tient un pendule, assez lourd, immobile dans sa main droite. Le pendule expérimental est fait d'un fil relativement long, de près d'un mètre, avec une masse importante au bout pour être moins sensible aux tremblements physiologiques involontaires du sujet qui tient le pendule.

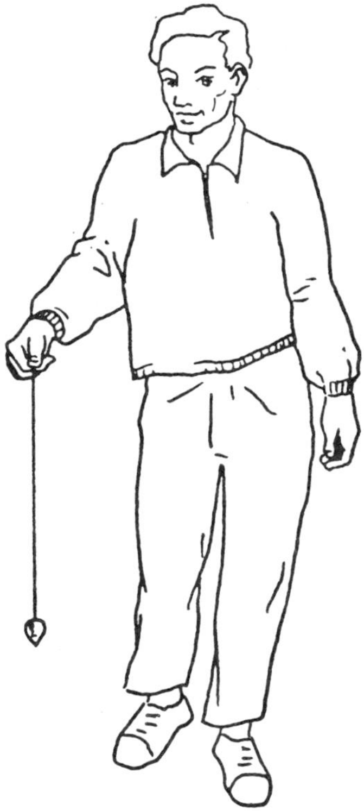

Figure 1 : position de départ du pendule.

Ensuite, il fait appuyer un objet en fer (trousseau de clés, par exemple) sur son arcade sourcilière gauche : le pendule se met alors à tourner dans un sens déterminé, par exemple dans le sens des aiguilles d'une montre (figure n° 2). Preuve que les arcades sourcilières sont sensibles aux stimulations magnétiques. L'explication du professeur Rocard est la suivante : la clé en fer devient un petit aimant dans le champ magnétique terrestre et produit à son tour un petit champ magnétique perturbateur. Le professeur Rocard m'a fait part d'une nouvelle découverte qu'il a faite : en magnétisant pendant 5 minutes les pattes d'un chien, à l'aide d'un

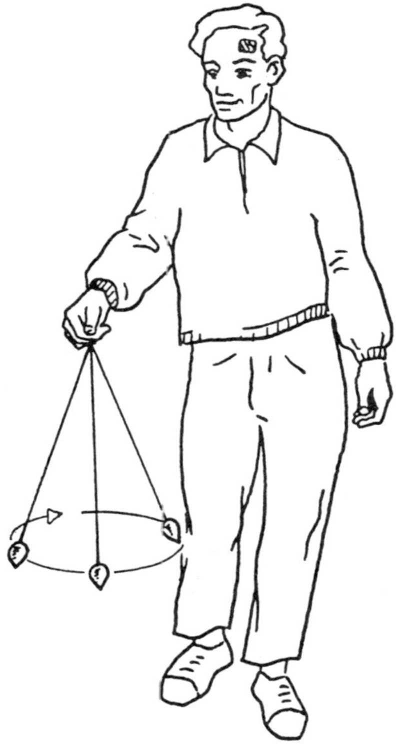

Figure 2 : rotation du pendule après pose d'un petit objet en fer sur l'arcade sourcilière.

champ de l'ordre de 100 gauss, il a constaté que les talons, à l'endroit où il a localisé de la magnétite, deviennent alors aimantés. Le champ obtenu est de l'ordre de 5 à 20 gamma et dure plusieurs heures avant de s'effondrer. Pour le professeur Rocard, « c'est la preuve physique qu'il y a une réalité dans la croyance au magnétisme animal de Mesmer ».

Mais le professeur Rocard a fait de plus une constatation étonnante : si l'on remplace la masse métallique par les doigts de la main d'un magnétiseur, le pendule se met à tourner aussi et dans le même sens, alors que pour un individu « normal » c'est-à-dire ne possédant pas de magnétisme, le pendule reste immobile (figure n° 3).

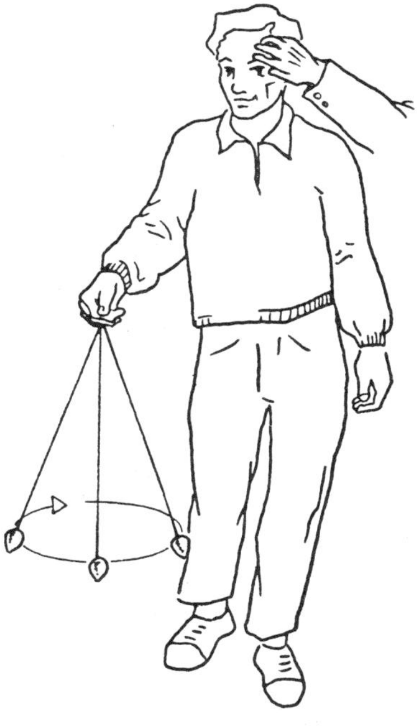

Figure 3 : le pendule tourne aussi dans le sens des aiguilles d'une montre quand l'aimant est remplacé par la main d'un magnétiseur.

Preuve, pour Yves Rocard, que les magnétiseurs ont de la magnétite dans les mains. Plus exactement, dans les articulations des doigts. De quoi fournir, d'après lui, un champ de l'ordre d'un milligauss si la main vient au contact. Autant dire qu'il faudrait, pour mesurer ce champ, un appareil très sophistiqué et très sensible.

On peut se demander pourquoi certains individus privilégiés possèdent un magnétisme exceptionnel ? D'après le professeur Rocard, cette capacité de l'homme remonterait aux temps préhistoriques. Mais comment l'ont-ils acquise ? Vivant en contact direct avec la nature, on peut estimer qu'ils aient été magnétisés par des éclairs d'orage. En effet, il faut savoir que dans un éclair d'orage passent de 50 000 à 100 000 ampères et qu'il suffit d'un éclair frappant le sol à une cinquantaine de mètres d'un homme pour le saturer magnétiquement. Or, la Terre reçoit de l'ordre de 400 éclairs de 100 000 ampères par seconde sur toute sa surface.

Ce « potentiel magnétique » venu du ciel a très bien pu se transmettre de génération en génération. Puis, cette particularité s'est sérieusement émoussée au cours de la période qui a suivi l'âge de pierre, c'est-à-dire l'âge du fer, période au cours de laquelle l'homme fut mis en contact quasi-permanent avec des objets en fer.

La majorité des individus perdit alors sa surcharge magnétique. Depuis, seuls les sujets doués, fort chargés, témoins vivants de « l'homo magnéticus » de l'aube des temps, conservent cette propriété. Résultat : aujourd'hui, d'après le professeur Rocard, il n'y aurait plus qu'un individu sur mille ou sur dix mille possédant un fort potentiel magnétique. Et parmi eux, les magnétiseurs-radiesthésistes.

c) LA CARTE D'IDENTITÉ MAGNÉTIQUE

C'est une invention du professeur Rocard, destinée à regrouper des données propres à chaque individu et servant à comparer entre eux différents sujets radiesthésistes à tester.

Son principe en est simple : il s'agit de mesurer le sens de rotation (horaire, c'est-à-dire dans le sens des aiguilles d'une montre ou anti-horaire, le sens opposé) d'un pendule tenu par le sujet et appliqué près de chacun de ses six principaux centres récepteurs magnétiques : arcade, cou, coude, lombaire, genou, talon (le septième, situé dans les gros orteils, a été écarté par le professeur Rocard), en séparant les côtés gauche et droit.

Puis on relie par un trait les points de même rotation (horaire ou anti-horaire) pour voir se révéler alors la carte d'identité magnétique du sujet, dont le tracé est très spécifique et original (il y a en effet une chance sur 4 096 pour que deux fiches soient identiques).

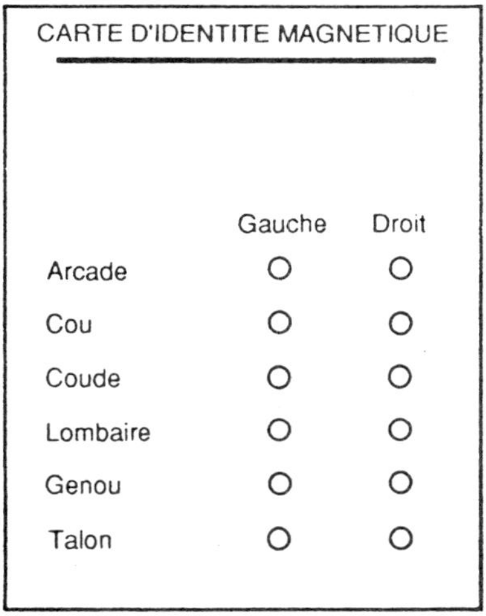

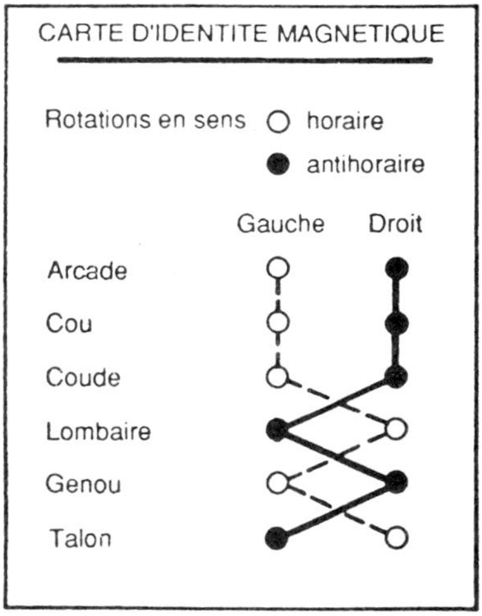

d) LA SENSIBILITÉ SOURCIÈRE DANS LA POPULATION

Tout le monde réagit aux variations du champ magnétique et pas seulement les radiesthésistes amateurs ou professionnels. C'est pourquoi le professeur Rocard a, pendant plusieurs années, soumis un large échantillon de personnes à son test de sensibilité magnétique : celle-ci correspond au nombre de secondes nécessaires à un pendule d'un mètre de long pour se mettre à tourner après avoir été lancé volontairement d'avant en arrière par le sujet, lorsqu'on applique un champ de quelques gammas sur l'un des centres récepteurs magnétiques, comme les arcades par exemple.

Statistiquement, Yves Rocard a mesuré des temps de réponse allant de 2 secondes (pour le sujet le plus doué) à 2 minutes pour le sujet le moins doué, la moyenne se situant autour de 30 secondes (Jean-Louis Crozier a une sensibilité sourcière mesurée à 11 secondes, ce qui est excellent : pour en savoir plus sur ce test, reportez-vous au chapitre 8).

Autre constatation, les meilleures performances sont celles de magnétiseurs professionnels : en effet, le professeur Rocard a établi que tous les magnétiseurs sont de très bons sourciers alors que l'inverse (les bons sourciers seraient-ils magnétiseurs ?) n'a pas été vérifié. Cela étant, il estime qu'un millième au moins de la population est constitué de personnes qu'on peut qualifier de « magnétiseurs ».

Les soviétiques et la méthode des effets biophysiques

L'URSS a, depuis longtemps, considéré la radiesthésie comme une discipline scientifique. Ainsi, les Instituts de Géologie de Moscou et de Leningrad emploient des géologues, des géophysiciens et des physiologues spécialisés dans la radiesthésie.

Les professeurs Ogilvy, Bogomolov, Tareyev, Simonov ont procédé à des centaines d'expériences auxquelles ils ont soumis des sourciers amateurs.

Leur principales conclusions sont les suivantes :

— la force appliquée sur la baguette varie de 100 à 1 000 grammes par centimètre ;

— les baguettes fourchues, provenant d'arbres à feuilles caduques, ont tendance à voir leur sensibilité baisser très rapidement, obligeant alors le sourcier à tailler une autre baguette dans une branche de coudrier, de pêcher ou de saule ;

— une baguette fendue qu'on recolle n'a plus de vertu sourcière;
— les femmes obtiennent de meilleurs résultats en détection que les hommes (deux fois plus);
— lorsqu'on fait porter des gants de coton, de caoutchouc ou de cuir aux sourciers, leur sensibilité radiesthésique ne varie pas avec le coton ou le caoutchouc, mais disparaît totalement avec le cuir;
— des sourciers mis sous hypnose voient leurs performances diminuer, probablement parce que leurs muscles se trouvent entièrement relâchés;
— un très bon sourcier peut transmettre sa sensibilité à un sourcier-amateur uniquement en lui touchant la main, ce qui déclenche alors le mouvement de la baguette que celui-ci tient;
— plusieurs radiesthésistes formant une chaîne n'augmentent pas la sensibilité d'un sourcier isolé dont on veut amplifier les performances.

Pour les chercheurs soviétiques, les individus peuvent être classés en quatre catégories, définies d'après les polarités ou le champ de force de leurs corps. C'est ce que relatent Sheila Ostrander et Lynn Schroeder dans *Fantastiques recherches parapsychiques en URSS*.

« Dans le premier groupe, on trouve l'ensemble des femmes, et quelques hommes. Quand le sourcier passe auprès des individus de cette catégorie, la baguette se dirige immédiatement vers eux, quel que soit l'angle d'approche. Les trois groupes suivants sont uniquement composés d'hommes.

Lorsque le sourcier s'approche d'un individu de la catégorie II, la baguette est soumise à une force de répulsion, et s'oriente dans la direction opposée au sujet. Les groupes III et IV possèdent une double polarité. Les membres du groupe II attirent la baguette vers eux lorsque celle-ci se trouve au niveau de leur dos ou de leur ventre. Ils la repoussent au contraire lorsqu'elle leur est présentée au niveau de l'épaule. Le groupe IV produit des effets exactement opposés. L'épaule attire, le dos et le ventre repoussent.

Mais ce sont les géologues Sochevanov et Matveev, de

l'Institut de recherches scientifiques pour l'hydrologie et la géologie technique de Moscou, qui créent en 1967 la « méthode des effets biophysiques », pour décrire les phénomènes ressentis par les sourciers.

Mais pour le professeur Rocard, les deux chercheurs soviétiques ne semblent pas travailler en toute indépendance : ils sont obligés de justifier, par des résultats économiques, les crédits et les moyens qu'ils ont demandé aux Commissions du Plan. Et le professeur Rocard de conclure que dans l'ensemble, et sans prendre en compte toutes les affirmations de la sourcellerie soviétique, les publications de Sochevanov, Matveev et quelques autres apportent des résultats en grand nombre et tout à fait acceptables, même si des maladresses sont commises dans des interprétations attribuant trop vite certaines causes aux signaux. Les médias rationalistes soviétiques s'étant montrés incapables de prendre en compte les faits, l'opinion publique a passé outre. Le clan des géologues sourciers de l'URSS en est sorti grandi et il a accès à des revues scientifiques pour faire connaître ses travaux. En URSS, on peut obtenir que des scientifiques discutent la pratique de la méthode des effets biophysiques sans se rendre d'avance ridicules : c'est la voie ouverte au progrès.

Les expériences américaines

Les plus connues et les plus sérieuses du point de vue scientifique sont l'œuvre de l'Utah Water Research Laboratory (U.W.R.L.) et de l'American Dowser Society (A.D.S).

Le premier organisme — l'U.W.R.L. — situé à Logan, à 110 kilomètres au nord de Salt Lake City, a publié en 1971 les travaux de Chadwick et Jensen, intitulés : *Détection des champs magnétiques causés par les eaux souterraines et corrélation de tels champs avec la recherche d'eau pour les sourciers*.

Chadwick et Jensen ont organisé quatre séries d'expériences : les trois premières avec 150 sujets qui étaient élèves de l'Université d'État de l'Utah (la plupart n'avaient jamais vu une baguette de sourcier de leur vie!), la quatrième avec des radiesthésistes professionnels de Washington, appartenant à l'American Dowser Society.

Le principe de ces expériences consistait à faire passer les sujets munis de baguettes sur des trajets déterminés, à noter les endroits où ceux-ci accusaient des réactions sourcières et à comparer ensuite celles-ci au champ magnétique local le long de chaque trajet.

Ces trajets étaient très différents : le premier traversait un verger planté de pommiers dans lequel avait été enfoncée verticalement dans le sol une tige de fer de 1,20 mètre de long et de 1,6 cm de diamètre, le second se situait sur un parking pour caravanes fait de terre gazonnée, avec une barre de fer à un endroit inconnu; le troisième, enfin, longeait le fleuve Potomac et rien n'avait été caché dans le sol.

Toutes ces expériences ont confirmé les conclusions du professeur Rocard sur sa théorie de la sourcellerie magnétique.

De son côté, l'autre organisme — l'A.D.S. — qui regroupe les sourciers américains, a publié les résultats des travaux de Zaboj Harvalik, son chef du service de recherches.

Ce dernier, inspiré des conclusions d'Yves Rocard parues en 1962 dans *Le signal du sourcier*, a conçu un test très sérieux auquel il soumet ses sujets sourciers.

Harvalik a planté dans la terre deux piquets séparés de 20 mètres l'un de l'autre entre lesquels il fait circuler, dans la terre, un courant électrique : les piquets servent donc d'électrodes (qu'il déplace à chaque expérience nouvelle) et le courant électrique crée un champ magnétique que détectent les sujets, munis d'une baguette à deux L coudés.

Voici les principales conclusions d'Harvalik :

— les sujets ressentent bien le champ magnétique mais fatiguent avec le temps (le taux de détection de quatre sourciers pour une série de cinq essais passe de 88% pour la première série à 72% pour la deuxième et à 40% pour la troisième) par contre, il réactive les sujets en augmentant l'intensité du courant électrique;

— son meilleur sourcier (qui détecterait à des niveaux 1 000 fois plus faibles que les autres, ce qui rend scepti-

que Yves Rocard) devient 10 fois plus sensible que d'habitude quand il boit un verre d'eau, mais 1 000 fois moins sensible après un bon repas!;
— de deux sourciers ayant perdu le rein droit dans une opération, un seul a conservé sa sensibilité radiesthésique : il avait encore sa glande surrénale (située au sommet du rein, elle secrète cortisone et adrénaline), ce qui n'était pas le cas de l'autre;
— un sourcier à qui l'on fait coiffer un casque d'acier de l'armée perd ses capacités sourcières.

L'AVIS DE JEAN-LOUIS CROZIER

Je vois d'un très bon œil que des scientifiques s'intéressent à la radiesthésie et cherchent à découvrir ce qui peut bien se passer quand une baguette ou un pendule tournent. Je suis d'ailleurs disponible pour effectuer des expériences avec des scientifiques qui le souhaiteraient, comme c'est le cas actuellement avec le professeur Rémy Chauvin. Cette discipline est trop longtemps restée dans l'obscurantisme et elle a trop souvent été raillée, critiquée, déconsidérée, au point que dans l'esprit des gens, radiesthésiste est synonyme de charlatan.

Aussi suis-je rassuré de voir que le professeur Rocard — longtemps mis à l'écart par ses confrères, trop rationalistes — ait pu consacrer autant de temps et de réflexion à ce sujet. Mais ses conclusions sont aujourd'hui incontestables : l'homme est sensible aux variations locales du magnétisme terrestre et cela explique le réflexe sourcier.

Lorsque je l'ai rencontré chez lui, en juin 1990, grâce à Jacques Mandorla, j'ai été agréablement surpris par le dynamisme et la volonté qu'il mettait à perfectionner toujours plus sa théorie. Il n'y a qu'un domaine sur lequel il n'a pas voulu s'engager : la radiesthésie à distance, effectuée à partir de photos, de plans ou de cartes.

A ce propos, quelques semaines après notre entrevue et les tests auxquels il m'avait soumis, il m'envoyait une lettre sympathique dans laquelle il mentionnait : « Je suivrai toujours avec intérêt vos recherches sur plan, mais je ne vois pas clairement la cause de votre succès ».

CHAPITRE 5

Les instruments de la radiesthésie : baguettes et pendules

La baguette : En quelle matière doit-elle être ? — Les différentes formes possibles. — Quelques conseils utiles pour détecter. — Que se passe-t-il vraiment avec une baguette ? — Les limites de la baguette.
Le pendule : Qu'est-ce qu'un pendule ? — Les différents modèles existants. — La notion de témoins. — Le pendule de l'an 2000 : le dowser. — Comment utiliser le pendule.
L'avis de Jean-Louis Crozier.

LA BAGUETTE

Le mot baguette (issu du latin *baculum*, bâton) est, il faut bien le reconnaître, un peu ambigu : en effet, ce terme a, dans la langue française, d'autres sens — comme baguette de commandement, baguette destinée à un châtiment (on parle de quelqu'un qu'on « mène à la baguette »), baguette magique (de Merlin l'enchanteur) — ce qui a parfois créé des confusions avec la baguette du sourcier (ce dernier, on l'a vu, ayant même été assimilé, à une certaine époque, à un sorcier !).

Cela étant, qu'elle soit utilisée pour la recherche de sources (sourcellerie) ou pour connaître l'avenir (baguette divinatoire), la baguette est incontestablement l'instrument des sourciers depuis des siècles (voir chapitre 2 : de la rhabdomancie à la radiesthésie).

En quelle matière doit-elle être ?

En réalité, cela n'a aucune importance. Les résultats obtenus en détection sont, en effet, totalement indépendants de la matière choisie. Historiquement, on trouve deux types de baguette : la naturelle et l'artificielle.

— la baguette naturelle est en bois de coudrier (coudrier est le nom commun du noisetier). C'est le modèle le plus répandu dans le public car très facile à réaliser : il suffit d'entrer dans une forêt, de couper une branche à 3 ramifications (voir dessin ci-après) pour disposer ensuite d'un outil de recherche bon marché.

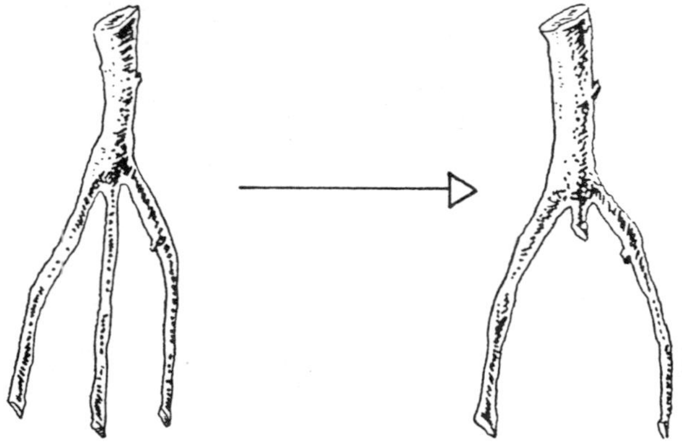

Il faut savoir que le coudrier a été utilisé depuis des centaines d'années non pas parce qu'il aurait quelque pouvoir radiesthésique magique, bien entendu, mais tout simplement parce que, coupé à l'état vert, il possède des vertus d'élasticité, de souplesse et de résistance que n'ont pas la majorité des autres branches d'arbres.

— la baguette artificielle est réalisée, elle, dans des matériaux très différents comme le métal (qu'Yves Rocard déconseille car, à son avis, il met en court-circuit les deux mains), les fanons de la baleine (une idée du Comte de Tristan qui, en 1826, baptise cette nouvelle baguette : la furcelle, ce qui signifie petite fourche), le rotin, le plastique ou bien encore la fibre de verre.

Les différentes formes possibles

On peut classer les baguettes en six familles distinctes : la baguette fourchue, en U, arceau, bouclée, coudée et moderne.

Chacune a ses caractéristiques spécifiques, ses performances, ses avantages, ses limites. Passons-les donc en revue pour mieux les connaître et les comparer.

— la baguette fourchue

Appelée aussi baguette en U ou en Y, c'est la plus classique de toutes. Elle doit évidemment son nom à sa forme très identifiable qui évoque la fourche des paysans. Relativement courte (30 à 40 centimètres), elle se tient paumes vers le ciel, pouces vers l'extérieur, doigts serrés et avant-bras tordus.

Pour détecter, on avance pointe en avant sur une zone sourcière, elle bascule alors vers le bas ou vers le haut.

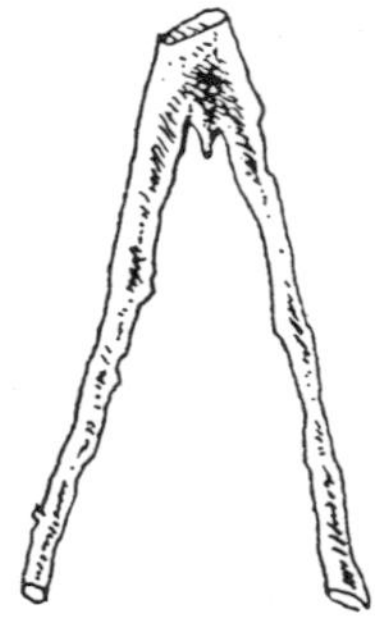

FORME

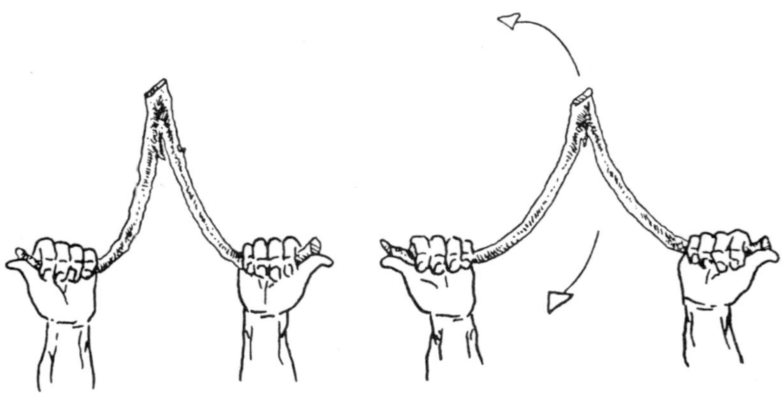

EN POSITION EN DÉTECTION

En ce qui concerne cette forme fourchue et son origine supposée, de nombreuses explications ont été données, toutes aussi peu convaincantes les unes que les autres. Un auteur, cependant, a tenté une explication religieuse qui n'est pas inintéressante. Il s'agit d'Antoine Luzy qui, en 1943, dans *Radiesthésie moderne* écrivit que « la configuration classique de la baguette en fourche renversée pourrait être, si l'on veut examiner la question sous l'angle philosophique, la résultante de certaine pratique religieuse. En effet, une des attitudes instinctives les plus fréquentes de la prière ou de la méditation sacrée est de joindre les mains, en les laissant en contact seulement par le bout des doigts, les paumes pouvant être plus ou moins écàrtées. Au cours d'un profond et fervent appel aux dieux, ou à Dieu, suivant l'époque à laquelle on se reporte, les doigts deviennent le siège de frémissements et les bras ressentent comme une impulsion les soulevant, comme un transport émanant de l'être, pour élever les mains plus près du ciel, en même temps que l'âme... Et de tels réflexes, indices d'une intense émotion religieuse, peuvent être considérés par le croyant comme un signe que la divinité l'a entendu et compris.

Mais le geste des mains jointes par les doigts, était peut-être aussi celui des premiers sourciers, invoquant une divinité spéciale, pour découvrir plus sûrement l'objet de leurs recherches, car Dieu est dans le cœur de l'homme depuis toujours. Et la forme des mains jointes est aussi celle de la baguette fourchue. Des mains à la baguette la distance est nulle, car les unes tiennent l'autre, et la fatigue des premières, au cours de prospections prolongées, a peut-être amené l'usage de la seconde. Ce qui tendrait à justifier notre supposition, c'est que la coupe des baguettes était, dans l'Antiquité, soumise à des règles diverses, découlant sans doute des pratiques du début, mais ayant déformé l'idée religieuse qu'elles contenaient. Toutes ces règles étaient imprégnées d'un esprit de superstition, les unes invoquant Dieu, les autres le démon, et cette coupe devait se faire à des époques et à des heures bien déterminées, pendant certaines phases de la lune. La cérémonie était complétée par l'énonciation verbale d'invocations et de formules réglementaires. »

— la baguette en U

Utilisée, dans le passé, essentiellement en Suisse et en Italie du Nord. Ses plus fervents adeptes recommandaient de la tenir non pas de façon classique mais plutôt par l'annulaire de chaque main, paumes vers le ciel. Une position pas très facile à adopter ! Par contre, au niveau des réactions, elles sont semblables à celles de la baguette fourchue.

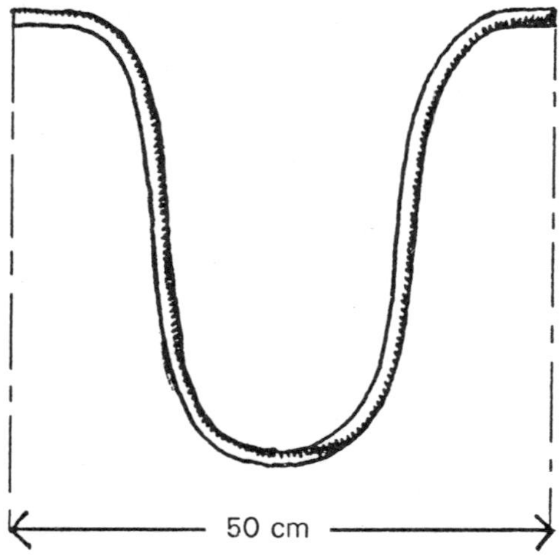

LONGUEUR RÉELLE : 60/70 cm

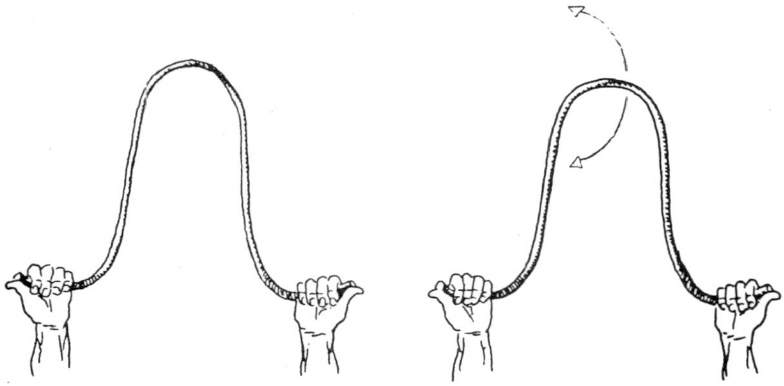

EN POSITION   EN DÉTECTION

— *la baguette-arceau*

Faite d'un fil de fer ou d'aluminium, elle est d'un format imposant (plus d'un mètre de longueur) et « enveloppe » littéralement le sourcier, qui la tient au-dessus de la tête, de façon normale c'est-à-dire mains fermées, doigts repliés, paumes vers le bas.

Lorsque la baguette-arceau a détecté quelque chose, elle bascule vers le sol.

FORME

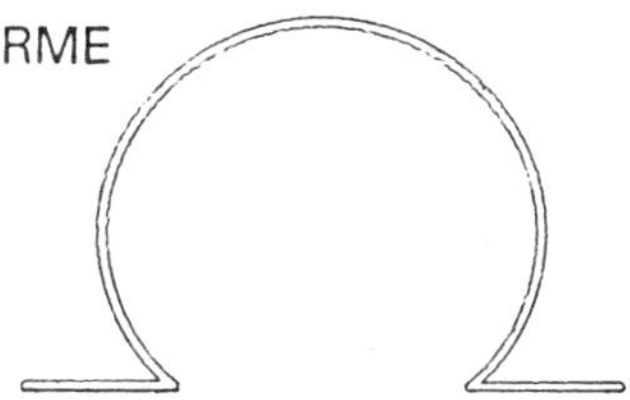

EN POSITION

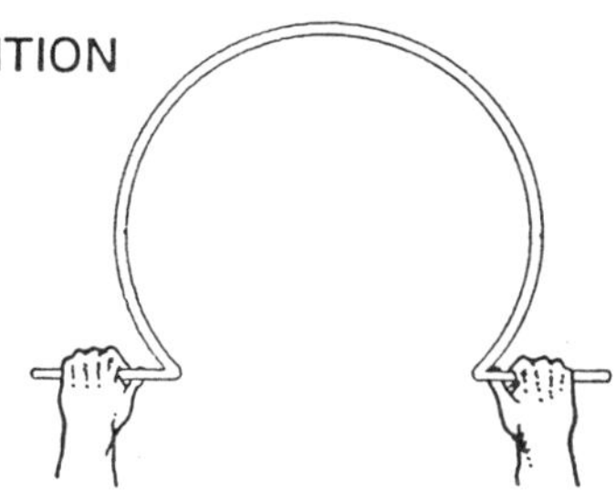

EN DÉTECTION

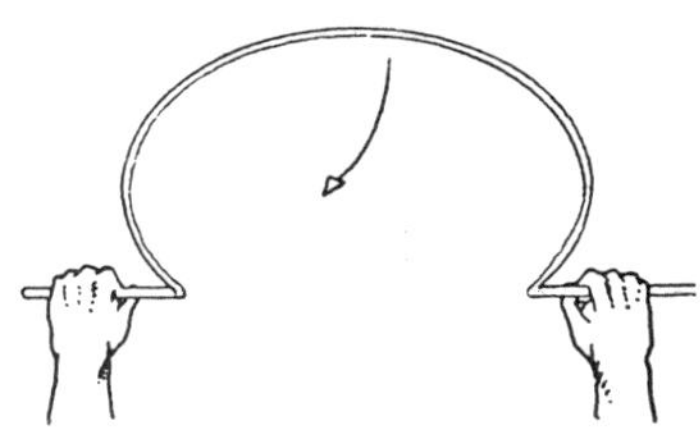

— *la baguette bouclée*

Faite dans des métaux identiques à ceux de la baguette-arceau, la baguette bouclée, d'une longueur totale de 70 à 80 centimètres, se tient de façon inhabituelle : un index sur chaque extrémité, les deux mains dans un plan vertical, boucle vers l'avant.

En cas de détection, la boucle bouge vers la gauche ou vers la droite, dans le plan horizontal.

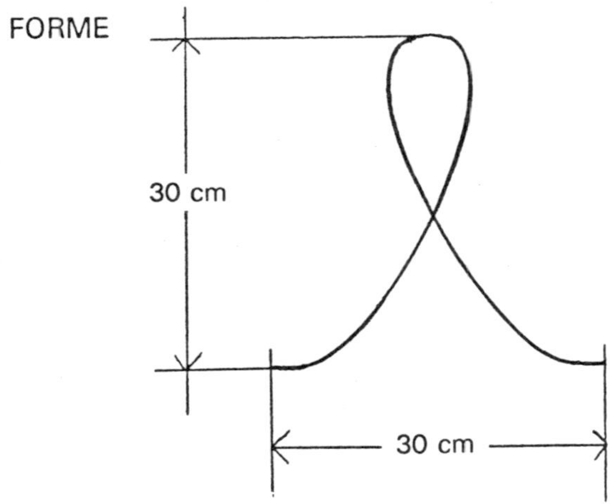

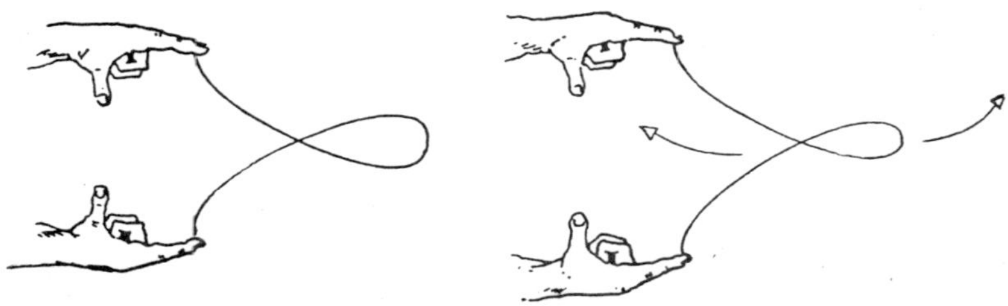

EN POSITION EN DÉTECTION

— *la baguette coudée*

Appelée aussi baguette en L, faite de fil de fer ou de cuivre de 3 à 4 millimètres de diamètre, elle se présente sous la forme de deux branches (une courte, une longue) perpendiculaires. Elle se tient main fermée sur la petite branche comme le manche d'un revolver. On utilise plutôt la baguette coudée en couple, l'une parallèle à l'autre.

Sur une zone sourcière, les deux baguettes réagissent alors soit en se croisant, soit en s'écartant l'une de l'autre. Pour le professeur Rocard, c'est la baguette idéale du sourcier car elle lui apparaît plus fiable et plus précise.

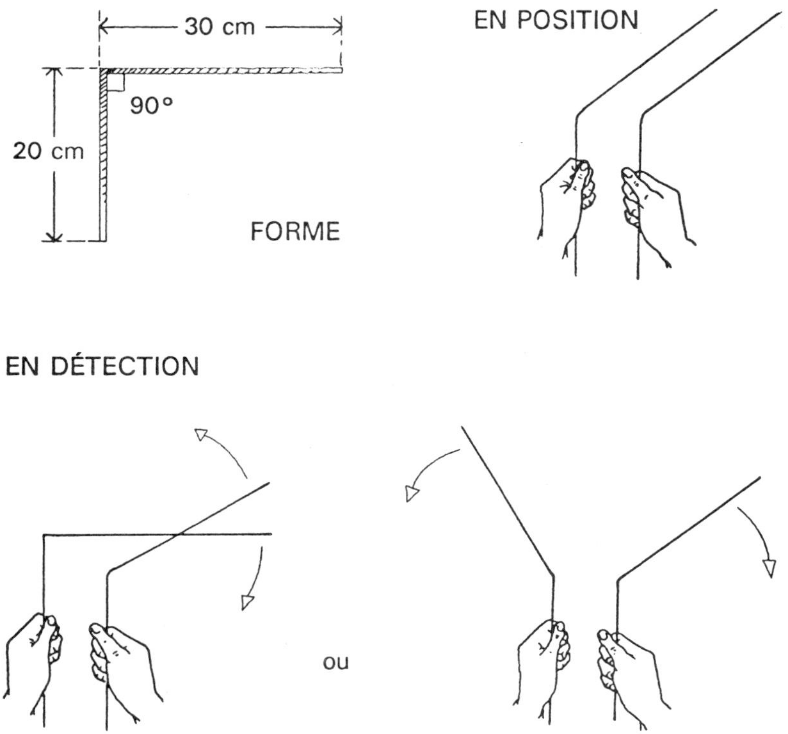

— *la baguette moderne*

Héritière de la baguette fourchue en bois de coudrier, cette baguette artificielle est faite de deux lames identiques, de 30 centimètres de long, ligaturées entre elles à un bout par un fil de nylon. On doit à Henry de France père (1872-1947), l'invention de ce modèle contemporain. Elle fonctionne exactement de la même façon que la baguette fourchue, son ancêtre. Mais elle a l'avantage d'être totalement équilibrée (ses deux branches sont identiques, ce qui est rarement le cas pour la baguette fourchue issue de branches d'arbre) et d'être aussi plus solide.

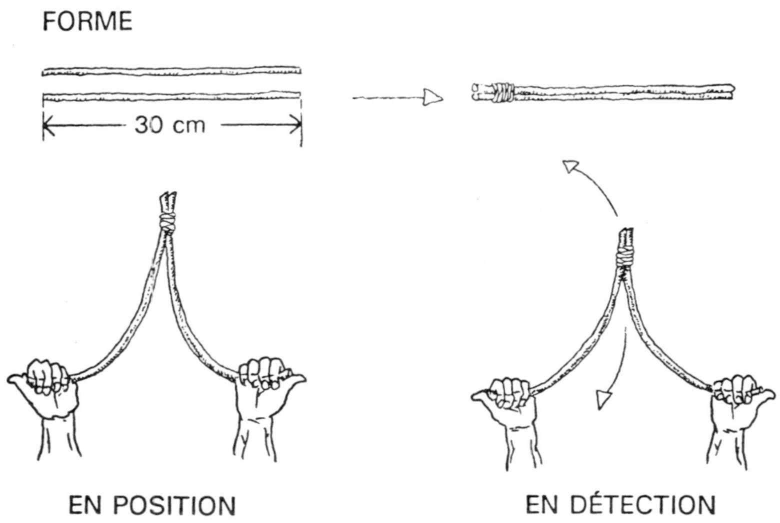

Quelques conseils utiles pour détecter

Lorsque vous aurez choisi la baguette avec laquelle vous vous sentirez le mieux, ne partez pas immédiatement « à l'abordage » ! Lisez attentivement les dix conseils ci-après, donnés par Helmut Muller, dans son livre *Pratique de la radiesthésie* : « Pour utiliser la baguette, vous devrez tenir compte d'un certain nombre de facteurs :

- Il n'est pas nécessaire de tenir la baguette serrée entre ses doigts : mieux vaut la maintenir en position instable, afin qu'elle se mette en mouvement à la moindre sollicitation.
- Les extrémités de la baguette peuvent dépasser des mains de quelques centimètres.
- Ne pas se crisper ni s'énerver. Écarter les deux branches de la baguette très légèrement, afin qu'elles fassent un angle d'environ 45°.
- En cas d'absence de réaction, il conviendra de régler l'ouverture de l'angle jusqu'à ce que l'on trouve la position optimale.

• Il faut tenir la baguette pointant légèrement vers le haut, la pointe à la hauteur du plexus solaire.
• La baguette sera attirée vers le haut ou le bas lorsque l'on passera au-dessus d'un champ d'action radiesthésique. Prenez soin de toujours maintenir les coudes aux hanches.
• La direction que prendra la baguette dépendra de la polarité de l'opérateur et de celle du genre de zone rencontré.
• Il faut opérer avec souplesse. La baguette est légère et la force qui la fait sauter est infinitésimale, quasi imperceptible.
• Mettez-vous en état de réceptivité, c'est le secret de la radiesthésie.
• Ne vous souciez pas de la baguette autrement que pour la maintenir correctement. Lorsqu'elle se mettra en mouvement, il sera temps de se demander : « Pourquoi se met-elle en mouvement dans ce sens et pas dans l'autre ? » Ensuite, vous pourrez interpréter les mouvements.

On ne sait pas si l'écrivain Colette (1873-1954) a pu bénéficier de conseils de ce type mais on sait qu'elle a pratiqué l'usage de la baguette dans sa Bourgogne natale avec une telle passion qu'elle en a laissé un texte pour la postérité : « La première émotion quand la baguette fourchue vira énergiquement entre mes mains fermées — paumes en dessus, pouces en dehors — fut vive et gaie, pareille au plaisir que m'eût causé une invisible présence malicieuse, bienveillante. Je ne me lassais pas de l'interroger. Sous l'influence d'une eau proche et massive, le mouvement de la baguette rappelle, tant il est exigeant, la révolte d'une couleuvre qu'on veut maîtriser ».

Que se passe-t-il vraiment avec une baguette ?

Avant tout, éliminons immédiatement l'idée reçue qu'ont véhiculé des générations entières : c'est la baguette qui détecterait l'eau souterraine, les minerais ou les trésors. Soyons sûrs d'une chose : la baguette ne détecte rien.

Dès 1693, l'abbé de Vallemont, qui immortalisa l'affaire Jacques Aymar, l'avait déjà pressenti : « *Il est certain que si cet effet était dû à la baguette, rien n'est plus assuré que, si on la suspendait sur un pivot, comme une aiguille de boussole, elle ne manquerait pas de s'incliner sur les eaux ou sur les métaux, c'est pourtant ce qui n'arrive pas du tout, comme je l'ai expérimenté, après le père Schott, jésuite; je conclus de là que cet effet ne résulte donc pas d'une vertu qui soit dans la baguette* ».

La baguette (et cela, quelle que soit la matière dans laquelle on l'a faite ou quelles que soient sa taille ou sa forme) est un objet totalement inerte, c'est-à-dire neutre électriquement et sans capacité à bouger par elle-même. C'est en réalité le sourcier qui possède la sensibilité radiesthésique et la baguette n'est alors que l'instrument amplificateur des sensations qu'il perçoit.

Antoine Luzy l'a constaté il y a une cinquantaine d'années quand il affirme qu'« il faut bien admettre, comme le font d'ailleurs à peu près tous les esprits éclairés, que tous les effets radiesthésiques observés chez les opérateurs sont dus à des réflexes neuro-musculaires. La baguette maintenue entre les mains se trouve dans une position d'équilibre instable, tendue comme un ressort, et que le plus faible réflexe peut détruire. On peut s'en rendre compte aisément en tenant une baguette normalement, dont on provoque le mouvement volontairement par quelques petites contractions musculaires.

Les expériences faites avec la baguette ont l'avantage de montrer avec quelle violence peuvent, parfois, se produire ses mouvements; c'est un fait éminemment utile pour convaincre les incrédules, et leur étonnement s'accroît lorsqu'ils voient l'instrument se briser entre les mains d'un opérateur robuste, s'opposant à son mouvement. Si l'on emploie une baguette métallique, les efforts réunis du sourcier et d'un ou de deux assistants sont impuissants à l'empêcher de tourner.

La tension imposée à la baguette intensifie ses mouvements, d'autant plus fortement qu'on s'applique davantage à les freiner. Et il est possible de la faire s'abaisser ou se relever volontairement, au moyen de la pression musculaire consciente qu'on exerce sur elle. Une bonne habitude, lorsqu'on se sert de la baguette, est de faire passer ses extrémités entre l'annulaire et l'auriculaire, afin de pouvoir modérer plus ou moins ses mouvements et mieux les observer».

Aujourd'hui, grâce aux travaux scientifiques du professeur Rocard[1], on a enfin l'explication rationnelle de ce qui se passe réellement lorsqu'une personne détecte de l'eau ou des gisements miniers au moyen d'une baguette. Cet «événement», le professeur Rocard l'a appelé «le signal du sourcier». De quoi s'agit-il exactement?

D'abord, lorsque le sujet tient sa baguette (fourchue ou moderne) dans ses deux mains, il lui transmet une énergie potentielle élevée, due à une double flexion : celle des avant-bras tordus pour assurer la prise, paumes vers le ciel, et celle des doigts serrés sur les deux extrémités de la baguette.

Ensuite, dès qu'il se met à marcher (en s'efforçant de conserver une vitesse uniforme et une trajectoire sans secousses), il va constater qu'il tient sa baguette avec difficulté et dans une position d'équilibre instable. C'est-à-dire qu'à la moindre sollicitation extérieure, il sent qu'il va avoir du mal à conserver cet équilibre.

Effectivement, en arrivant sur une zone sourcière, c'est-à-dire à un endroit où il y a quelque chose à détecter, la baguette va avoir tendance à échapper à son opérateur et se mettre à «tourner» (c'est le terme qu'utilisent les sourciers) en dirigeant sa pointe vers le haut ou vers le bas. Elle est donc rendue instable : c'est cela, le signal du sourcier.

Pour le professeur Rocard, l'explication est la suivante : ce sont les muscles du sourcier qui, à l'arrivée sur la zone sourcière, se relâchent sous l'effet d'une baisse de tonus musculaire. Et ce sixième sens trouve son explication dans la sensibilité de l'homme aux inégalités locales du champ magnétique (voir chapitre 4 : «Les explications des scientifiques»).

1. *Pour en savoir plus, lire son remarquable ouvrage paru en 1989 chez Dunod,* La science et les sourciers.

Les limites de la baguette

Instrument ancestral des sourciers, la baguette n'a plus de nos jours le rôle de vedette. Elle a été supplantée par le pendule, qui présente sur elle des avantages non négligeables :
— il ne mobilise qu'une main, alors que la baguette réclame les deux;
— il permet le travail sur plan, sur carte ou sur photo, au domicile, alors que la baguette n'est opérationnelle que sur le terrain;
— il est d'un emploi facile, sans crispation, alors que la baguette fatigue assez vite son opérateur, compte tenu de la tension musculaire qu'elle nécessite;
— enfin, le pendule se met en mouvement à partir d'un état de repos alors que la baguette ne trouve sa justification que dans la rupture d'un équilibre instable.

Ainsi, la baguette, trop fragile et peu pratique, va être remplacée progressivement par le pendule. Il ne restait plus alors qu'à trouver un mot savant qui définirait son utilisation. L'abbé Bouly créa le mot « radiesthésie », qui sera au pendule ce que fut la « rhabdomancie » à la baguette.

LE PENDULE

Qu'est-ce qu'un pendule?

Le pendule, simple petite masse suspendue au bout d'un fil sans torsion, est cet instrument étonnant qui a été popularisé par le dessinateur Hergé dans ses albums des aventures de Tintin : souvenez-vous du fameux professeur Tournesol, sourd et génial, qui arpente tous les terrains un pendule à la main!

En réalité, le pendule, on l'a vu, existait probablement déjà chez les Égyptiens, mais il a réellement conquis ses premières lettres de noblesse grâce à Galilée. A l'image de Newton et de la célèbre pomme tombant au sol devant ses yeux, Galilée s'est passionné pour le pendule, à l'âge de 19 ans en 1583, en regardant se balancer un lustre de la cathédrale de Pise. S'y intéressant de plus près, il découvrit un phénomène que personne avant lui n'avait remarqué : deux pendules de même longueur, accrochés à un support fixe, mettent toujours le même temps pour faire une oscillation (un aller-retour), quelle que soit l'amplitude de cette oscillation.

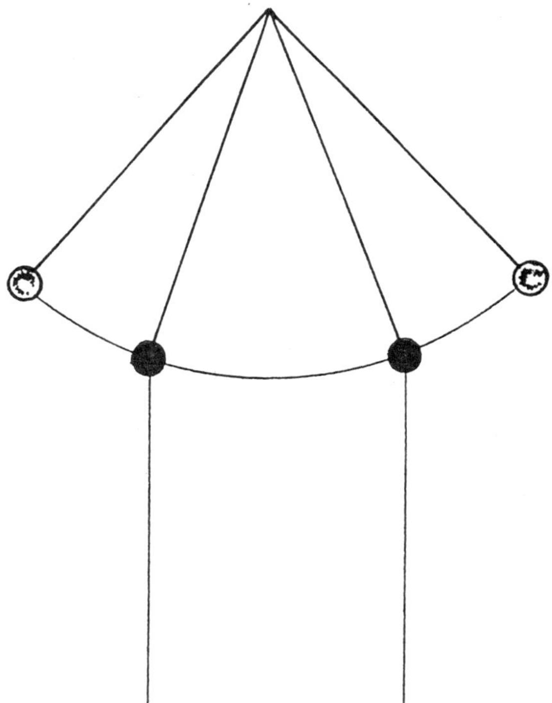

Les 2 pendules ont la même longueur. Le pendule blanc a une amplitude deux fois supérieure à celle du pendule noir mais les 2 pendules mettront le même temps pour faire leur oscillation respective.

La durée de cette oscillation aller-retour, appelée période, est d'ailleurs totalement indépendante de la masse du pendule : elle ne dépend que de la longueur du fil. Dans un rapport mathématique défini par la formule suivante :

$$T = 2\pi\sqrt{\frac{l}{g}}$$

T = période (durée d'une oscillation aller-retour)
l = longueur du fil
g = accélération de la pesanteur (constante égale à 9,81 mètres par seconde).

Ainsi, deux pendules ayant la même longueur de fil d'un mètre, l'un avec une masse suspendue de 1 gramme et l'autre d'un kilogramme, mettront le même temps pour parcourir un aller-retour : approximativement deux secondes. Et une demi-oscillation (un aller) durera donc environ une seconde.

Près de trois siècles plus tard, un autre physicien, le français Léon Foucault, a réalisé en 1851 une expérience devenue célèbre (et qui a inspiré le romancier Umberto Eco pour le titre de son livre *Le pendule de Foucault*). Cette expérience eut lieu au Panthéon et fut destinée à mesurer le mouvement de rotation de la Terre. Le pendule était gigantesque : il pesait 28 kg et était suspendu à un fil d'acier de 67 mètres !

Les différents modèles existants

Il est impossible de passer en revue tous les pendules disponibles sur le marché. D'après certaines estimations fiables, il semblerait qu'on recense plusieurs milliers de types différents ! L'explication est pourtant simple : cette quantité astronomique provient du fait que de nombreux radiesthésistes ont préféré mettre au point leur propre instrument, avec lequel ils se sentent en affinité parfaite.

Une autre question qui est souvent posée est celle des caractéristiques idéales du pendule : quelle matière choisir, quelle forme privilégier et quelle longueur de fil adopter ? En ce qui concerne les matières utilisées pour les pendules, elles sont très variées : bois, laiton, aluminium, cristal de roche, grès, verre, cuivre, nickel (seul le fer est proscrit, en raison des risques d'actions magnétiques qu'il peut subir).

Détecte-t-on mieux avec une matière plutôt qu'une autre ?

Toutes les études effectuées, concernant l'influence de la matière constitutive du pendule sur les résultats, ont prouvé que celle-ci n'a aucune importance. Les conclusions sont d'ailleurs les mêmes en ce qui concerne la forme du pendule : qu'il soit conique, cylindrique, sphérique, en forme de goutte d'eau, etc. n'est pas discriminant. Remarque identique pour la longueur du fil (ou de la chaîne).

Statistiquement, si on observe la majorité des pendules du marché, on remarque qu'en moyenne, un pendule est constitué d'un fil de 10 à 20 centimètres avec une masse suspendue de 20 à 50 grammes.

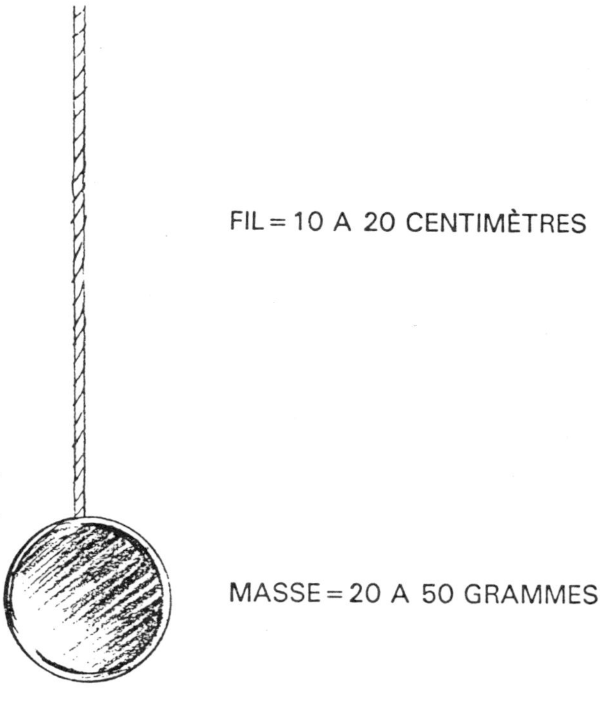

En réalité, toutes les caractéristiques matérielles du pendule ne servent qu'à une seule chose : faire qu'elles soient parfaitement adaptées au futur utilisateur afin qu'il se trouve bien avec. C'est tout. Antoine Luzy a fort bien résumé la perplexité devant laquelle se trouve un auteur essayant de parler des pendules, quand il écrit que « les considérations relatives aux propriétés de la matière formant le pendule interviennent également pour justifier l'emploi ou le rejet de substances plus ou moins aptes à être, ou à ne pas être, des témoins et à déterminer des effets d'autoréglage, c'est-à-dire amenant l'instrument à fonctionner pour certains corps et à ne donner aucune indication pour certains autres. L'autoréglage n'est, en réalité, qu'une illusion, le pendule n'étant pas directement actionné par des causes extérieures, mais uniquement par des réflexes non ressentis par l'opérateur et résultant de la discrimination accomplie dans son inconscient, ou encore par la réflexion sur un objet, du flux d'énergie contenu dans la pensée s'exerçant sur cet objet. Enfin les formes, dimensions, poids, couleurs et système de suspension furent longuement discutés. De tout le fatras accumulé, il est bien difficile de dégager quelques parcelles de vérité, tant la fantaisie et l'empirisme se sont unis pour obscurcir la question du pendule. C'est donc au moyen des données de l'expérience qu'il faut tenter de l'éclaircir. »

Parmi tous les types de pendules existants, nous avons sélectionné ceux qui ont été inventés par des chercheurs ayant trouvé une caractéristique spécifique les distinguant des autres. En voici donc douze célèbres :

— *Le pendule Cosmos*

Créé dans les années 30 par André de Saint-Marc, c'est un pendule comportant une cavité en son milieu, destinée à recevoir un témoin.

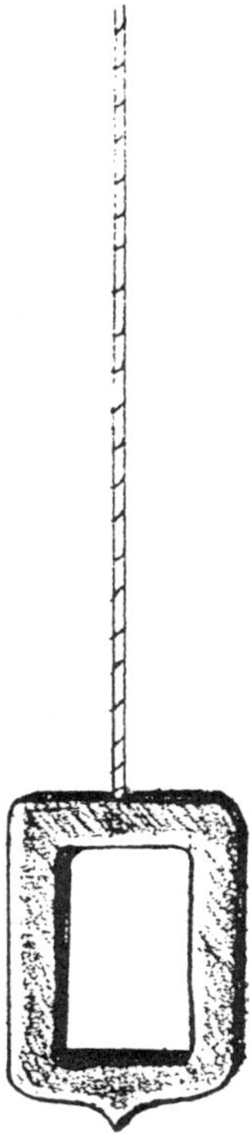

— *Le scripto-pendule de Jean Auscher*

Jean Auscher, ancien conseiller scientifique au Centre de Recherche de la Marine, a été un inventeur fécond : on lui doit le gyrophare, qui orne les voitures de police et de pompiers, des détecteurs d'avions et des signaux de brume.

En matière de radiesthésie, il a créé un pendule original : le scripto-pendule ou psilographe, relativement lourd (60 à 70 grammes) en laiton, muni d'une double pointe réversible (l'une normale, l'autre étant un pinceau fin). Ce pinceau, trempé dans l'encre, trace alors, au fur et à mesure de ses mouvements, différents traits sur une feuille de

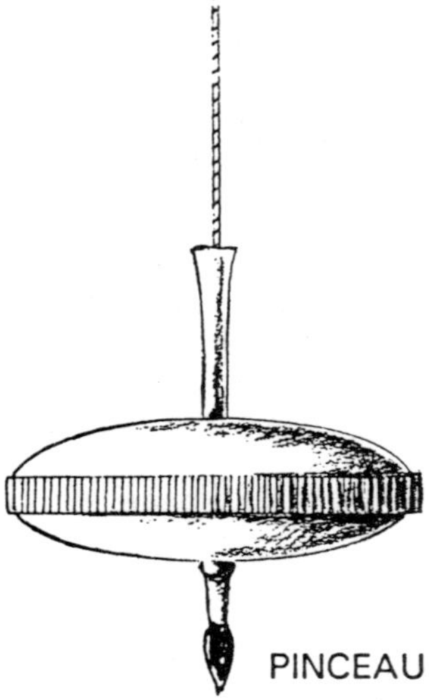

papier. C'est l'interprétation de ces dessins (issus, pour Jean Auscher du subconscient de l'opérateur) qui vont permettre au radiesthésiste de travailler réellement.

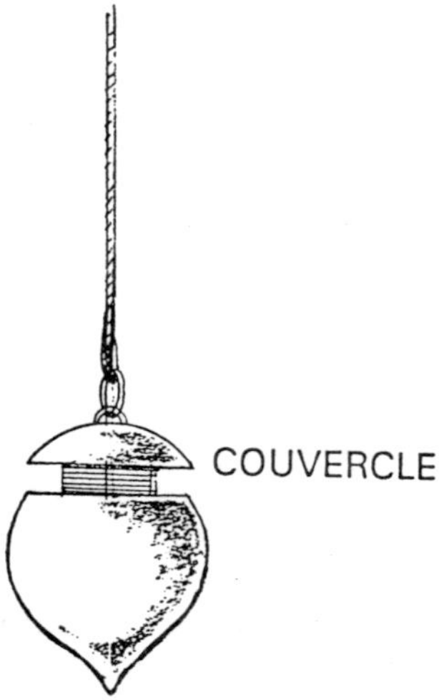

– Le pendule de l'abbé Alexis Mermet

En forme de goutte d'eau, ce pendule créé par l'un des pionniers de la radiesthésie en France est creux : son couvercle se dévisse et révèle une cavité pour recevoir un témoin.

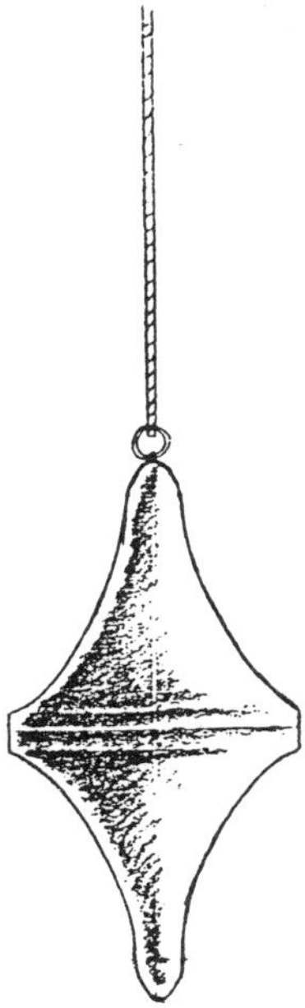

— Le pendule Argus

Il est composé de deux éléments identiques, renversés l'un sur l'autre, lui donnant cette forme symétrique caractéristique.

— Le pendule sphérique d'Alfred Lambert

Pendule sphérique en pierre (agate, jade, lapis, quartz), créé par le fondateur de la Maison de la Radiesthésie.

Existe dans une version identique, créée par Jean-Pol de Kersaint.

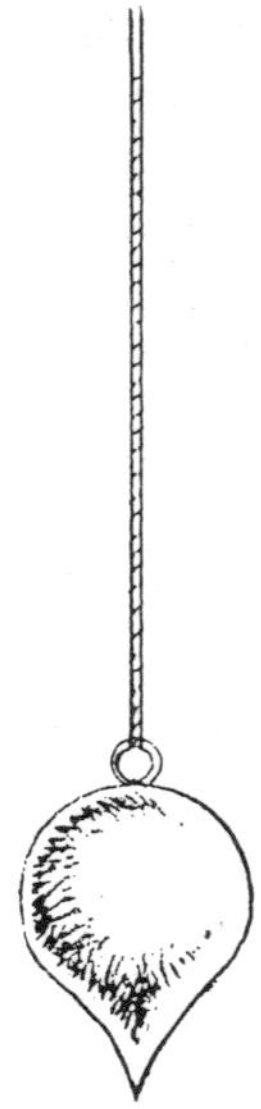

— Le pendule d'Antoine Luzy

Il a la forme du pendule de Mermet, sphérique à pointe inférieure en laiton tourné, à poids moyen (35 grammes) mais il est constitué d'un seul morceau, c'est-à-dire qu'il n'a pas de chambre-témoin.

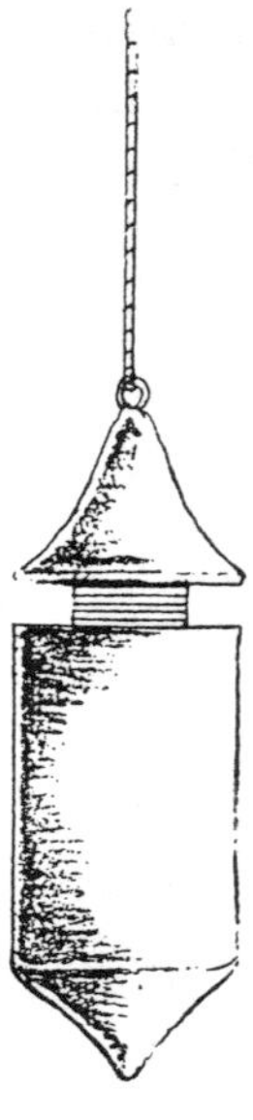

— Le pendule d'Émile Christophe

Créateur du mot «téléra-diesthésie», Christophe a conçu un pendule cylindrique à extrémité conique, en deux parties, pour introduire un témoin.

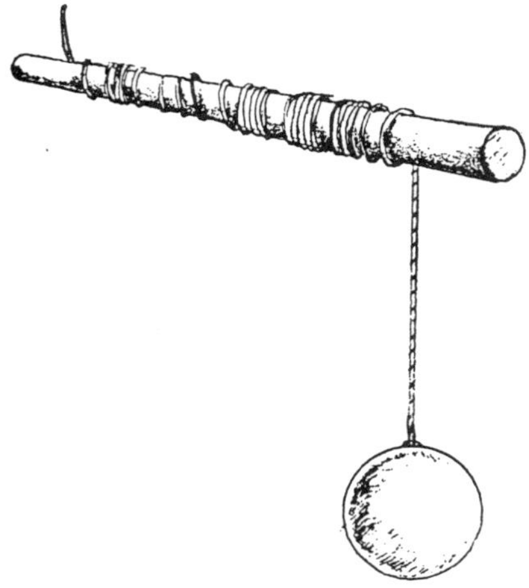

— Le pendule d'Henry de France (père)

Il se distingue des autres pendules par le fait qu'il est suspendu à un fil, lui-même enroulé sur un bâtonnet (ou un crayon). Ce système, d'après son inventeur, permet de déterminer l'exacte longueur de fil idéale à chaque recherche.

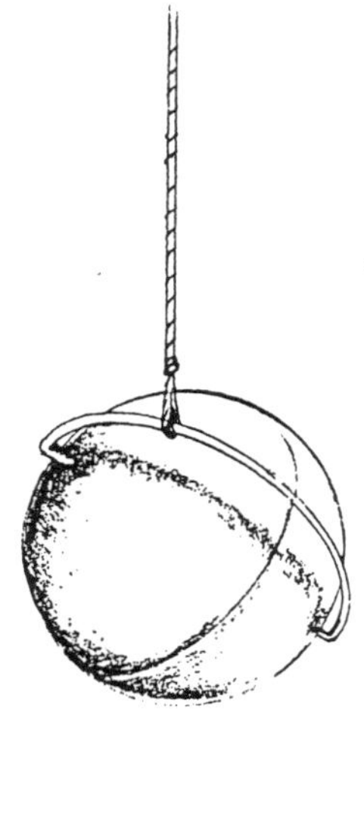

— Le pendule universel de De Bélizal

Nous avons étudié la théorie de De Bélizal et de son rayon vert négatif au chapitre 3. Pour être complet, il nous faut citer son pendule universel, reposant sur cette théorie.

Fait dans du bois, lourd (120 grammes environ), ce pendule est sphérique (7 cm de diamètre) et comporte une anse métallique, reliant les deux pôles, sur laquelle se fixe le fil. Pour De Bélizal, son pendule est en même temps récepteur (la main qui le conduit enregistre son mouvement) et émetteur (quand l'opérateur le lance, il fonctionne, d'après lui, comme une dynamo qui débite du courant). Notons que ce type de pendule doit se régler préalablement sur une longueur d'onde-couleur déterminée. A noter qu'il existe une version simplifiée inspirée de ce pendule universel, due à Jean de la Foye et appelée pendule équatorial.

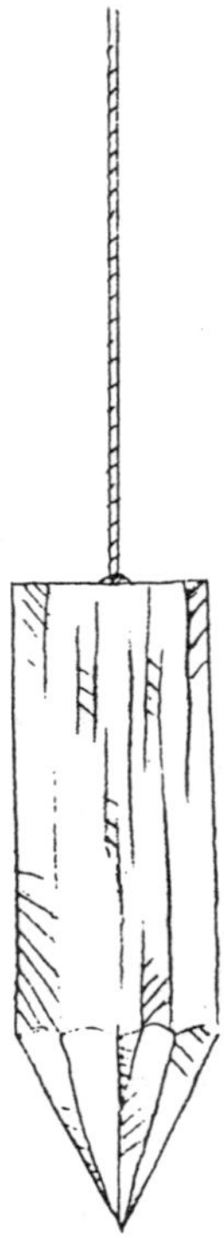

— Le pendule en cristal de roche de Lambert et Serht

Pour ses créateurs, c'est la matière qui fait la différence. En effet, le cristal de roche est une variété de verre plus transparent et plus solide que le verre ordinaire. C'est d'ailleurs dans cette même matière que sont faites les célèbres boules de cristal des voyantes. C'est pourquoi certains opérateurs le considèrent comme un pendule divinatoire. A tort.

— *Le pendule explorateur du professeur Yves Rocard*

M. Rocard fait toutes ses expériences avec un pendule de son invention (qu'il nomme pendule explorateur) aux dimensions imposantes : suspendu à un fil d'un mètre de long (!), il a placé un cylindre de laiton de 400 grammes.

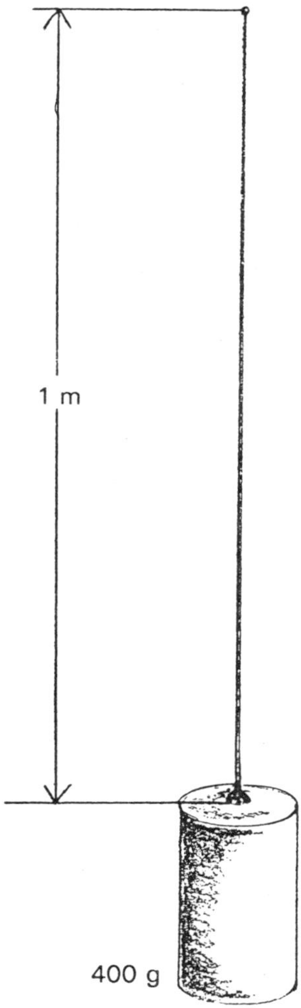

Les raisons de ces choix sont scientifiques : comme la durée des oscillations d'un pendule dépend de la longueur du fil, si celui-ci est long, on aura tout loisir de bien compter les oscillations. Avec, on l'a vu, l'avantage qu'un fil d'un mètre de long correspond à une demi-oscillation (un aller) d'une seconde. Ce qui est très pratique pour opérer des mesures statistiques.

— Le pendule de Jean-Louis Crozier

Jean-Louis Crozier est le radiesthésiste français le plus célèbre aujourd'hui (voir chapitre 8, dans lequel nous révélons tous ses secrets).

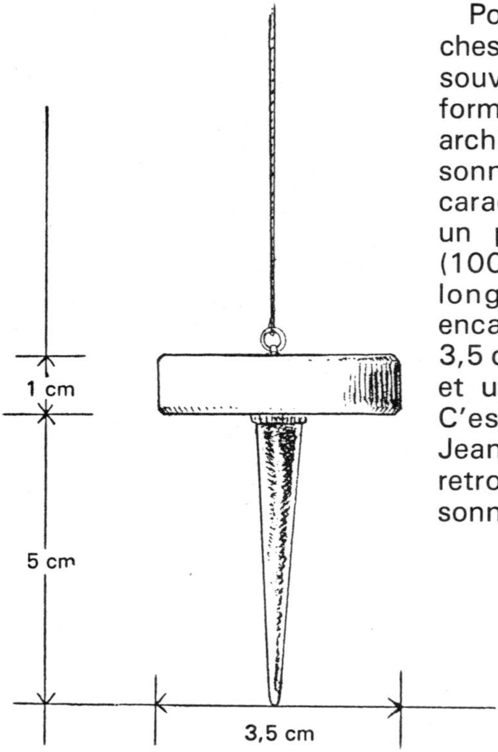

Pour travailler aux recherches de disparus, il a créé (se souvenant sans doute de sa formation de dessinateur en architecture) un pendule personnel en laiton qui a les caractéristiques suivantes : un poids assez important (100 grammes), une pointe longue (5 centimètres) encastrée dans un disque de 3,5 centimètres de diamètre, et une très courte chaîne. C'est avec cet outil que Jean-Louis Crozier a aidé à retrouver plus de 200 personnes disparues en 30 ans.

La notion de témoins

Le témoin, en radiesthésie, est un objet destiné à aider le sujet au cours de ses recherches : cet objet est soit un échantillon identique à la substance recherchée (qu'on introduit dans la cavité prévue à cet effet dans le pendule), soit un élément matériel ayant une affinité importante avec elle (les radiesthésistes disent alors qu'ils opèrent par « syntonisation » entre le témoin et l'objet).

On peut classer les témoins en quatre catégories :

— *Les témoins naturels*

Ce sont les échantillons véritables des matières recherchées. On peut même acheter, dans certaines maisons spécialisées (voir chapitre 11 : quelques adresses utiles) des trousses de témoins réels (minerais, végétaux...) permettant d'avoir une large gamme d'échantillons. Ainsi, dans une chasse aux trésors, le témoin sera une pièce de monnaie ancienne identique à celles recherchées.

— *Les témoins imprégnés*

Comme l'indique le qualificatif « imprégné », ces témoins tiennent leurs propriétés radiesthésiques du contact (plus ou moins long) qu'ils ont eu avec l'objet ou avec la personne recherchés. Dans ce dernier cas, une mèche de cheveux, un vêtement, un bijou personnel ayant appartenu à cette personne seront autant de témoins imprégnés. Certains chercheurs considèrent qu'il existerait une « onde de rémanence » provenant de cette imprégnation. L'existence scientifique de cette onde n'est pas encore prouvée.

— *Les témoins artificiels*

Ils sont inventés par l'opérateur et servent grâce à leur fort pouvoir d'autosuggestion qu'ils déclenchent : ce peut être un mot écrit sur une feuille de papier (« or », « eau », « pétrole »...) ou encore un dessin (bijou, maison...). C'est à l'opérateur d'écrire ou de dessiner lui-même le témoin artificiel, puis de travailler dessus au pendule. Pour Antoine Luzy (*Radiesthésie moderne*), l'explication proviendrait du fait que, parmi les choses existant dans le champ de la recherche de l'opérateur, il trouve seulement celle qu'il désire et il désire celle dont les propriétés sont identiques à celles du témoin auquel il a reconnu ces propriétés. Si donc, par exemple, on veut chercher un objet en argent, caché ou perdu, on confectionne un témoin artificiel au moyen d'un petit morceau de papier fort sur lequel on écrit : « témoin-argent », lequel remplira le même office qu'un morceau d'argent.

L'abbé Mermet a indiqué dans *Comment j'opère*, une autre façon de travailler avec des témoins artificiels : « prenez une revue illustrée, en parcourant les photos, vous rencontrerez des autos, avions, navires en fer, statues de bronze, champs pétrolifères, bijoux... Sans vous presser, posez le bout de votre crayon-antenne sur un des objets et regardez votre pendule tenu dans la main droite : pour peu que vous soyez doué, vous serez surpris de la bonne grâce avec laquelle il se met à osciller, puis à tourner, en vous donnant les séries annoncées pour l'or, l'argent, le cuivre, l'eau... ».

Pour terminer sur les témoins artificiels, on peut considérer qu'en radiesthésie médicale (voir chapitre 7 : les domaines d'application de la radiesthésie), les listes aide-mémoire de maladies et de traitements ou les planches anatomiques en font partie.

— *Les témoins photographiques*

Dans le cas de recherches de personnes disparues, le témoin essentiel est la photo. Jean-Louis Crozier en fait son support unique pour travailler au pendule et entrer en communication à distance avec le corps physique du disparu.

Il lui suffit pour cela d'une photo d'identité nette, montrant bien le visage (et non la personne en pied), récente, en couleur ou en noir et blanc. C'est tout. Ensuite, à lui de jouer à l'aide de cartes de l'Institut Géographique National (pour en savoir plus sur les recherches de Jean-Louis Crozier, reportez-vous au chapitre 8).

En conclusion, on peut citer Michel Moine lequel affirme que le témoin est une sorte d'adjuvant psychique qui n'est pas absolument indispensable : l'éducation de la mémoire subconsciente, l'orientation et la convention mentale peuvent le remplacer.

Mais le révérend Père Jean Jurion est, lui, beaucoup plus critique. Il déclare qu'« en raison de leur principe, les tenants de l'explication physique accordent une grande importance au témoin. Selon leurs dires, ils ''syntonisent'' — terme d'une fort belle allure pseudo-scientifique! — le témoin avec l'objet de la recherche. C'est une prétention insoutenable scientifiquement car il ne peut exister deux objets exactement semblables et il s'agit d'une prétention souvent inapplicable car il est difficile de se procurer certains témoins, surtout quand il s'agit de problèmes abstraits. Certains radiesthésistes pensent tourner la difficulté en inscrivant le terme signifiant l'objet de la recherche sur un carton. Réellement, peut-on encore faire une ''syntonisation''? Quelle valeur peut avoir ce mot inscrit sur un bristol, sinon une simple représentation mentale? Ce procédé est alors une sévère condamnation de l'explication dite physique et une élégante confirmation, par la pratique, de l'explication dite mentale. Le témoin n'a pas d'autre utilité que de concrétiser et de matérialiser l'objet de la recherche. Il est fort utile pour les débutants mais n'est nullement indispensable pour une recherche efficace. »

Le pendule de l'an 2000 : le dowser

Importé des États-Unis, le dowser, nouveau type de détecteur de métaux, est en train de conquérir la France. Cet appareil — dont le nom anglais signifie sourcier — et qu'on surnomme antenne radiesthésique, est composé de trois parties distinctes qui s'emboîtent, réalisées dans un alliage léger. Voici la description du modèle spécialement conçu pour la recherche de trésors et des masses métalliques peu profondément enfouies, l'ART 1 (Antenne de recherche radiesthésique)[1] :

— une poignée avec chambre radioactive hermétique (appelée chambre de syntonisation) contenant quelques grammes de cristaux d'un minéral naturellement radioactif, mais sans aucun danger pour le prospecteur. Ses particules sont fluorescentes et de la même origine que celles servant à faire les cadrans lumineux des réveils ou des montres de plongée.

— une chambre d'échantillonnage dans laquelle l'opérateur place un échantillon-témoin du métal recherché (comme dans certains pendules).

— deux antennes, l'une de 20 centimètres de long, pour travailler en extérieur, l'autre de 10 centimètres pour travailler sur cartes.

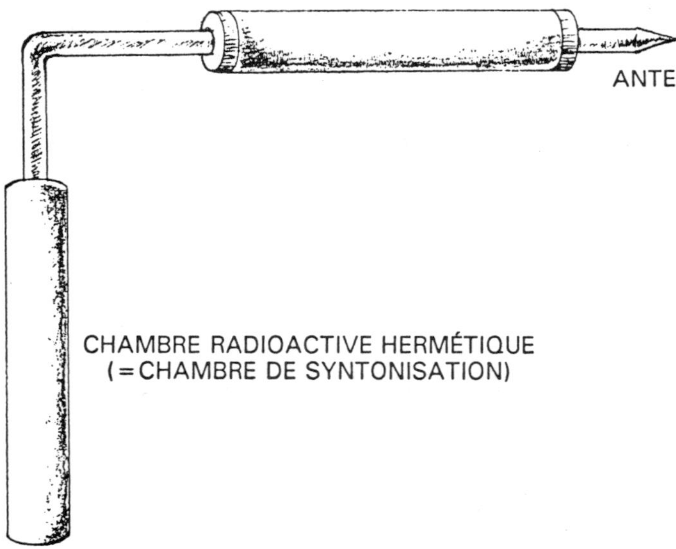

1. La Société Prospections, 62, rue du Mont Cenis, 75018 Paris. Téléphone : (1) 42 52 25 02, fabrique et commercialise différents modèles de dowsers (ART, ART 1, AUR, AUR 1).

Le dowser s'utilise soit en méthode mentale (sans échantillon) soit en méthode physique (avec témoin), comme un pendule classique (voir chapitre suivant : « Comment devenir radiesthésiste »).

Sur le terrain, il faut travailler en technique de balayage : le dowser tenu par la poignée dans votre main droite, coude collé au corps, effectuez un mouvement de rotation vers la gauche, pieds écartés bien en contact avec le sol, et pointe de dowser légèrement inclinée vers la terre. Le balayage doit être lent, constant et sans-à-coup.

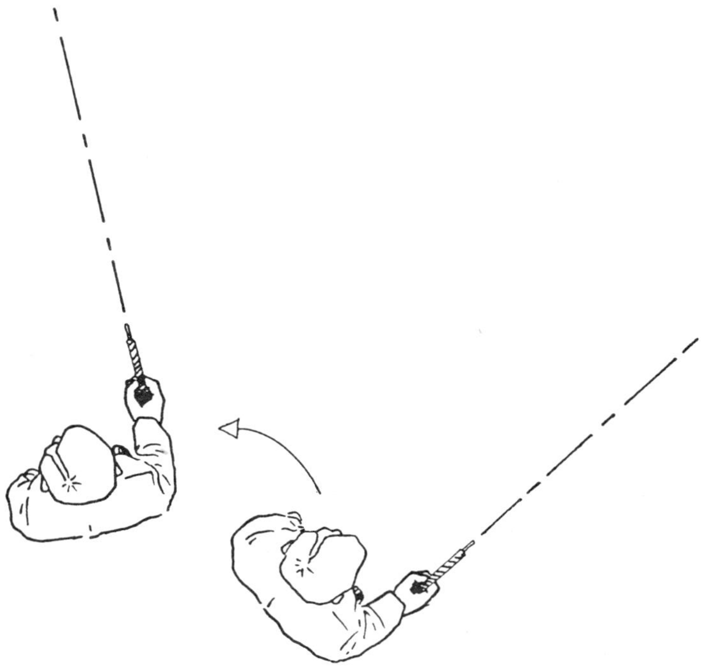

Pour approcher du dépôt métallique recherché, on opérera par triangulation, c'est-à-dire en effectuant deux mesures par balayage à quelques mètres l'une de l'autre jusqu'à détection d'un point de blocage, permettant d'isoler une direction donnée. Les deux points de blocage obtenus indiquent deux directions qui se croisent en un point.

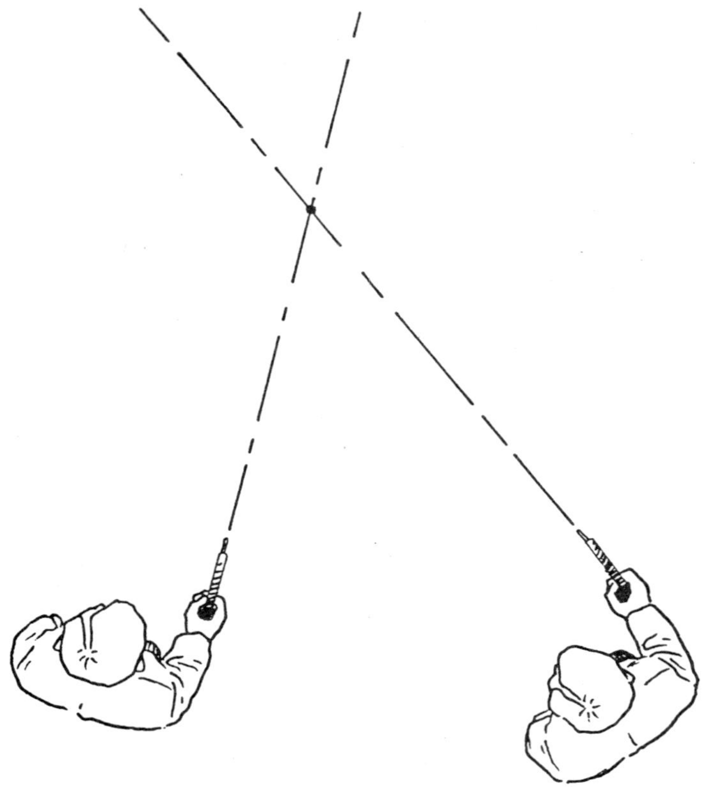

Puis c'est autour de ce point que la recherche se termine par la méthode dite de pointage, permettant de localiser plus précisément le dépôt recherché.

L'appréciation des effets du dowser se fait par la sensation d'un léger tiraillement imprimé à votre main.

Le fabricant recommande de respecter trois conditions pour tirer le maximum de profit de votre appareil :

— « dowsez » lorsque vous êtes en parfaite santé et que votre esprit est dégagé et concentré sur la cible à trouver ;

— votre dowser étant un objet personnel, utilisez-le toujours de la même main;

— votre échantillon doit être rigoureusement semblable à l'objet de vos recherches.

A ces conditions, les performances du dowser, qui dépendent de la masse volumique du dépôt recherché et de l'habileté du prospecteur, peuvent être spectaculaires : par exemple, pour un récipient rempli de pièces de monnaies, la détection peut se faire entre 60 et 150 mètres et pour un coffre, de 150 à 300 mètres.

Comment utiliser le pendule

Pour « travailler » avec un pendule, il convient d'abord de s'assurer d'une bonne prise à l'état de repos, puis de bien le lancer pour lui faire réaliser les mouvements à étudier puis à interpréter.

Analysons ce que doivent être prise et mouvements corrects.

• *La prise du pendule*

Elle s'effectue, en général, de trois façons :

— soit en pinçant le pendule entre le pouce et l'index, les autres doigts étant ouverts et relâchés, avant-bras parallèle au sol (c'est la prise traditionnelle la plus répandue);

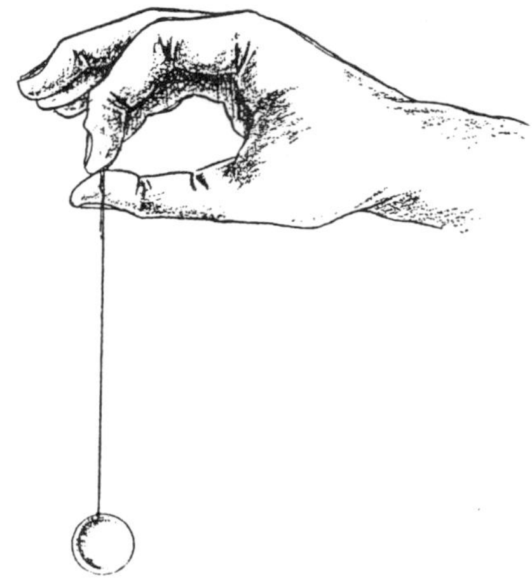

— soit en repliant tous les doigts et en pinçant le pendule entre le pouce et l'index, le fil courant le long des doigts. Cette prise permet de travailler plus longtemps, en ressentant moins la fatigue;

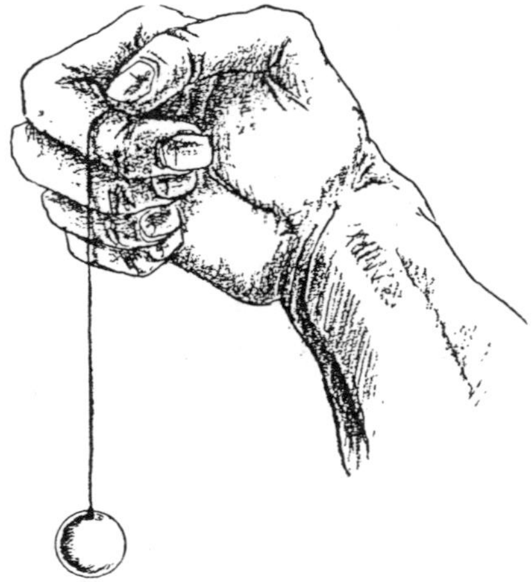

— soit en faisant une boucle avec l'extrémité du fil et en y introduisant l'index, paume vers le ciel. C'est la prise préconisée par le professeur Rocard.

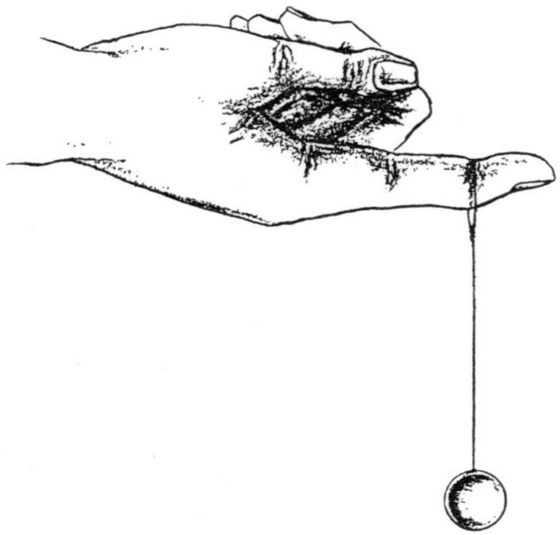

En ce qui concerne la longueur de fil à utiliser, on a vu qu'elle n'a une importance qu'au point de vue de la mesure de la période (durée d'oscillation), sinon elle est laissée à l'appréciation de chaque chercheur : de Jean-Louis Crozier, qui ne conserve qu'un ou deux centimètres, à Yves Rocard qui travaille avec un mètre de longueur !

• ***Les mouvements du pendule***

Pour le professeur Rocard, il est évident que le pendule ne remue que parce que la main du sujet remue. Cela étant, ces mouvements sont caractéristiques et on peut les classer en trois catégories : l'oscillation longitudinale, la rotation horaire et la rotation anti-horaire (il faut noter que certains auteurs utilisent le mot « giration » à la place de « rotation »).

— ***l'oscillation longitudinale*** : c'est le mouvement de base de tout pendule lancé qui oscille d'avant en arrière dans un plan vertical.

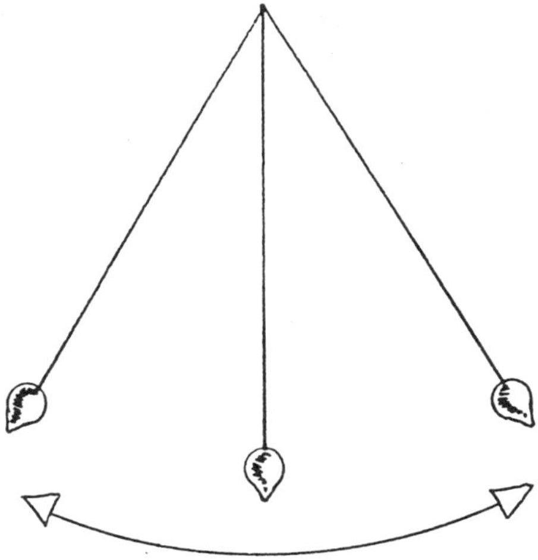

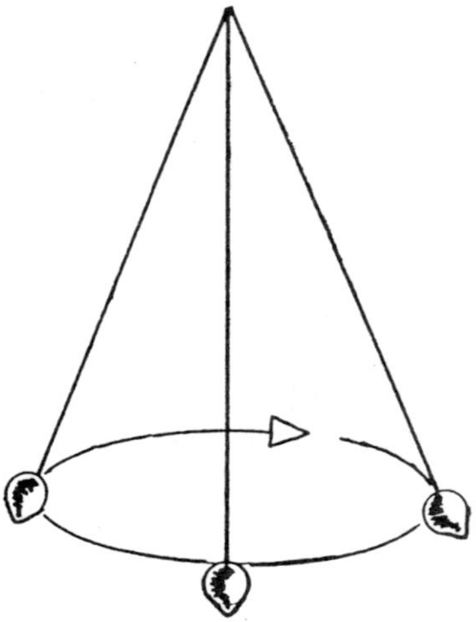

— ***la rotation horaire*** : c'est une rotation qui s'effectue dans le sens des aiguilles d'une montre (sens horaire).

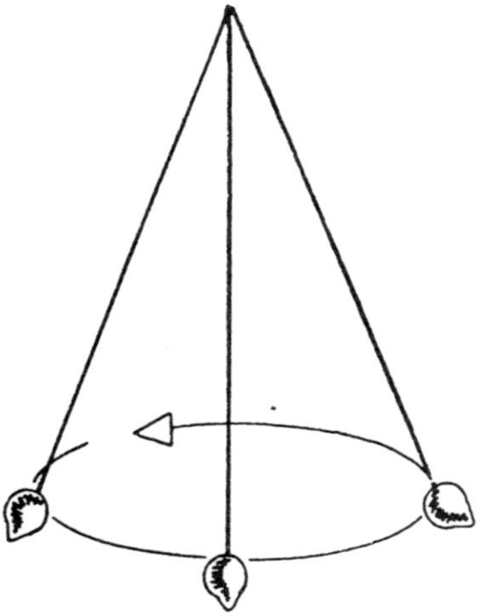

— ***la rotation anti-horaire*** : c'est la rotation opposée, qui s'effectue dans le sens contraire des aiguilles d'une montre (sens anti-horaire).

Notons que certains auteurs, comme André de Saint-Marc, ajoutent un quatrième mouvement : la giration en forme de 8, très rarement citée.

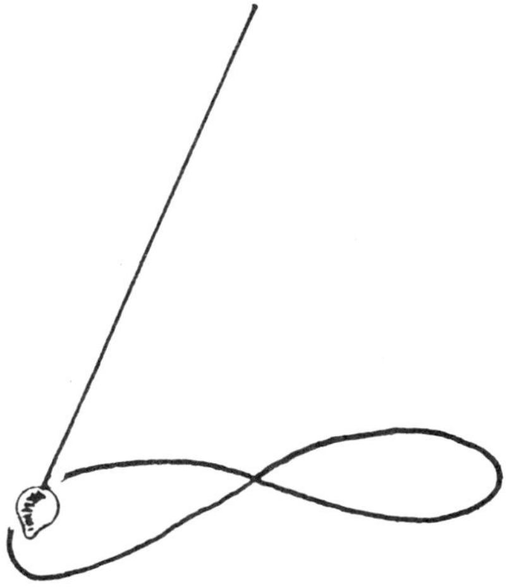

Remarque importante

Le professeur Rocard a fait une découverte fondamentale, d'une simplicité surprenante, à laquelle personne avant lui n'avait pensé. Si un opérateur qui voit tourner son pendule dans le sens horaire après un certain nombre d'oscillations, se retourne de 180 degrés, sans changer de place (il fait donc demi-tour), son pendule se met alors, au bout d'un même nombre d'oscillations, à tourner dans le sens inverse (donc anti-horaire).

Précisons que le professeur Rocard a aussi mesuré le temps qu'il faut à un pendule, lancé en oscillation longitudinale, pour se mettre à tourner sur une trajectoire circulaire : ce temps, qu'il appelle *temps de détection*, est une donnée fondamentale du phénomène radiesthésique. Si le pendule a un fil d'un mètre de long, ce temps de détection est (on l'a vu) égal au total des oscillations longitudinales effectuées (allers-retours). Ce nombre permet de comparer plusieurs radiesthésistes entre eux et ainsi d'étalonner leurs performances de façon scientifique (voir chapitre 4 : les explications des scientifiques).

Pour terminer ce chapitre, voici les conseils donnés par M. Rocard pour bien se servir du pendule :

« J'ai indiqué à diverses occasions que tous les pendules fonctionnaient à peu près de même, que chacun était bien libre de tenir le pendule à sa façon. Or, j'ai rencontré tellement de sujets insolites que je crois prudent, finalement, de recommander une attitude commune :

— Ouvrir les yeux et regarder tout à l'aise son pendule : les ronds décrits sont plus réguliers.

— Tordre l'avant-bras, paume de la main en haut, comme dans une prise de baguette. La sensibilité du sujet augmente, la rotation arrive plus vite.

— Enfin, ne pas craindre de lancer le pendule en oscillations longitudinales, pour donner un début au mouvement, puis compter le nombre n d'oscillations (demi-périodes), soit n secondes si le pendule à 1 mètre de long, jusqu'au moment où l'on voit le pendule partir sur un cercle horizontal au lieu de rester sur un plan vertical. Le temps n est une mesure scientifique de l'effet sourcier. Il est important que l'on puisse faire des mesures et, d'autre part, l'expérience montre que tout sujet un peu calme sait très bien apprécier à la vue le début de la rotation de son pendule.

Si, en revanche, le sujet tient à un départ immobile, il devra attendre que le petit tremblement de son corps, transmis au pendule de façon quasi imperceptible déclenche, par hasard, une oscillation un peu plus forte de son pendule. Je trouve dérisoire que des sujets travaillent ainsi sur une radiesthésie infinitésimale, sans signaux. Le lecteur notera que le pendule fonctionnant selon les principes énoncés ici n'a encore amplifié aucun mouvement au moment où il quitte sa trajectoire rectiligne pour s'engager sur un cercle.

Tout le monde comprendra que le mode d'emploi que nous préconisons est la condition d'une radiesthésie quantitative. Le tremblotement sans signal est une application du pendule qui n'appelle pas d'investigation scientifique. »

L'AVIS DE JEAN-LOUIS CROZIER

Lorsqu'on parle des instruments de la radiesthésie, je suis toujours embarrassé, car je ne me sers ni de baguette (mon grand-père sourcier non plus d'ailleurs : pour trouver de l'eau, il utilisait sa montre suspendue à une chaîne!) ni de témoins (ils ne me sont pas utiles, car je suis un radiesthésiste mentaliste et non un radiesthésiste physique). De toutes façons, je préfère travailler avec le pendule. Et pas n'importe lequel : celui que j'ai fait fabriquer sur mesure, d'après mes plans, par un artisan d'Aubenas. Qu'a-t-il de spécial? Un profil en T, une longue pointe (5 cm) pour amplifier mes sensations, un métal conducteur (le laiton) que je préfère au verre ou au cristal qui sont isolants et enfin un poids assez élevé (100 grammes) pour qu'il ne soit pas sensible à des perturbations parasites.

Toutes ces caractéristiques n'ont qu'un but : me permettre, grâce à ce pendule spécial, d'augmenter la précision de mes recherches.

C'est d'ailleurs pour me rapprocher le plus possible du disparu sur une carte que j'en ai fait réaliser l'extrémité très fine : celle-ci ne mesurant que 2 millimètres de diamètre, cela représente quand même 50 mètres sur le terrain (à partir de l'étude sur une carte au 25 millième). Ainsi, lorsque je transmets la localisation d'un corps à la gendarmerie, je sais que c'est toujours avec une approximation d'environ 50 mètres, due à la matérialité de la pointe de mon pendule.

Enfin, même si ce dernier est équipé d'une chaîne assez longue, je me suis rendu compte que je n'utilise pratiquement pas celle-ci : je tiens, en effet, mon pendule à un ou deux centimètres au-dessus de sa base circulaire, pas plus, en pinçant la chaîne entre le pouce et l'index de ma main droite. Je perçois ainsi nettement mieux les sensations ressenties grâce au pendule sur la carte et sur la photo avec lesquelles je travaille. On peut donc dire que je ne « fais qu'un » avec mon instrument favori.

Quand je pense que le professeur Rocard a utilisé devant nous, lors des tests auxquels il m'a soumis, un pendule très lourd (400 grammes) et très long (un mètre de fil), on se rend compte qu'il n'y a pas un pendule unique, servant à tout le monde mais différentes sortes de pendules, véritablement « personnalisés » à chaque sujet. L'important étant, à mon sens, que le pendule vous plaise et que vous preniez du plaisir à travailler avec. En somme, il faut qu'il y ait une réelle affinité entre instrument et opérateur, c'est tout !

CHAPITRE 6

Comment devenir radiesthésiste

Vous êtes peut-être radiesthésiste sans le savoir ! — Radiesthésie physique ou radiesthésie mentale ? — C'est vous l'acteur principal. — Comment interpréter les rotations du pendule. — Comment bien vous préparer. — Mettez toutes les chances de votre côté. — Testez vos capacités radiesthésiques. — L'avis de Jean-Louis Crozier.

Vous êtes peut-être radiesthésiste sans le savoir !

Eh oui, comme Monsieur Jourdain faisait de la prose sans le savoir, nous possédons tous une sensibilité radiesthésique plus ou moins développée. Mais beaucoup l'ignorent et même s'ils en ont conscience, ne savent pas comment se servir de cette possibilité (certains diraient « de ce pouvoir » ce qui me paraît excessif, je préfère plutôt dire « de cet art »). J'ai évoqué le même type de problème dans l'*ABC du magnétisme* : beaucoup de gens ne savaient pas qu'ils possédaient du magnétisme, cette « énergie » transmissible par les mains. J'ai reçu, à ce propos, de très nombreuses lettres de témoignage de personnes découvrant tout à coup, grâce aux tests présentés dans ce livre, ce « sixième sens » qu'elles ne pensaient pas posséder.

De la même façon que je vous ai présenté ces tests de magnétisme, je vous propose, à la fin de ce chapitre, 12 tests simples, amusants et de difficultés variables pour mesurer votre sensibilité radiesthésique. Faites-les sans précipitation, en restant concentré. Si vous n'obtenez pas de résultats, ne vous découragez pas. Persévérez. Si vous êtes fatigué, reportez-les au lendemain. Rien ne presse. Mais surtout, faites chacun des tests plusieurs fois au cours du temps, afin de gommer les effets des impondérables, du hasard ou des aléas de votre forme physique et mentale.

Les questions que se posent souvent les débutants en radiesthésie sont toujours les mêmes : faut-il être doué ? Est-ce que ça s'apprend ? Tout le monde a-t-il des capacités pour parvenir à travailler au pendule ou à la baguette ?

Tordons tout de suite le cou à quelques vieilles idées reçues :

— il n'y a pas d'« initiés » qui, seuls, détiendraient le don ou le pouvoir de détecter : tout le monde possède une sensibilité radiesthésique. Mais le professeur Rocard a démontré que celle-ci est très variable selon les individus (voir chapitre 4 : les explications des scientifiques).

— il n'y a pas de caractéristiques physiques idéales pour être un bon radiesthésiste, contrairement à ce qu'écrivent certains auteurs, comme celui-ci : « La zone radiesthésique de chacun s'évalue à la longueur du médius. Plus il est long, meilleure est l'aptitude. La moyenne est de 20 centimètres mais 15 centimètres suffisent ». Ces propos sont totalement ineptes et ne reposent sur aucun fondement scientifique. De plus, un médius (le doigt le plus long chez l'homme, appelé aussi majeur) dépasse rarement 10 centimètres !

— il ne s'agit pas d'un « sixième sens » magique mais d'une sensibilité possédée par l'être humain et probablement — pour Yves Rocard — liée à la magnétite qui se trouve dans notre corps. A ce propos, Jacques Bersez dans *Divination et radiesthésie* affirme que « la volonté dicte l'ordre, la manière, la méthode, mais qui ou quoi donc obéit ? Le sixième sens, qui aurait par là même quelque influence sur le magnétisme proprement dit. Le voilà, le mot à ne pas employer : sentence exécutoire, il fait basculer la radiesthésie dans le domaine des sciences que l'on appelle occultes. Mais de grâce, essayons de plaider, ne serait-ce qu'en hommage, en remerciement des services rendus. Messieurs les positivistes, vous ne voudriez quand même pas qu'un pendule de matériau quelconque, suspendu ici ou là, vous indique un gisement d'uranium — gentiment, comme çà, sans effort ni raison? De même qu'un fil sans courant n'allume aucune lampe, le pendule, sans la main, reste dans la neutralité. Et cette main, symbole, instrument sans pareil, conduit notre magnétisme au même titre que nos cheveux transportent l'électricité statique. Les cinq doigts servent d'antennes émettrices-réceptrices, où tout se sublime dans la polarité même de la main : le + et le − ; la paume et le dos. Principe de vie, principe électrique qui s'évapore dans la symbolique, et que l'on se remémore dans la poignée de main. C'est alors que le pendule devient l'instrument de physique le plus simple du monde. Instrument qu'il faut équilibrer en rapport avec sa propre polarité ».

De son côté, le père Bourdoux, auteur de *Notions pratiques de radiesthésie pour les missionnaires* propose à tout débutant de prendre un pendule dans sa main droite et de le placer au-dessus de son bras gauche, afin de chercher la direction de la circulation du sang dans les veines. Le pendule doit osciller immédiatement et se balancer dans la direction main-coude. Même si l'oscillation est faible, du moment qu'elle existe, le débutant peut s'estimer futur radiesthésiste.

Enfin, pour Antoine Luzy, « la radiesthésie n'était ni science, ni métier, elle est certainement un art, un bel art en voie de formation. C'est un art, car elle se prête éminemment au dilettantisme et peut former le complément d'une activité principale habituelle. C'est un art, car pour être exercé avec fruit, elle exige une somme assez considérable de connaissances, dont un homme de métier n'a guère besoin en dehors des nécessités de sa besogne journalière. De plus, le domaine embrassé par la radiesthésie s'étendant à des prospections et à des recherches de toutes natures, le radiesthésiste doit posséder des facultés d'adaptation très grandes, comportant essentiellement un sens psychologique très fin et très développé, une parfaite maîtrise de soi et une extrême discrétion».

Radiesthésie physique ou radiesthésie mentale ?

Dans le monde des radiesthésistes, on trouve, depuis plus de 50 ans, deux groupes distincts : les partisans de la radiesthésie dite « physique » et ceux de la radiesthésie dite « mentale ». Certains auteurs ont même parlé de l'opposition de deux écoles, comme s'il existait deux groupes structurés avec leurs règles spécifiques et leurs théoriciens !

En réalité, je pense que ce combat — qui a atteint son apogée dans les années 30 — n'a plus beaucoup d'intérêt aujourd'hui car, à mon sens, le phénomène radiesthésique n'est ni d'origine purement physique ni d'origine purement mentale. Mais une combinaison des deux, comme le démontrent les travaux du professeur Rocard, prouvant que l'individu est physiquement sensible à des anomalies magnétiques terrestres mais peut aussi voir ses sensations se modifier en raison de son psychisme.

a) L'OPPOSITION ENTRE LES DEUX ÉCOLES

Deux camps de radiesthésistes s'affrontent donc : les « physiques » et les « mentalistes », pour reprendre les termes dont les uns et les autres s'affublent !

La radiesthésie physique est défendue par tous ceux qui estiment que l'électricité et le magnétisme sont à l'origine de tous les phénomènes radiesthésiques en émettant des « ondes » captées par le pendule. Dans cette optique matérialiste, les « physiques » considèrent que la pensée n'intervient pas du tout dans l'acte radiesthésique.

Ce dernier, pour eux, a plutôt à voir avec la radio, la TV, le radar, le laser. C'est pourquoi ils empruntent leur langage technique : ondes, vibrations, rayons, radiations, rémanence, syntonisation, imprégnation (pour en savoir plus sur ce vocabulaire, reportez-vous au lexique en fin d'ouvrage).

Très vite, les adeptes de la radiesthésie physique ont conçu, en plus des outils historiques classiques que sont le pendule et la baguette (avec lesquels ils recommandent d'utiliser des témoins, indices matériels reliant l'opérateur au sujet ou à l'objet recherché), toutes sortes d'appareils plus ou moins sophistiqués destinés aux recherches les plus diverses, dans l'espoir d'amplifier les radiations que capteraient ces instruments, de rendre ceux-ci plus sensibles et de compenser une insuffisance de sensibilité chez l'opérateur.

Cela va du magnétomètre de l'abbé Fortin (apparu en 1904 et étudié au départ pour mesurer les variations du magnétisme terrestre) à l'appareil du professeur Hay (USA) qui ne fonctionnait qu'entre 9 heures et 15 heures (sic!) en passant par l'indicateur galvanométrique d'Henri Mager qui permet de rechercher les sources mais seulement en terrain découvert, par temps clair et calme (!), le pendule gravimétrique de Hollweck-Lejay, celui à spirales de Pitois ou à réglette millimétrique de Voillaume, sans oublier la baguette à manchons colorés du révérend père Marie-Bernard ou celle à solénoïde du docteur Moineau!

Face à cet attirail d'objets hétéroclites digne du marché aux Puces, on comprend que les partisans de la radiesthésie mentale aient souvent pu railler les « physiques ». Ainsi, le révérend père Jean Jurion déclare qu'« il faut dénoncer cette explication pseudo-scientifique du phénomène radiesthésique, car elle ne fait que multiplier les critiques de la part des savants, que renforcer le mépris de la part des indifférents et qu'aggraver la confusion et le découragement de ceux qui veulent s'y intéresser. Elle est funeste pour les radiesthésistes eux-mêmes, car elle les sclérose dans leur pratique et borne le domaine de leurs recherches. Il faut encore dénoncer le mercantilisme et tout ce matériel hétéroclite et la propagande abusive qui trompe le débutant avec des pendules colorés, des « accus planétaires » ou « cosmiques », des écrans colorés, des graphiques « sous gaine énergétisée » qui vont du « sexographe » au « damier curatif » (sic). C'est leurrer et faire croire que toute cette pacotille compense efficacement une insuffisante sensibilité radiesthésique et qu'il existe « une radiesthésie sans peine ».

La radiesthésie mentale est défendue, elle, par tous ceux qui considèrent que l'esprit humain est souverain. Pour eux, c'est l'instinct primitif possédé par tout être qui, enrichi par le développement de facultés intellectuelles comme la perception, l'intuition, la déduction et la sélection, permet l'acte radiesthésique.

A l'appui de cette thèse, certains auteurs signalent des expériences menées par différents chercheurs qui, sans aucun instrument, détectent sources, courants souterrains ou gisements, uniquement par des réactions-réflexes provenant de leur psychisme.

Pour Michel Moine, la radiesthésie est mentale et non physique pour quatre raisons :

— jamais personne n'a réussi à faire fonctionner une baguette ou un pendule sans opérateur : « Faites vous-même l'expérience. Votre pendule tourne au-dessus d'un point d'eau. Ne quittez pas l'endroit où il s'est mis en mouvement et fixez-le sur un support : il restera immobile. Pourtant, selon la théorie des physiciens, le point d'eau continue à émettre des ondes qui, logiquement, devraient provoquer les oscillations de votre appareil, que vous le teniez ou non ».

— il y a des différences importantes entre radiesthésistes : « Si la radiesthésie ne s'expliquait que par des phénomènes physiques, tous les opérateurs devraient avoir le même talent puisque leur personnalité n'entrerait pas en jeu et qu'ils ne feraient qu'appliquer des lois immuables ».

— tout radiesthésiste est psychiquement influençable, ce qui se traduit immédiatement sur ses résultats : « le pourcentage d'erreurs est plus élevé lorsque les expériences sont réalisées en public que lorsqu'elles le sont par des opérateurs agissant seuls, sans énervement et sans obligation de réussir à tout prix».

— si ses conditions de travail sont changées, le radiesthésiste se trouve perturbé. Ainsi, un opérateur qui ferme ses yeux ne réussit plus : «Tout se passe dans l'esprit de l'opérateur et non dans le corps détecté par le pendule car si celui-ci était actif par lui-même, les yeux ouverts ou fermés ne changeraient rien au phénomène».

b) L'APPROCHE MENTALISTE

Elle se caractérise par deux phases distinctes mais successives : l'orientation mentale et la convention mentale.

— *L'orientation mentale* est la phase d'entrée en matière qui consiste, pour l'opérateur, à se concentrer fortement sur l'objet de sa recherche, à l'exclusion de toute autre préoccupation. Il s'agit donc d'une véritable mise en condition psychologique, préalable à tout travail radiesthésique.

L'expression «orientation mentale» a été créée par Émile Christophe pour exprimer le fait que l'opérateur doit se mettre dans un état lui permettant de bien préciser ce qu'il désire rechercher afin d'obtenir le meilleur résultat possible. L'important, pour Christophe, c'est de trouver la bonne formulation du désir mental dirigé vers la découverte, en prenant soin d'y incorporer une réserve susceptible d'écarter l'autosuggestion.

Un autre auteur, Antoine Luzy, utilise une expression différente pour exprimer le même concept : la désignation mentale qui est, pour lui, une puissante autosuggestion à développement rapide, rendant l'opérateur sensible à la présence ou aux émanations de l'objet cherché. En éliminant aussi l'influence de tous les autres objets, en mettant en mouvement l'activité mentale, en donnant à l'esprit qui agit dans l'inconscient une extraordinaire acuité perceptive et sélective.

En résumé, dans la première phase de l'approche qu'est l'orientation mentale, il importe donc de vous conditionner psychologiquement de manière favorable en pensant sérieusement à la question que vous allez poser et qui va vous permettre de passer à la seconde phase (la convention mentale).

Ainsi, si vous cherchez au pendule un objet quel qu'il soit :

— ne dites pas : « je veux trouver cet objet » ;
— ni : « je voudrais trouver cet objet » ;
— mais plutôt : « je souhaite me rendre sensible à la présence de cet objet et j'oriente ma pensée exclusivement vers lui ».

— *La convention mentale* est la partie fondamentale de tout acte radiesthésique. En effet, les instruments utilisés (baguette ou pendule), statiques au départ de toute recherche, se mettent en mouvement dès que l'opérateur a commencé : oscillations ou rotations pour le pendule, sautes pour la baguette. Si, avant la constatation de ces mouvements, vous n'avez pas attribué de signification à chacun d'eux, vous ne pourrez pas avancer sérieusement dans votre recherche.

La convention mentale est donc cette décision personnelle, prise par vous-même (et une fois pour toutes) qui vous amène à codifier les différents mouvements de votre instrument afin d'interpréter le plus justement possible ce que vous aurez ressenti.

On constate ainsi que la radiesthésie est une question avant tout personnelle dont l'opérateur est le sujet central. Ce qui a amené le révérend père Jurion à proposer cette définition : la radiesthésie est une faculté fondée sur une sensibilité neuromusculaire qui, grâce à un réflexe conventionnel, permet par le langage intérieur de prendre conscience de la pensée inconsciente qui chemine en vous à votre insu.

C'est vous l'acteur principal

Pour mener à bien tout acte radiesthésique, vous devez pratiquer dans l'ordre les trois phases suivantes :

1. créez votre convention mentale personnelle,

2. mettez-vous en condition,
3. adoptez la bonne formulation.

Approfondissons attentivement chacune des trois phases, car elles conditionnent la réussite ou l'échec de toutes vos expériences (dans cette partie, l'instrument étudié sera exclusivement le pendule mais les conclusions sont les mêmes pour la baguette).

Phase 1 : créez votre convention mentale personnelle

En radiesthésie, c'est donc vous, et vous seul, qui décidez une fois pour toutes quel sera le code des réponses interprétatives des mouvements de votre pendule. Dès que vous l'aurez choisi, ne changez plus de code : conservez-le pour l'ensemble de vos recherches.

A titre informatif, sachez que la majorité des radiesthésistes professionnels utilisent la convention mentale suivante :

— rotation dans le sens des aiguilles d'une montre (sens horaire) : réponse positive (= oui ou vrai ou bon).

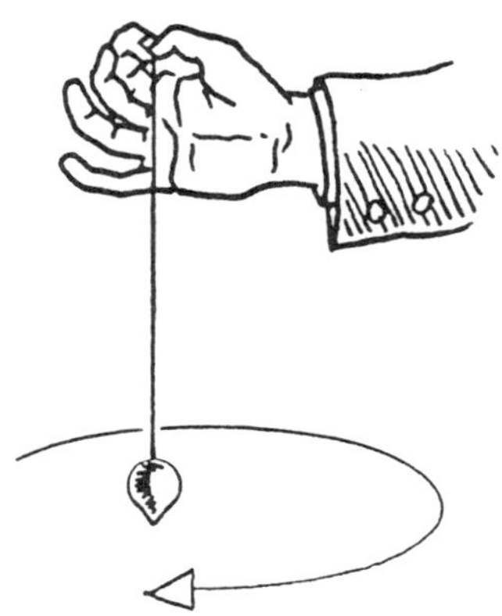

Convention mentale signifiant OUI.

— rotation dans le sens contraire (anti-horaire) = réponse négative (= non ou faux ou mauvais).

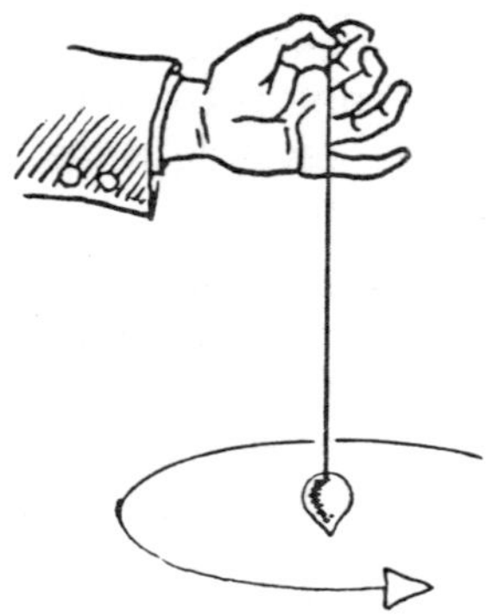

Convention mentale signifiant NON.

— oscillation : réponse neutre (= sans réponse ou peut-être).

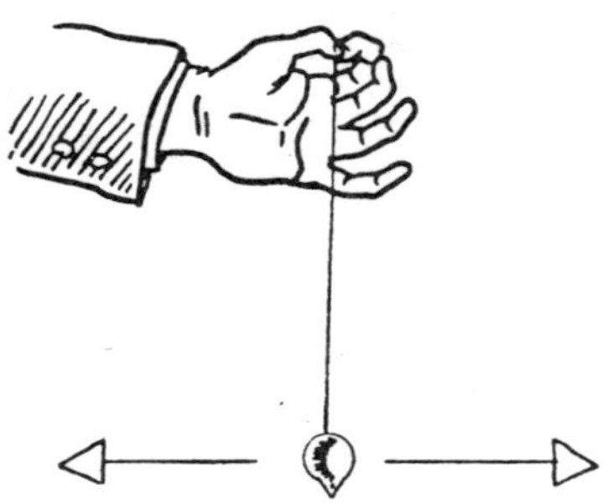

Convention mentale signifiant SANS RÉPONSE

La convention mentale repose donc sur le principe binaire (oui/non, vrai/faux) qui régit la majorité des phénomènes de la vie moderne (informatique, électricité...) et que la philosophie chinoise a immortalisé dans le yin/yang, ce couple négatif/positif dont l'interaction incessante crée toute action et toute vie.

D'ailleurs, le parallèle entre l'informatique et la radiesthésie peut se faire facilement :

Informatique	*Radiesthésie*
le programmeur définit la réalité du problème qu'il a à résoudre	le radiesthésiste définit la réalité du problème qu'il a à résoudre
⇓	⇓
Il analyse et divise le processus opératoire en éléments spécifiques (algorithme)	Il analyse et divise le problème en éléments distincts permettant de poser des questions simples
⇓	⇓
Il utilise un langage machine fondé sur un système binaire à impulsion électrique oui/non	Il utilise un langage humain (convention mentale) fondé sur un système binaire de réponse oui/non

Phase 2 : mettez-vous en condition

Après avoir choisi votre code de convention mentale, passez à la phase 2. Celle-ci consiste à vous préparer à la recherche que vous allez entreprendre et correspond à l'échauffement avant une compétition, pour un sportif.

Pour cela, faites tourner votre pendule pendant quelques instants, soit sur un témoin, soit dans le vide. Sans poser de questions : l'important est de vous détendre physiquement et mentalement pour oublier ce que vous avez fait précédemment et d'être totalement et uniquement concentré sur ce que vous allez entreprendre.

Lorsque vous vous sentez prêt à poser vos questions, un petit conseil : lancez votre pendule, en rotation ou en oscillation. La méthode du pendule lancé permet, par rapport à celle du pendule à l'arrêt, d'aller plus vite (donc de moins vous fatiguer) et d'éviter de lutter contre la force d'inertie de l'instrument.

Phase 3 : adoptez la bonne formulation

En radiesthésie, la question posée est une hypothèse, une

solution possible au problème étudié : elle est l'élément fondamental de l'acte radiesthésique.

C'est pourquoi, assurez-vous que chacune de vos questions est :

- claire
- précise
- bien définie
- correctement formulée

(Reportez-vous, à ce propos, à « Mettez toutes les chances de votre côté » qui figure en fin de ce chapitre).

Ensuite, attendez la réponse du pendule, réponse automatique interprétée en fonction du code que vous aurez choisi vous-même.

Comment interpréter les rotations du pendule

Beaucoup de gens se posent souvent la question : le pendule tourne-t-il seul ou sous l'action inconsciente du radiesthésiste ? Ce débat est loin d'être clos, car il y a autant de partisans dans un camp que dans l'autre.

Les uns « accusent » l'opérateur de faire tourner leur pendule dans le sens qu'il souhaite, les autres estiment que le pendule démarre seul et prend le sens qu'il veut (certains utilisent même l'expression « laisser parler le pendule »).

On a vu que pour le professeur Yves Rocard, le mouvement du pendule ou la saute de la baguette (qu'il nomme « l'effet sourcier ») sont dus à une action sur l'opérateur d'inégalités locales du champ magnétique.

Pour d'autres chercheurs, comme Michel Moine par exemple, « le phénomène de perception radiesthésique semble être provoqué par le déclenchement de certains automatismes acquis par un travail mental déterminé : orientation de l'esprit vers l'objet de la recherche et sélection, par convention mentale, pour l'interprétation des réactions-réflexes transmises à la baguette ou au pendule, sous forme de mouvements inconscients. Pour acquérir des réactions-réflexes, il faut emmagasiner dans votre mémoire un certain nombre de connaissances. Ensuite, au moment de l'acte radiesthésique, l'interprétation s'opérera automatiquement comme un réflexe (par l'intermédiaire du pendule ou de la baguette), comme s'il se produisait une sorte de phénomène de résonance entre l'objet de la recherche et votre propre sensibilité.

Le processus du phénomène radiesthésique exige que la mémoire enregistre un certain nombre de connaissances en accord avec les recherches envisagées. Par exemple, un radiesthésiste qui aurait l'intention de se consacrer aux prospections des sources doit absolument posséder un minimum de connaissances géologiques, afin que sa sensibilité soit éduquée pour ce genre de recherches.

Pour Antoine Luzy, « chaque pensée consciente et inconsciente donne naissance aux mouvements du pendule. Les faits de caractère radiesthésique sont censés devoir leur production à la réaction organique de la pensée de l'opérateur et issue de son inconscient. Mais ce mouvement est bien souvent un effet de suggestion et d'autosuggestion. Le fait radiesthésique commence lorsque l'autosuggestion laisse la place libre à l'inconscient, de manière qu'il puisse travailler suivant le désir ou la volonté de l'opérateur, à discerner ce que l'intelligence consciente n'est pas à même de reconnaître. En dehors du travail de l'inconscient, pour Antoine Luzy, il n'y a pas de radiesthésie ». Mais au-delà des querelles philosophiques, évoquons plutôt ce qui arrive fréquemment, surtout chez les débutants : le pendule ne tourne pas.

Pour Dorotée Koechlin de Bizemont, ce phénomène a plusieurs explications possibles :

— « Vous avez mal posé la question.

— Ou bien vous êtes paralysé par la timidité. Vous manquez de confiance en vous, il y a une personne dans l'assistance qui vous fait peur (vous avez peur de ses critiques). Bref, vous êtes émotionnellement perturbé. C'est vous même qui bloquez le pendule ! En général il marche mieux quand on le consulte pour les affaires des autres (dans lesquelles on n'est pas impliqué émotionnellement !) Ne soyez ni nerveux, ni pressé, et restez indifférent à l'opinion de ceux qui vous regardent agir.

— Vous n'êtes pas détendu physiquement. C'est très important ! Votre bras est crispé, vous êtes dans une position inconfortable, vous n'êtes pas en forme physiquement (froid, faim, fièvre, etc.). Dans ce cas, le pendule tourne peu ou pas du tout. En résumé, si vous-même êtes dans un état de confusion mentale (question mal posée) ou émotionnelle (anxiété) ou physique (mauvaise forme), le pendule se bloque et c'est normal puisqu'il traduit le blocage des influx profonds en vous-même. Apprendre à se détendre est absolument indispensable, sinon il n'y a pas de radiesthésie possible ».

Comment bien vous préparer

On pourrait croire que la radiesthésie se pratique à n'importe quel moment et dans n'importe quel lieu. Pas du tout, écrivent certains auteurs. Ainsi Jacques Bersez, dans *Divination et radiesthésie* émet des élucubrations pseudo-médicales comme : « Mangez bien mais n'allez pas jusqu'à la gourmandise. Par contre, respirez bien. C'est dans ce principe que réside le salut. En mangeant, évitez les associations défendues : pas de champignons avec des œufs, pas de tomates avec des betteraves rouges ou des pommes, ne mangez pas de pommes de terre en février... »

Suivent encore des dizaines d'interdictions de ce type, dont la majorité ne résistent pas à l'analyse d'un diététicien.

Ce qui est par contre certain, c'est que vous obtiendrez de meilleurs résultats si vous êtes en pleine forme et que vous avez une hygiène de vie correcte.

Une autre faculté qu'il faut travailler, c'est la relaxation car on est d'autant plus réceptif qu'on est relaxé, détendu. Lorsqu'on tient un pendule, cette relaxation est primordiale car autrement les mouvements de nervosité de l'expérimentateur peuvent « parasiter » les sensations de celui-ci.

Pour bien vous détendre, Dorotée Koechlin de Bizemont propose différents trucs :

— utilisez toujours le même pendule qui vous a déjà donné des résultats,

— installez-vous toujours dans une position confortable, bien assis et dans le calme,

— ne tenez pas le pendule à bout de bras, afin d'éviter crampe et crispation,

— vérifiez si vous êtes mieux relaxé avant ou après avoir pris un repas,

— efforcez-vous d'être serein et d'avoir un détachement intérieur élevé,

— évitez de serrer trop fort le fil du pendule entre votre index et votre pouce, ce qui crisperait toute votre main.

De son côté, F. Servranx dans *Vos débuts en radiesthésie* propose à tout débutant de s'entraîner à pratiquer quatre exercices avec un pendule imaginaire :

1. allez et venez pendant 10 minutes en marchant lentement dans une pièce, comme si vous teniez un pendule réel entre le pouce et l'index,
2. faites tourner votre poignet en vous imaginant que vous tenez une cuillère à café fantôme et que vous tournez un sucre invisible dans une aussi invisible tasse à café (20 fois dans le sens horaire, 20 fois dans le sens contraire),
3. refaites l'exercice 1,
4. prenez alors réellement votre pendule en main et marchez en allant et venant dans la pièce.

Bien vous préparer est donc fondamental. Mais ce n'est pas suffisant. En effet, il faut ensuite déterminer les domaines par lesquels vous allez commencer vos travaux. Pour le révérend père Jean Jurion, « il faut choisir ceux où la sensibilité radiesthésique est la plus grande : à savoir, la recherche concernant les corps organiques plutôt que celle des objets perdus ou cachés, plus difficiles. Par contre, il est facile de contrôler sa nourriture, ses habitudes plus ou moins bonnes, café, tabac, alcool, etc. Ce peut être, en même temps, un bon exercice pour parvenir à une parfaite maîtrise d'esprit et pour ne pas laisser influencer le pendule par ses préférences personnelles. Si vous éprouvez quelques légers troubles physiologiques, au lieu de prendre au hasard un de ces remèdes anodins de famille : tisane, sirop, aspirine, etc., choisissez-le et faites-en un dosage précis au pendule. Agissez de même pour les animaux.

Un autre domaine relativement facile : les plantes. Si vous avez un jardin, des fleurs d'appartement, choisissez vos graines, cherchez la meilleure date pour les semis, le meilleur emplacement, les soins à donner, etc. Enfin, pensez aux banales difficultés quotidiennes : panne d'auto, de radio, dépense à faire, à éviter, à remettre, etc.

Mais attention ! Ce sont des exemples de recherches, relativement faciles, à portée de tous, qui doivent servir d'exercices d'entraînement. Au début, n'accordez qu'une valeur relative aux réponses quand elles ne sont pas contrôlables matériellement et ne devenez pas ce maniaque du pendule qui le met, en tous temps et en tous lieux, à toutes les sauces ».

Enfin, il faut vous placer en condition de réussite maximum en évitant les pièges qui peuvent se présenter à vous.

Mettez toutes les chances de votre côté

En radiesthésie, pour réussir à obtenir des résultats intéressants et répétitifs, il faut d'abord bien se préparer comme on vient de le voir précédemment, puis se mettre dans les meilleures conditions possibles, c'est-à-dire : connaître parfaitement les causes possibles d'échec, bien maîtriser l'art de poser les bonnes questions, identifier facilement les phénomènes perturbateurs et enfin suivre fidèlement les conseils des grands spécialistes.

a) CONNAISSEZ PARFAITEMENT LES CAUSES POSSIBLES D'ÉCHEC

Il faut savoir que celles-ci proviennent, pour la plupart, du radiesthésiste lui-même : en effet, sa personnalité a une influence fondamentale sur la pratique de son art et sur les résultats obtenus. Les paramètres qui peuvent perturber les expériences radiesthésiques sont de quatre types : le trac, l'autosuggestion, les suggestions extérieures et l'absence de concentration :

• *le trac*, cette sorte de peur ou d'angoisse irraisonnée qu'on ressent avant d'affronter le public ou de subir une épreuve et qui se dissipe en général dès que l'action commence. Même les plus grands radiesthésistes n'y échappent pas. Ainsi le fameux Jacques Aymar, fort de ses succès en matière de recherche de disparus et de criminels, convié à participer à des expériences en présence du fils du grand Condé (prince de sang de la maison de Bourbon), perdit toutes ses capacités et échoua lamentablement dans ses expériences, certainement à cause du trac qui lui fit perdre tous ses moyens.

• *l'autosuggestion*, cette action qui consiste à s'influencer soi-même, volontairement ou non, peut être la source d'erreurs importantes. Ainsi, Jean-Louis Crozier, lorsqu'il travaille sur des disparus dont tous les médias ont parlé (ce sont alors des cas « médiatisés » pour reprendre l'expression à la mode aujourd'hui), s'efforce de ne rien lire ni voir sur ce sujet afin de ne pas être influencé et « pollué » mentalement par autosuggestion. Celle-ci peut être écartée en chassant toute idée préconçue sur la question étudiée et surtout en faisant le vide mental dans votre esprit afin d'être uniquement concentré sur l'objet de la recherche. Certains radiesthésistes utilisent, pour qualifier cet état, l'expression : « être mentalement neutre ».

• *les suggestions extérieures*, qui sont proches de l'autosuggestion à la différence près qu'elles sont émises, volontairement ou non, par d'autres personnes. Pour bien travailler en radiesthésie, il ne faut tenir aucun compte des avis extérieurs qui vous sont proposés ou imposés, parfois à votre insu comme ce fut le cas pour Émile Christophe. L'inventeur du mot « téléradiesthésie » relate ainsi dans son livre *Apologie du sourcier* l'incident qui lui est arrivé un jour : *« J'avais été prié de me rendre sur un chantier où l'on effectuait un forage en un lieu désigné par un hydrologue qui, au moyen de son appareil, avait constaté la présence de l'eau. Puis, se basant sur les indications de cartes géologiques, il avait annoncé qu'on trouverait, à une profondeur de 40 à 44 mètres, l'eau désirée avec le débit souhaité.*

Or, le forage avait atteint une profondeur de 80 mètres, et l'eau n'apparaissait pas encore.

Au milieu d'un groupe d'une quinzaine de personnes, je commençai ma prospection au moyen d'un pendule contenant de l'eau semblable à l'eau cherchée. Je signalai un courant d'eau à une distance d'environ 2 mètres 50 du forage. Désireux de contrôler ces premières indications, je me préparais à poursuivre mon travail au moyen de la baguette, lorsque je ressentis un malaise étrange. Je venais de me rendre sensible à l'eau témoin et je me disposais à parcourir le terrain, quand cette indisposition survint. Je ne souffrais aucunement, mais j'éprouvais tous les symptômes d'un proche évanouissement. Je dus faire appel à toute mon énergie pour ne pas défaillir, et je continuai ma détection, qui confirma mes précédentes observations.

Mon malaise se dissipa assez rapidement et je pus indiquer le cheminement de l'eau souterraine, et son débit approximatif.

Ma prospection terminée, la conversation s'engagea avec les intéressés, et c'est grâce aux propos échangés à ce moment que j'eus l'explication du grand trouble que j'avais ressenti. Sans cet entretien providentiel, j'aurais sans doute toujours ignoré la cause de ce phénomène. Un de mes interlocuteurs, à qui je demandais son impression sur les expériences auxquelles il venait d'assister, m'avoua sans détours : ''Je ne croyais pas à la baguette. J'étais très sceptique. Je pensais que c'était simplement une affaire de volonté et qu'il aurait suffi d'opposer une volonté contraire pour empêcher tout mouvement. C'est pourquoi, tout à l'heure, et à votre insu, quand vous avez saisi la baguette, j'ai concentré et projeté toute la volonté dont je suis capable dans la ferme intention de l'empêcher de tourner entre vos mains. Je n'ai pas réussi. Ma volonté n'a eu aucune influence sur votre baguette''. Aucune influence sur ma baguette, d'accord, mais sur moi, je ne puis en dire autant!».

• *l'absence de concentration*, qui se traduit, par exemple, essentiellement par un oubli dans la formulation des questions et peut conduire à de graves échecs. Ainsi le célèbre abbé Mermet, dans *Comment j'opère*, nous apprend qu'un jour, au cours d'une recherche d'eau dans une ville du Nord de la France, il détecta une source ayant un débit de 1 700 litres par minute à une profondeur donnée. Le forage effectué peu après apporta deux surprises : la première, c'est que l'eau fut trouvée à une profondeur supérieure à celle annoncée par Mermet (à cause d'une couche de marne plus épaisse et plus dure que celle prévue par lui) ; la seconde, la plus surprenante, c'est que le débit était exact mais par contre l'eau était salée, donc totalement inutilisable ! L'abbé Mermet avait hélas oublié de poser la question fondamentale : cette eau est-elle potable, oui ou non ?

b) MAÎTRISEZ BIEN L'ART DE POSER LES BONNES QUESTIONS

On a vu, au début de ce chapitre, que la radiesthésie fonctionne sur le même principe binaire que l'informatique ou l'électricité (oui/non, vrai/faux, ouvert/fermé, positif/négatif), principe immortalisé dans la philosophie chinoise par les deux énergies du yin et du yang.

C'est pourquoi l'opérateur que vous êtes doit poser des questions simples. En effet, toute question compliquée, pouvant donner des réponses multiples, doit être décomposée en autant de questions simples, à réponse unique.

Ainsi, une question du genre :

« Vais-je trouver un emploi dans l'industrie avant la fin de l'année ? » n'a aucune chance d'être résolue avec un pendule. Car si vous avez décidé que votre propre convention mentale fera correspondre la réponse « oui » à la rotation du pendule dans le sens des aiguilles d'une montre, cette réponse positive que vous pourriez obtenir peut être attribuée à chacune des trois sous-questions suivantes (qu'il sera préférable de poser afin d'obtenir des résultats) :

- vais-je trouver un emploi ?
- sera-ce dans l'industrie ?
- sera-ce avant la fin de l'année ?

N'oubliez donc pas que plus vos questions seront simples et précises, plus vous obtiendrez de réponses efficaces et pertinentes.

c) IDENTIFIEZ FACILEMENT LES PHÉNOMÈNES PERTURBATEURS

Au cours de vos différentes expériences de radiesthésie, vous vous rendrez vite compte qu'il faut poser les bonnes questions et surveiller les mouvements de votre pendule. Mais ce n'est pas tout.

Apparaissent, en effet, toutes sortes de phénomènes que j'appellerai « perturbateurs ». Ce sont des événements qui peuvent surgir en cours de recherches et vous laisser perplexe si vous ne les connaissez pas. Pour vous éviter de vous trouver dans cette mauvaise situation, voici la liste des principaux phénomènes que vous risquez de rencontrer, et que les radiesthésistes nomment : fading, mirage, imprégnation, rémanence et hystérésis.

— le *fading* est le terme emprunté au vocabulaire des ondes radio que l'abbé Mermet attribue à l'évanouissement (fading justement en anglais) momentané de la sensibilité du radiesthésiste. Ce phénomène proviendrait d'un mauvais état psychologique ou physiologique de l'opérateur dont les causes peuvent être la fatigue, des ennuis personnels, une digestion difficile ou même une basse pression barométrique précédant un orage.

— le *mirage* serait une image virtuelle, c'est-à-dire non réelle, que verraient certains radiesthésistes autour de l'objet de leur recherche, ou près du lieu où elle s'effectue. Cette sorte d'hallucination, appelée mirage pour cette raison, apparaîtrait — semble-t-il — plutôt au cours d'un temps orageux (encore !).

— l'*imprégnation* désigne, pour les radiesthésistes, tout objet ou tout être humain, qui, après avoir séjourné un certain temps dans un lieu précis, chargerait celui-ci d'ondes décelables au pendule ou à la baguette. Cette imprégnation serait alors la cause d'un autre phénomène appelé rémanence.

— la *rémanence* serait donc la trace persistante des ondes ou des particules laissées par un objet ou un être humain ayant séjourné en un lieu déterminé qu'elles ont imprégné. Ainsi, en passant une baguette ou un pendule au-dessus d'une cache vide ayant contenu un trésor, le radiesthésiste aura un signal exprimant la rémanence, due soit à la charge des ondes émises par l'or, soit à la poussière d'or imprégnant la terre de la cache.

— l'*hystérésis* qui est, pour le professeur Rocard, le phénomène de léger retard de chute de la baguette, ressenti par le sourcier et dû au temps nécessaire à la réaction physiologique de ses muscles.

d) SUIVEZ FIDÈLEMENT LES CONSEILS DES GRANDS SPÉCIALISTES

Pour devenir un bon radiesthésiste, on vient de voir qu'il faut connaître parfaitement les causes possibles d'échec (trac, autosuggestion, suggestions extérieures et absence de concentration), bien maîtriser l'art de poser les bonnes questions et identifier facilement les phénomènes perturbateurs (fading, mirage, imprégnation, rémanence et hystérésis).

Mais tout ceci est nécessaire et pas suffisant. Il faut aussi suivre quelques conseils issus soit de l'expérience, soit du bon sens et que donnent les principaux spécialistes de la discipline. Dans certains cas, vous vous rendrez compte qu'ils se contredisent ! Ce qui me fait conclure qu'il n'y a pas de règles universelles en radiesthésie mais des constatations empiriques qu'on fait soi-même et qu'on améliore avec le temps.

Voici les conseils que Victor Mertens, ingénieur et radiesthésiste belge, donne aux radiesthésistes débutants :

— poser les pieds bien à plat sur le sol,

— ne croiser ni les jambes ni les bras, afin de ne pas mêler les polarités des côtés gauche et droit, car cela diminue considérablement la sensibilité du radiesthésiste,

— ne pas porter de vêtements trop serrés, se sentir à l'aise pour travailler,

— opérer en pleine lumière, car l'obscurité engourdit les sens,

— enlever bracelets et bagues et toute autre masse métallique importante,

— tenir les instruments, baguette ou pendule, sans crispation, en souplesse,

— travailler avec calme et sans précipitation, ne pas s'énerver,

— sur le terrain, éviter de travailler dans la pluie ou le vent,

— ne pas travailler après un repas copieux,

— occasionnellement, désimprégner les instruments,

— se reposer de temps en temps,

— ne pas travailler en état de fatigue, sous l'emprise d'une émotion ou après une course,

— enfin, éviter les curieux, et surtout les sceptiques, leur présence étant préjudiciable.

Pour Helmut Muller, si vous voulez qu'une opération radiesthésique soit parfaitement concluante, il faut respecter un certain nombre de détails :

— marcher sur du caoutchouc, du cristal ou du papier empêche presque toujours la transmission des ondes,

— porter des gants de peau, de soie ou de fil est hostile au mouvement de la baguette ou du pendule, comme l'est le port de chaussures en caoutchouc ou celui de bijoux ou de masses métalliques,

— aucune règle ne peut être formulée quant au moment le plus propice pour opérer, car la qualité de la recherche dépend de la personnalité et de la préparation de l'opérateur,

— certains obtiendront de bons résultats quelle que soit l'heure, tandis que d'autres auront de moins bons résultats de nuit. Cependant, cela ne change rien aux variations des champs de force qui, selon certains, sont plus intenses de nuit,

— un pendule ou une baguette tombés à l'eau peuvent être désensibilisés, car la surface humidifiée forme une sorte de pellicule polarisée par endroits. Que faire dans ce cas? Il suffit de sécher l'instrument pour qu'il recouvre ses propriétés,

— éviter de faire un nœud sur la chaîne ou sur le fil entourant une branche de la baguette sous prétexte de la personnaliser : le courant qui semble entrer par la pointe de la baguette s'échappera immédiatement par les extrémités de l'instrument.

Pour Émile Christophe, beaucoup de débutants, ne sachant pas se mettre en état de neutralité passive, n'obtiennent, en fait de réactions, que le reflet de leurs idées dominantes : trop crédules, ils voient avec surprise la baguette et le pendule s'agiter à tort et à travers ; trop sceptiques, ils constatent amèrement la complète inertie de leurs détecteurs. Leur sixième sens qui, pour se manifester dans son exquise sensibilité, ne doit pas rencontrer d'obstacle mental, est mis dans l'impossibilité de percevoir la radiation attendue, et l'expérience n'aboutit dans les deux cas qu'à un effet d'autosuggestion inconsciente.

Il arrive à certains opérateurs qu'au premier essai, la baguette, au lieu de se lever vers la poitrine, s'incline vers le sol. Ce mouvement inopiné est dû à une polarité spéciale que le désir mental doit cependant parvenir à rectifier. S'il persistait, malgré de persévérants efforts, il suffirait, pour transformer le mouvement de la baguette, de la tenir avec la paume des mains tournée vers le sol. D'autres sourciers constatent que leur baguette ne réagit qu'immédiatement après que leur corps a dépassé le foyer des radiations à détecter. Eux aussi doivent pouvoir corriger ce mode de perception, moins pratique que celui qui fait lever la pointe de la baguette dès qu'elle franchit le champ des vibrations. Toutefois, s'ils ne réussissaient pas à changer le cours de ces manifestations dans le sens désiré, les uns et les autres pourraient cependant devenir d'excellents sourciers en tenant compte de ces particularités dans leur méthode de détection.

Il est bon de prendre l'habitude de se frotter les mains, ne serait-ce que pendant quelques secondes, chaque fois que l'on passe d'une expérience à une autre. Ce geste a pour but d'éviter d'être influencé, pendant une opération, par les radiations auxquelles on s'est précédemment rendu sensible. Ce procédé agit certainement au moins autant, sinon davantage, par son côté psychique (temps d'arrêt obligatoire, préparation de l'esprit à une influence nouvelle) que par son côté physique. Mais il ne faut pas le négliger ; c'est une des précautions élémentaires auxquelles le sourcier doit s'accoutumer dès le début de sa carrière, afin de réduire le plus possible le nombre des causes d'erreur.

Beaucoup d'auteurs parlent de l'épuisement éprouvé par les opérateurs à la suite de leurs prospections. En dehors de cas incontestables d'hypersensitivité, j'attribue cette déperdition de force au fait que la plupart des sourciers mettent en jeu la volonté au lieu du désir mental. Leur mode de perception exige une dépense constante de vitalité, alors que l'orientation mentale permet de percevoir dans la passivité, condition relativement reposante. Certes, la prospection sur le terrain fatigue, mais elle ne devrait pas provoquer une dépression plus considérable que n'en provoque un travail intellectuel et physique d'égale durée.

Enfin, pour Michel Moine, voici quelques recommandations utiles pour éviter les causes d'erreurs susceptibles de fausser vos expériences et de saper votre moral. Lisez-les très soigneusement.

— N'entreprenez aucune expérience de radiesthésie si vous ne vous sentez pas en bonne forme physique et mentale. Un malaise quelconque, ou même un choc moral, peuvent troubler ou annihiler votre sensibilité. Évitez, autant que possible, d'opérer au moment de la digestion.

— Ne tentez aucune expérience si le milieu dans lequel vous opérez ne vous inspire pas une pleine confiance. Les railleries ou l'hostilité psychique de certaines personnes peuvent vous induire en erreur.

— Recommandez aux personnes qui assistent à vos expériences de respecter un certain « silence mental » : elles doivent faire figure d'observateurs neutres en évitant de penser à l'objet de votre recherche.

— N'oubliez jamais que la réussite d'une expérience est toujours liée à la précision et à l'intensité de votre orientation et de votre convention mentale.

— Dites-vous bien qu'un débutant est souvent contracté par une auto-suggestion inconsciente qui fausse ses réactions et paralyse les mouvements de son pendule et de sa baguette. Observez une neutralité mentale absolue : n'ayez aucune idée préconçue en ce qui concerne les résultats de vos recherches.

— Rappelez-vous que si votre pendule ou votre baguette réagit et que vous êtes incapable d'interpréter ses mouvements, c'est que l'orientation et la convention mentale sont insuffisantes, mal formulées.

— Respectez la règle qui consiste, chaque fois que vous avez commis une erreur (qui se traduit par un échec) à en rechercher la cause. En radiesthésie, comme ailleurs, toute erreur est provoquée par une faute.

Testez vos capacités radiesthésiques

Dans l'*ABC du magnétisme*, je vous propose sept tests permettant de déterminer si vous possédez le fameux « fluide magnétique » des magnétiseurs.

Sur le même principe, voici douze tests pour savoir quelle est votre sensibilité radiesthésique. Tous ces tests sont indépendants les uns des autres et peuvent donc être réalisés dans un ordre différent :

Test n° 1 : le verre d'eau caché
Test n° 2 : l'eau salée
Test n° 3 : la caisse de sable
Test n° 4 : la recherche d'une clé
Test n° 5 : la carte timbrée
Test n° 6 : le jeu de cartes
Test n° 7 : détectez un objet imprégné par la pensée
Test n° 8 : la main invisible
Test n° 9 : le contact à distance
Test n° 10 : détectez une voiture
Test n° 11 : faites réagir un pendule
Test n° 12 : la bataille navale

Un conseil : mesurez le temps au bout duquel vous avez réussi chacun des tests et, après entraînement, refaites ces mesures pour comparer votre progression personnelle.

Il m'a paru intéressant, pour des raisons pratiques, de proposer des tests à faire à l'aide du pendule, chez vous, sans investissement ni complication, plutôt qu'à l'aide de la baguette qui demande des déplacements en pleine nature.

A vous, bien sûr, d'utiliser la convention mentale qui vous convient le mieux et que vous affinerez au fur et à mesure de ces expériences. N'oubliez pas d'observer les réactions de votre pendule au bout de 15 à 30 secondes minimum, pour que les mouvements soient bien clairs et nets et souvenez-vous que pour obtenir de bonnes réponses, il faut poser de bonnes questions.

A vous de jouer maintenant !

Test n° 1 : le verre d'eau caché

C'est le test de base en radiesthésie. Il consiste à prendre deux verres identiques dont un seulement sera empli d'eau. Faites recouvrir chaque verre d'un tissu opaque (serviette de table, par exemple).

Le test consiste à détecter, au pendule, le verre empli d'eau. La convention mentale pouvant être : « mon pendule tournera lorsqu'il se trouvera sur le verre d'eau ».

On retrouve dans cette expérience l'importance de l'eau, qui rappelle la quête habituelle des sourciers au moyen de leur baguette de coudrier. Bien entendu, vous avez une chance sur deux de trouver la bonne réponse. Aussi, considérez que ce test sera réussi lorsque vous arriverez, à tous les coups, à détecter le verre d'eau.

Pour rendre ce test difficile, vous pouvez travailler sur trois, quatre ou cinq verres dont un seul est toujours rempli d'eau.

N'oubliez pas de noter votre taux de réussite, afin de suivre votre progression.

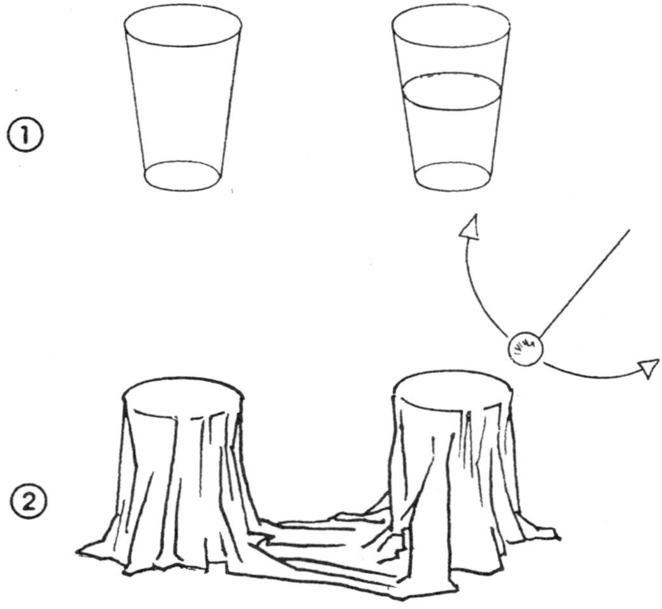

Test n° 2 : l'eau salée

Dans ce test, il ne s'agit plus de rechercher de l'eau mais de trouver, parmi plusieurs verres, celui qui contient du sel.

Placez trois verres remplis d'eau face à vous. Demandez à quelqu'un de mettre une bonne pincée de sel de table dans l'un des verres et de bien remuer pour que le sel soit dissous, donc invisible.

Au moyen du pendule, essayez alors de détecter le verre d'eau salée.

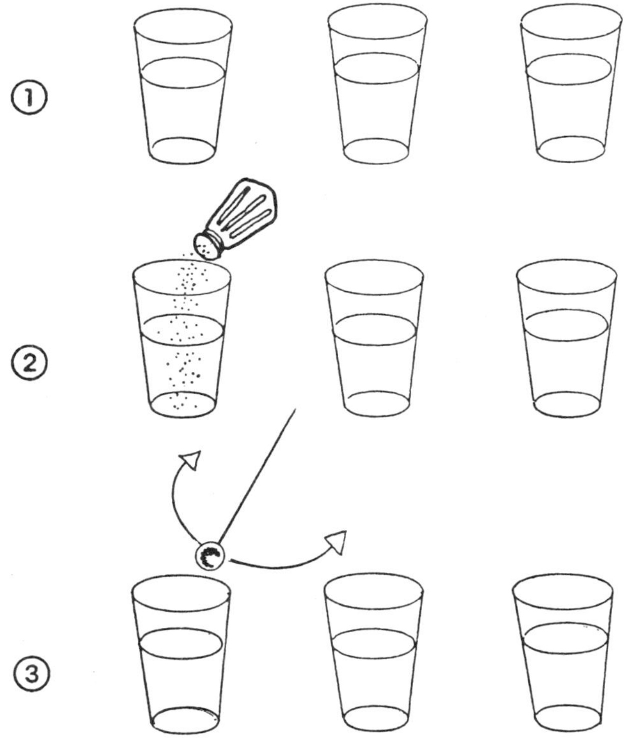

Mêmes remarques qu'au test n° 1 : il faut obtenir 100% de réussite après entraînement et répétition du test.

Quand ce résultat est atteint, rendez le test plus difficile en augmentant le nombre de verres (quatre, cinq, six) mais en ayant toujours un seul verre d'eau salée.

Michel Moine propose dans son *Guide de la radiesthésie* une variante de ce test en demandant de serrer dans la main tenant le pendule une éprouvette-témoin, contenant la même eau salée qui est recherchée dans l'un des verres.

Test n° 3 : la caisse de sable

Ce test permet essentiellement de s'entraîner, chez soi et à échelle réduite, à retrouver des objets dissimulés dans du sable pour ensuite aller sur le terrain travailler en vraie grandeur.

Pour cela, remplissez de sable une caisse de bois ou un grand carton (dimensions requises : 60 à 80 centimètres

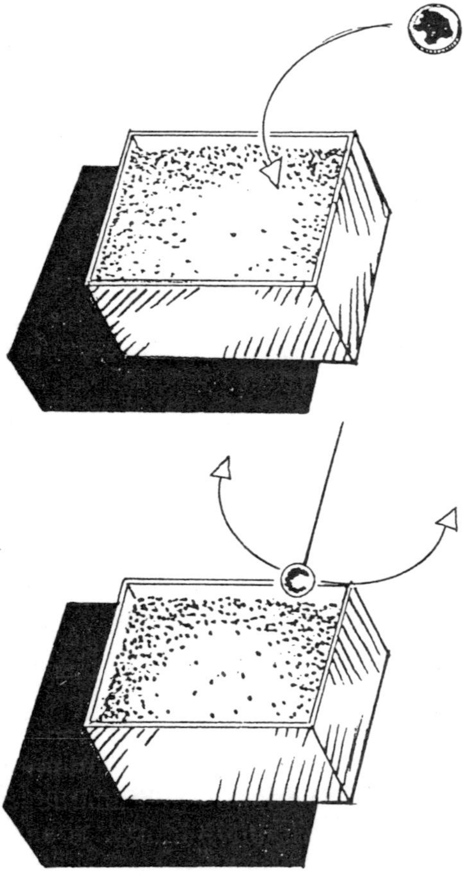

de long, 30 à 50 cm de large et 20 à 30 cm de profondeur).

Faites alors cacher un objet dans le sable par quelqu'un : cet objet pouvant être une pièce de monnaie, une bague, un morceau de minerai... L'objectif consiste à indiquer :

1. l'endroit précis où se trouve l'objet (pour cela, plantez un morceau de fil de fer ou une allumette à l'endroit que vous avez détecté)
2. la profondeur exacte de l'objet
3. plus difficile, la nature même de l'objet (en vous aidant, ou non, d'un témoin).

Quand vous obtenez une réussite parfaite, vous êtes prêt à effectuer une recherche de trésors en pleine nature !

Test n° 4 : la recherche d'une clé

Ce test permet de mesurer votre capacité à trouver un objet métallique caché.

Prenez trois pots de yaourt vides, retournez-les et faites cacher sous l'un d'eux une clé d'appartement ou de voiture.

Lorsque vous trouverez la clé à tous les coups, augmentez alors le nombre de pots vides pour accroître la difficulté.

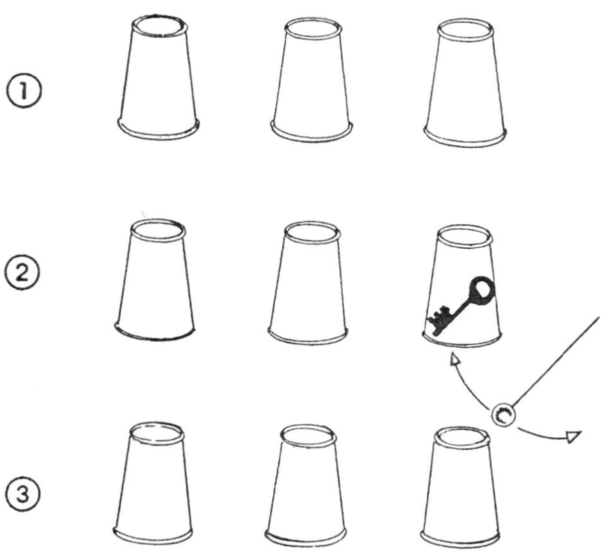

Test n° 5 : la carte timbrée

C'est un test amusant proposé par Dorothée Koechlin de Bizemont dans son livre *Le pendule* (Solar).

Vous prenez un jeu de 32 cartes (ou de 52 si vous êtes plus aguerri). Le test consiste à coller légèrement un timbre-poste sur l'une des cartes, à les retourner ensuite toutes puis à demander à un joueur de désigner, à l'aide d'un pendule, la carte de jeu transformée en carte... postale. La convention mentale amène à poser une question du type : « le timbre est-il collé sous cette carte ? »

Une astuce : groupez les cartes par petits paquets afin d'éliminer plus rapidement celles non recherchées.

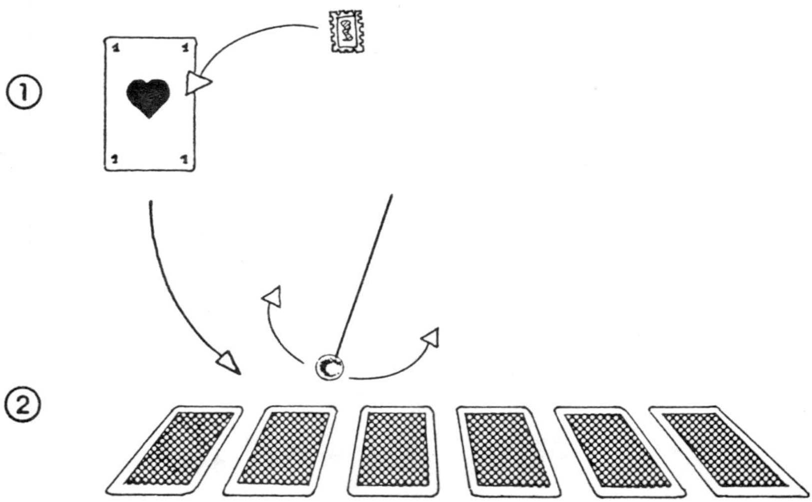

Test n° 6 : le jeu de cartes

C'est une variante (plus difficile) du test précédent.

Avec un jeu de 32 cartes retournées face contre table, essayez dans l'ordre de trouver :

1. les couleurs : cartes rouges ou noires
2. puis, quand vous aurez obtenu de bons scores, essayez de trouver toutes les cartes (figures, as...). Armez-vous de courage et de patience !

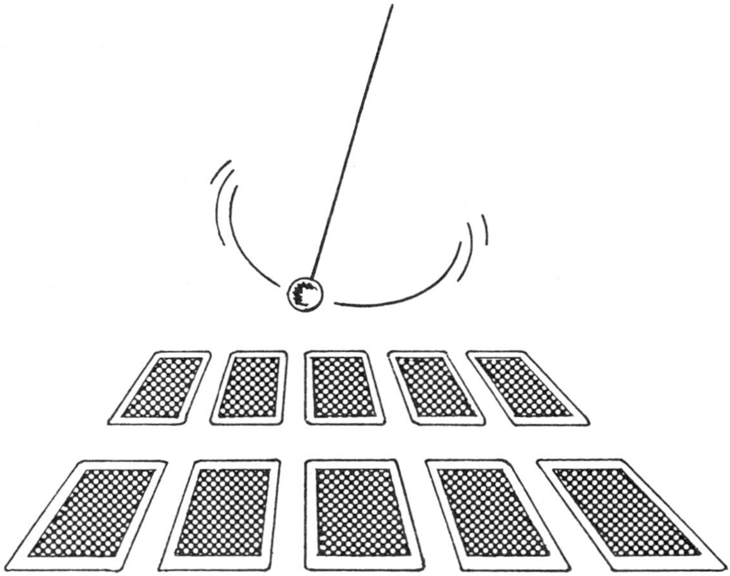

Test n° 7 : détectez un objet imprégné par la pensée

Voici un exercice difficile car il concerne l'influence mentale des individus sur les objets, qui a autant de partisans que de détracteurs. Sélectionnez une dizaine d'objets courants mais différents : montre, stylo, pile, carte de crédit, pièce de monnaie, billet de banque, paire de ciseaux...

Puis demandez à une personne de se concentrer fortement pendant 30 à 40 secondes sur un de ces objets, sans le montrer du doigt ni le citer. Pendant cette phase, vous devez, bien sûr, être à l'écart et ne rien voir.

Ensuite, essayez de découvrir, à l'aide du pendule, l'objet « imprégné » de la pensée de la personne.

①

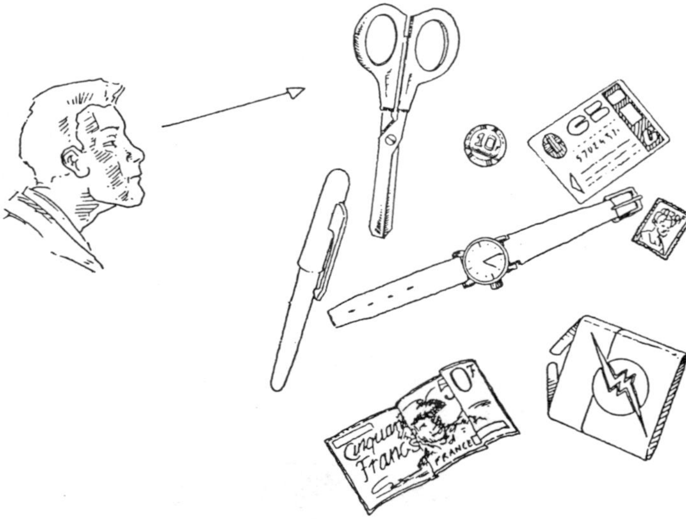

②

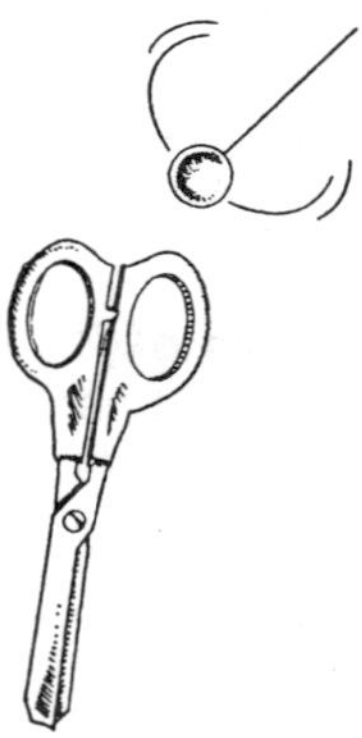

Test n° 8 : la main invisible

Ce test, proposé par Michel Moine, est dans la lignée du précédent. Mais il est plus difficile car il n'y a pas de présence physique visible d'un objet.

Il s'agit de retrouver au pendule la personne qui a imprégné de sa main une feuille de papier.

Voici comment procéder : demandez à quatre personnes de poser, pendant deux minutes et surtout en votre absence, une de leurs mains sur une feuille de papier blanc 21 × 29,7. Faites-leur numéroter les feuilles de 1 à 4. Revenez dans la pièce et commencez votre étude radiesthésique en vous aidant d'une des quatre personnes comme témoin. Demandez à celle-ci de poser sa main à côté de la feuille n° 1 et cherchez s'il y a « syntonisation » entre l'empreinte et la personne en choisissant la convention mentale suivante : « mon pendule va osciller si cette personne a imprégné la feuille. Sinon, il restera immobile ». Si le pendule ne réagit pas, passez à la feuille n° 2, toujours avec la même personne comme témoin et ainsi de suite avec les feuilles n° 3 et n° 4, jusqu'au moment où vous obtenez une réaction du pendule. Notez alors le nom de la personne sur cette feuille.

Puis poursuivez l'expérience avec les trois autres personnes. A la fin, contrôlez l'exactitude de vos recherches avec les participants au test.

①

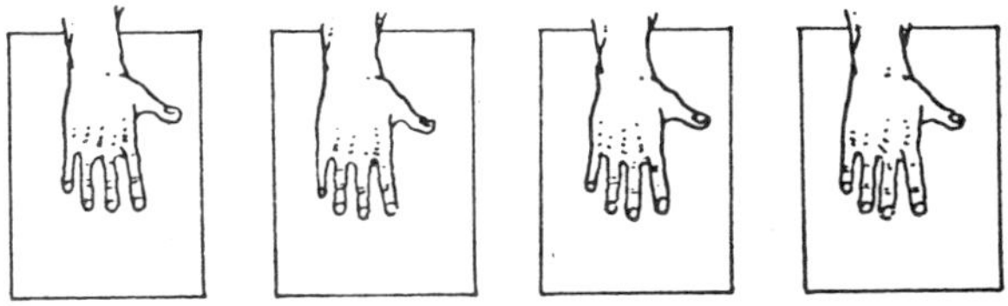

②

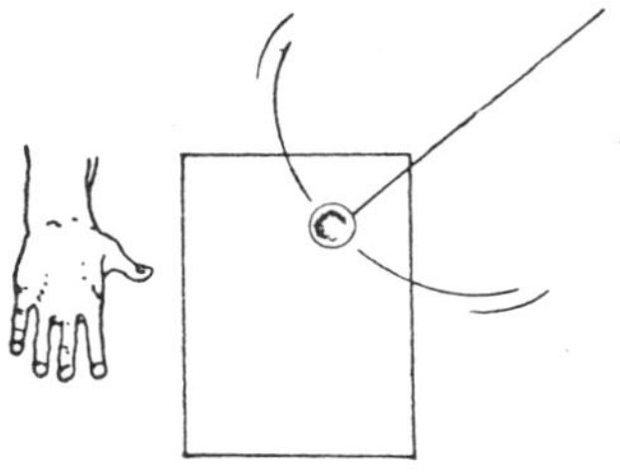

Test n° 9 : le contact à distance

C'est un test de téléradiesthésie : en effet, il s'agit ici de travailler au pendule en obtenant des réactions à distance. Dans cette expérience, il y a aussi une forte action télépathique entre les deux individus.

Le test consiste à établir un contact à distance avec une

autre personne (cette dernière ne s'en doutant absolument pas) au moyen de sa photo. A une heure précise, vous « travaillez » au pendule sur la photo de votre ami ou amie avec la convention mentale suivante : « j'agis au pendule sur ta photo pour te demander de m'appeler au téléphone dès réception de mon message ».

Concentrez-vous mentalement très fort sur cette idée et vérifiez au bout de combien de temps votre « cobaye » va vous appeler et s'il a bien « ressenti » la nécessité de vous contacter. Par ailleurs, il peut arriver que ce dernier vous donne de ses nouvelles avec du retard mais qu'il ait, au moment même de l'émission de votre message télépathique, bien reçu celui-ci. Simplement, il se trouvait dans l'impossibilité matérielle de vous appeler étant alors en déplacement (voiture, train...), au spectacle (film, concert...) ou ailleurs. Notez-le aussi et reproduisez cette expérience autant de fois que nécessaire avec des personnes différentes.

①

②

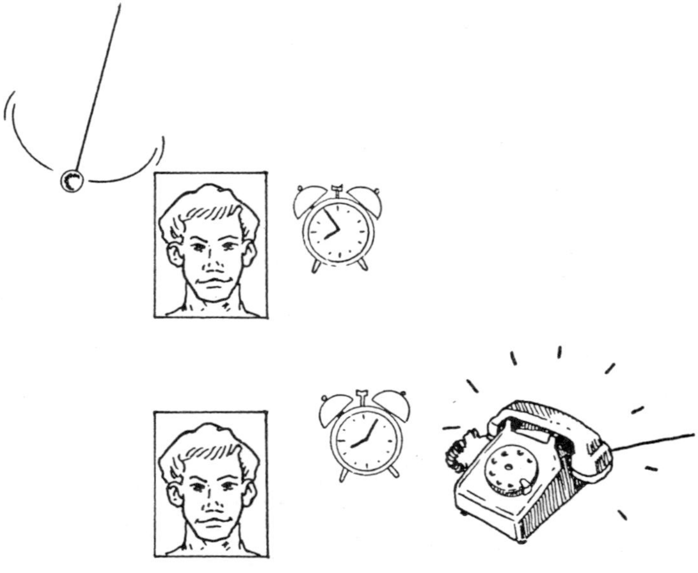

Test n° 10 : détectez une voiture

Ce test vous est proposé par le professeur Yves Rocard.

Pour ce dernier, toute voiture crée autour d'elle une zone sourcière qu'on peut ressentir.

Vous pouvez vous-même en faire la démonstration en vous postant près d'une voiture et en lançant votre pendule en oscillations longitudinales. Vous constaterez alors que les signaux sourciers sont :

— forts quand la voiture est placée à votre droite ou à votre gauche (avec une rotation de sens opposé entre les deux positions).

— nuls quand vous êtes face à elle.

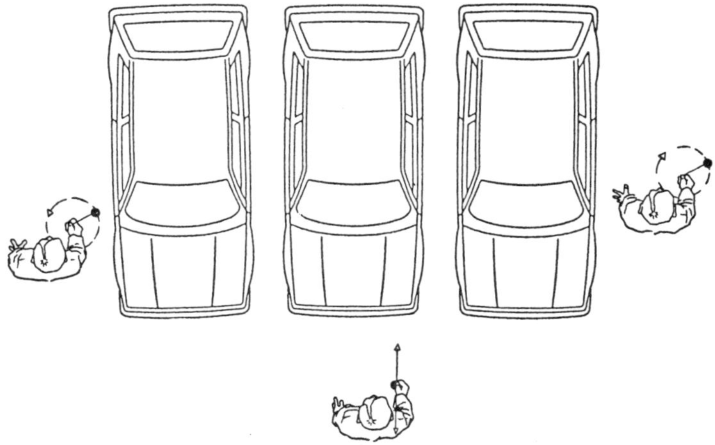

Test n° 11 : faites réagir un pendule

Ce test est couramment utilisé par le professeur Yves Rocard pour détecter les sujets qui sont de bons sourciers et de bons magnétiseurs. Prenez un pendule dans votre main droite et maintenez-le immobile. Puis touchez votre tempe gauche avec l'autre main, les doigts parallèles à l'oreille. Si le pendule se met alors à tourner, vous détenez la preuve que vous possédez un fort magnétisme ! S'il ne se passe rien, touchez-vous la tempe avec un aimant ou un objet métallique (trousseau de clés, par exemple). Obtenez-vous un meilleur résultat ?

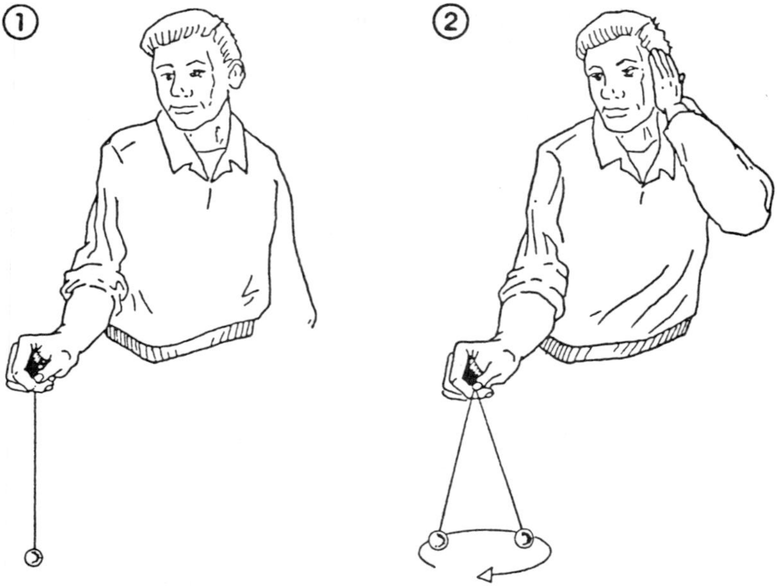

J'avais déjà proposé ce test dans l'*ABC du magnétisme*. De nombreux lecteurs m'ont fait part de leurs réactions comme :

— M. et Mme Glénisson, habitant Pargny-sur-Saulx (51), qui pratiquent avec un pendule d'argile de 70 grammes et obtiennent bien les inversions de polarité.

— M. Lambert Maurice, Gémenos (13), trouve des sources.

— Mme Morisse Christiane, Montigny l'Allier (02), indique au pendule sur photo si des gens sont morts ou vivants.

— Les jeunes (16 ans) Delahoche Arnaud et Lambert Laurent, Béthune (62), ont constaté de très fortes girations.

— Mme Lutz Odette, Fréjus (83), a vu son pendule (confectionné avec une chaîne en or et un pendentif-dent de requin) tourner pratiquement à l'horizontale.

— M. Lemercier Yves, Côte d'Ivoire, a réussi le test avec un pendule préhistorique (ce sont ses propres termes) composé d'un décapsuleur fixé à une grosse ficelle !

— Mme Mascetti Pierrette, Genève, infirmière retraitée, se fait dicter sa façon de soulager par son pendule.

— Mme Macchia Michèle, Piolenc (84), avec sa ficelle au bout de laquelle pend un boulon, ressent des picotements aux extrémités de ses doigts et sa tête tourne.

Test n° 12 : la bataille navale

Ce test vous est proposé par Jean-Louis Crozier. C'est une adaptation de celui — plus complexe — auquel il a été soumis par le professeur Hans Bender en Allemagne (voir chapitre 8 : les secrets du plus célèbre des radiesthésistes français actuels).

Ce test consiste à essayer de détecter au pendule trois bateaux placés par une tierce personne sur une grille carrée comportant 25 cases : un sous-marin (1 case), un torpilleur (2 cases) et un porte-avions (3 cases).

Le but du test réside dans la découverte des 6 cases symbolisant les bateaux en un minimum de coups possibles, en travaillant sur une grille vierge et en annonçant à la personne qui a rempli l'autre grille d'indiquer si le coup est bon ou non.

Si vous trouvez les 6 cases des trois bateaux en six coups : vous êtes un sujet exceptionnellement doué !

- de 7 à 10 coups : très bon.
- de 11 à 15 coups : bon.
- de 16 à 20 coups : assez bon.
- plus de 20 coups : il faut encore beaucoup travailler.

L'AVIS DE JEAN-LOUIS CROZIER

Puisque nous en sommes au chapitre Comment devenir radiesthésiste, *je souhaite confirmer ce que je dis à chaque fois qu'une personne me le demande : tout le monde peut pratiquer la radiesthésie.*

Que vous soyez «initié» par un professionnel (comme ce fut le cas pour moi avec mon grand-père) ou que vous découvriez cet art grâce à l'ABC que vous avez entre les mains, l'essentiel est de pratiquer les tests qui vous sont proposés, de façon régulière et progressive, sans précipitation, mais surtout sans découragement si les résultats tardent à venir. Car, en radiesthésie, la qualité la plus importante est la persévérance.

Méfiez-vous aussi de la fatigue, non seulement physique mais également nerveuse : dès que vous la ressentez, arrêtez vos essais et reposez-vous. Sinon, vous risquez d'aller de déceptions en déceptions.

Encore un conseil, dans la recherche de disparus, soyez très vigilant. Avant de travailler sur des cas réels, initiez-vous d'abord à la recherche d'animaux ou de sources. C'est seulement quand vous aurez obtenu des résultats vérifiés et fiables que vous pourrez affronter la difficulté de rechercher des humains disparus.

N'oubliez surtout pas que, d'abord, personne n'est infaillible (n'annoncez donc pas vos résultats avec prétention ou autorité : l'humilité doit toujours vous guider) et qu'ensuite, lorsqu'il y a disparition, cela signifie qu'une famille vit dans la souffrance, dans l'angoisse, dans l'inquiétude.

Tout message que vous leur communiquerez sera alors soit un message d'espoir, soit un message de désespoir. Pensez-y!

CHAPITRE 7

Dans quels domaines utiliser la radiesthésie ?

La téléradiesthésie.
A vous de jouer : affaires, agriculture, archéologie, couleurs, diététique, énigmes policières, examens, jeux de hasard, maison, médecine, météo, pêche, plantes, prospection minière, recherche de disparus, recherche d'eau, recherche de sexes, recherche de trésors, recrutement.
L'avis de Jean-Louis Crozier.

Après avoir testé vos capacités radiesthésiques au chapitre précédent, il est temps d'appliquer vos connaissances théoriques à des recherches concrètes dans des domaines aussi différents que l'agriculture, les jeux de hasard, la médecine ou la recherche d'eau.

Auparavant, il importe de préciser un concept fondamental créé en 1933 par Émile Christophe dans son ouvrage *Apologie du sourcier* — la téléradiesthésie — car cette dernière est très présente dans la plupart des applications que nous allons étudier.

La téléradiesthésie

L'inventeur de ce mot, Émile Christophe, la définit ainsi : c'est le phénomène particulier de la détection effectuée à distance, au moyen de la baguette ou du pendule, phénomène imputable à la perception effective des radiations.

Helmut Muller en donne une définition différente : c'est l'art et la science de capter les effluves des corps organiques et inorganiques ainsi que ceux de la pensée, en utilisant les mêmes procédures que celles de la radiesthésie mais à grande distance, en dehors du champ sensoriel normal. C'est ce qu'on nomme aussi la radiesthésie extra-sensorielle.

Ne revenons pas sur la notion de radiations ou d'effluves que nous avons longuement étudiées au chapitre 3 : « Radiesthésie, rayons et ondes de forme », mais plutôt sur la différence entre téléradiesthésie et radiesthésie.

Concrètement, la téléradiesthésie, radiesthésie à distance, s'oppose à la radiesthésie sur le terrain, immortalisée par les sourciers, chercheurs d'eau ou de minerais.

Elle concerne, en effet, tous les travaux sur plans, cartes ou même planches anatomiques (pour faire un diagnostic en l'absence du patient) sans avoir la nécessité de se déplacer.

Ainsi est née une nouvelle branche de la radiesthésie qui se pratique tranquillement chez soi, à l'abri des vicissitudes météorologiques et des accidents de terrain. Le téléradiesthésiste a seulement besoin d'une photo (du lieu à prospecter, de la personne disparue...) ou d'un objet (échantillon d'eau ou de minerai à rechercher ; vêtement du disparu...). Un des premiers exemples historiques de téléradiesthésie nous est donné par l'abbé Mermet lorsqu'il retrouva, en mai 1919, l'or, l'argent et le charbon de l'abbé

Racineux, à 1015 kilomètres de distance (voir le chapitre 2 : de la rhabdomancie à la radiesthésie).

Comme Mermet, le téléradiesthésiste utilise donc des « supports » pour travailler et pour y lire des déductions qu'il transposera dans la réalité-même : car une carte géographique n'est qu'une réduction du paysage où il recherche une source, une mine d'or ou une personne disparue ; un plan de maison n'est qu'un dessin schématique d'une construction en trois dimensions ; et des planches anatomiques ne sont qu'une représentation du corps humain à ausculter.

La technique utilisée couramment par les téléradiesthésistes consiste à mettre en mouvement le pendule d'une main (sur un « témoin » quand c'est possible : photo de la personne pour une recherche de disparu ou de maladie ; échantillon de minerai pour une prospection minière...), à balayer avec l'autre main (doigt pointé ou à l'aide d'un crayon) le support de recherche (carte, plan ou planche anatomique), à poser des questions précises et à bien noter les endroits du support au-dessus duquel passe le doigt (ou le crayon), au moment exact où le pendule se met à tourner dans l'autre main.

Les téléradiesthésistes disent alors qu'il y a syntonisation entre l'action du pendule et la sensation détectée sur le support papier, sensation traduisant pour eux une manifestation réelle sur le terrain ou sur la personne.

De très nombreux chercheurs considèrent que la téléradiesthésie est plus proche de la voyance ou de la télépathie que de la radiesthésie. Mais dès que quelqu'un veut donner une explication plus ou moins scientifique, il n'arrive à convaincre personne. Ainsi, certains estiment que le radiesthésiste détecte le rayon fondamental, pour d'autres il perçoit le rayon capital ou encore le rayon solaire émis par l'objet. Dans le cas d'un travail sur photo, nous est proposée l'explication suivante : la personne photographiée projette sur la plaque sensible de l'appareil des vibrations qui seront transférées — lors du développement — à l'épreuve papier ! Aucune explication scientifique ne permet, bien entendu, d'accréditer cette hypothèse.

D'autres auteurs affirment que notre mental émet des vibrations qui entrent en résonance avec celles de la photo, du plan ou de la carte alors que l'objet ou la personne recherchés sont à très longue distance. Tout se passe alors comme s'il y avait eu imprégnation des supports posés sur la table de travail du radiesthésiste.

Le terme de résonance est d'ailleurs emprunté lui aussi au vocabulaire de physique (comme rémanence, syntonisation...). Il recouvre le phénomène par lequel un système en vibration peut atteindre une très grande amplitude lorsque la vibration excitatrice se rapproche d'une fréquence naturelle de ce système. Un exemple très connu de résonance, qui déboucha sur une catastrophe, est celui du régiment de soldats qui traversa, au pas cadencé, un pont suspendu. Le tablier du pont se mit à entrer en résonance avec l'action rythmée du choc des pieds des soldats. Et plus le régiment avançait, plus la vibration s'amplifiait. Le pont s'effondra alors que les soldats de tête n'étaient qu'à la moitié du pont. Or, ce dernier pouvait supporter un poids dix fois plus important que celui du régiment entier!

Enfin, quelques-uns expliquent la téléradiesthésie comme étant le résultat d'un rayonnement émanant de notre cerveau, se propageant dans l'espace à la vitesse de la lumière (300 000 kilomètres par seconde) et créant une ligne de force entre l'opérateur et l'endroit représenté sur le plan (ou la personne sur la photo).

Là encore, cette explication (pour ne pas dire cette élucubration) n'a rien de scientifique. Les véritables scientifiques d'ailleurs, comme le professeur Rocard, estiment que la téléradiesthésie n'existe pas.

Émile Christophe, l'inventeur du terme téléradiesthésie était conscient de la difficulté qu'allait rencontrer ce concept puisqu'il a écrit : « on conçoit aisément que la détection à distance, effectuée au moyen d'un plan ou d'une photographie, se soit heurtée au scepticisme. Il semble, au premier abord, que la réussite d'une telle expérience présente une impossibilité absolue. Cependant, les faits probants sont multiples et incontestables. Cela n'implique pas que ce genre de prospection, très délicat, soit d'emblée à la portée de tous les sourciers; mais il est certain que beaucoup d'entre eux obtiendraient des résultats satisfaisants dans ce domaine pour peu qu'ils développassent leur faculté normale et l'exerçassent patiemment dans cette nouvelle direction».

En ce qui me concerne, je n'ai pas un jugement aussi catégorique que le professeur Rocard, car j'ai pu constater que la téléradiesthésie donne de bons résultats (voir le chapitre suivant : «les secrets du plus célèbre des radiesthésistes actuels : Jean-Louis Crozier»).

Et vous, quel est votre avis?

Pour vous permettre d'avoir une opinion précise, je vous propose de passer en revue différents domaines où l'on peut utiliser la radiesthésie ou la téléradiesthésie. Dans la plupart des cas, l'idéal est de commencer les travaux chez vous, en téléradiesthésie, puis de vous rendre sur le terrain (quand c'est évidemment possible) pour terminer la recherche en radiesthésie pure. Vous cumulerez alors les avantages des deux approches.

Maintenant, à vous de choisir, parmi la vingtaine de domaines ci-après, ceux avec lesquels vous avez le plus d'affinités. Puis, à vos pendules ou à vos baguettes... et bonne chance!

A VOUS DE JOUER!

Affaires

S'il y a bien un domaine où la radiesthésie paraît très lointaine, c'est dans les affaires. Pourtant, différents auteurs ont élaboré des théories de l'utilisation du pendule destinées aux chefs d'entreprises!

Ainsi, des auteurs belges (F. et W. Servranx) nous apprennent dans leur ouvrage *La radiesthésie appliquée aux affaires* qu'ils l'utilisent avec succès dans :

— la publicité (choix des messages, des couleurs, des médias, des jours favorables...),
— la réalisation des étalages (thèmes, présentation...),
— la vente (bon prospects, clients douteux...),

— la sélection du personnel (caractère, aptitudes, moralité...),

— les études de marché (choix des questions...),

— et même la création des entreprises!

Dans ce dernier cas, leur méthode consiste à déterminer à l'aide du pendule ce que seront (après avoir posé les bonnes questions) :

— la marque,

— le capital de départ,

— le secteur d'activité,

— les associés,

— l'emplacement des bureaux,

— et même le jour idéal de création de l'entreprise!

Voici deux exemples de réussite radiesthésique appliquée aux affaires cités par le révérend père Jean Jurion. Le premier concerne une usine de fabrication de films qui a été modernisée : captage de sources nouvelles pour avoir des eaux plus pures, nouveaux centres d'approvisionnement de matière première, les os, provenant surtout de pays étrangers.

Grande déception, la qualité du film laisse à désirer et les ingénieurs ne savent comment expliquer ces défauts. Un radiesthésiste consulté signale que l'eau des nouvelles sources ne convient pas à la nouvelle matière première. Des expérimentations précises confirment la justesse de cette conclusion.

Le deuxième est relatif à une conserverie qui a de gros ennuis : des conserves sont avariées; la cause en a été découverte et l'erreur est réparée, mais il y a un stock important; comment faire le tri pour éliminer les boîtes avariées et réduire la perte?

Un radiesthésiste s'attelle à cette tâche. Il n'était pas possible de contrôler chaque boîte; il les a examinées par lots et il désignait ceux dont le pourcentage de boîtes avariées dépassait un pourcentage toléré et admis. Un contrôle systématique a été opéré sur les premiers lots examinés par le radiesthésiste; ses conclusions se sont révélées parfaitement exactes; il a donc poursuivi son travail et ainsi réduit considérablement la perte de cette fabrique.

A vous d'essayer maintenant! Et tous mes vœux de réussite!

Agriculture

On sait que les sourciers arpentent les campagnes depuis des siècles. Pas étonnant donc qu'ils aient exercé leur talent radiesthésique dans cet environnement et aient proposé de nombreuses applications de l'art du pendule :

— recherche des bonnes terres cultivables (en travaillant sur des échantillons),

— sélection des graines adaptées aux sols (détermination de la résonance entre la terre et les semences),

— choix des bons engrais, adaptés au type de culture souhaitée,

— détection des maladies parasitaires des arbres fruitiers et de la vigne,

— détection et soin des maladies du bétail : les radiesthésistes travaillent à l'aide de témoins (poils, photographie, papier blanc frotté sur la bête) ou directement sur l'animal.

Pour illustrer cette dernière application, voici le cas réel d'un fermier qui possède une quinzaine de belles vaches, mais il y a de fréquents accidents lorsqu'elles vêlent : les veaux trop gros viennent mal et meurent souvent étouffés.

Le vétérinaire tente plusieurs solutions : changer l'alimentation, arroser d'engrais les pacages, etc., les difficultés restent les mêmes.

Le fermier consulte un radiesthésiste. Celui-ci lui révèle que la cause du mal est le taureau, à la grande surprise du fermier, car la bête est très belle et de race très pure. Mais, après réflexion, il se souvient, en effet, que ces accidents ont commencé depuis qu'il possède ce taureau.

La suite des événements confirme la conclusion du radiesthésiste : le taureau changé, il n'y a plus d'accidents.

Archéologie

Sachez qu'en France il est formellement interdit de procéder à des fouilles archéologiques sans autorisations. C'est pourquoi avant toute recherche sur le terrain, renseignez-vous auprès de la société archéologique locale : vous éviterez ainsi amendes et confiscations.

En archéologie, les radiesthésistes travaillent dans deux directions : la recherche de traces du passé d'une civilisation (tombeaux, sculptures, armes, vases, monnaies...), le plus souvent à l'aide de témoins (objets réels ou photos), et l'identification d'objets trouvés (datation, appartenance,...).

Certains radiesthésistes comme Raymond Réant, mêlent clairvoyance et pendule pour identifier un objet ancien trouvé dans des fouilles. Voici comment Raymond Réant, radiesthésiste célèbre, m'a défini la perception de l'histoire d'un objet, appelée psychométrie.

« La psychométrie (littéralement ''mesure de l'âme'') est une technique qui consiste à raconter l'histoire d'un objet à partir de son toucher. A la place de psychométrie, je préfère d'ailleurs le terme ''psychopathotactie'' qui correspond exactement à cette action et qui me semble mieux adapté.

Pour parvenir à des résultats, je me concentre fortement sur l'objet à étudier (arme, vêtement, bijou...) et instantanément j'aperçois des images qui représentent les moments forts de la vie et de l'environnement de cet objet. J'explique ce phénomène en affirmant que les choses qui nous entourent ont — un peu comme les êtres humains — une mémoire dans laquelle s'impriment les faits essentiels dont elles sont les témoins involontaires et immobiles. Ainsi, un jour, on m'a apporté une pierre provenant de la muraille d'un château féodal pour essayer de détecter un trésor. J'ai capté des images d'un meurtre perpétré à l'aide d'un poignard et qui mettait en scène des gens vêtus comme au Moyen-Age. Un peu plus tard, après recherche sur l'histoire du château, on découvrit qu'un crime avait bien eu lieu à cet endroit plusieurs siècles auparavant. La pierre avait ''mémorisé'' comme un souvenir (ou peut-être même comme un cauchemar) ce meurtre du passé et c'est cela que j'avais capté ! ».

Autre exemple, cité par le révérend père Jurion, d'un monument archéologique trouvé grâce à la radiesthésie.

« En 1951, J.-M. Blanc, radiesthésiste au palmarès très chargé de beaux succès, fut sollicité pour rechercher un coffret de bijoux dans l'immeuble n° 5 de la rue des Juifs, à Strasbourg. Au cours de sa recherche, il se rendit compte qu'il y avait, dans la cave aux magnifique voûtes gothiques, autre chose à découvrir ; le pendule indiqua qu'il s'agissait d'un monument romain remontant à l'époque de Trajan, renfermant des corps avec bijoux et objets d'art de l'époque gallo-romaine. Pour vérifier cette découverte, il fallait creuser un puits jusqu'à une profondeur de 5,50 m, profondeur trouvée au pendule. L'autorisation du Conservateur du musée de Rohan était nécessaire ; celui-ci, grand érudit, spécialisé sur les fouilles romaines, ne voulut pas admettre qu'un monument de cette importance ait pu échapper à ses recherches ; il reçut ironiquement M. Blanc et lui répondit qu'il ne fallait pas compter sur une subvention, la caisse était vide ; cependant, devant l'insistance de M. Blanc, il lui donna l'autorisation de faire les fouilles à ses frais, en ajoutant que, s'il trouvait un monument romain à cette adresse, il lui offrirait un merle blanc ! Le radiesthésiste lui conseilla de se mettre en chasse. Trois jours après, les ouvriers atteignaient, exactement à la profondeur indiquée, la voûte du monument. Le Conservateur en fut averti ; il prit la direction des travaux et il trouva ce qui avait été annoncé par M. Blanc ; on peut admirer les objets gallo-romains, découverts en cet endroit, au musée de Rohan. »

Couleurs

Cette technique, appelée aussi chromoradiesthésie, permet de déterminer les couleurs favorables ou non à une personne, que ces couleurs soient celles de ses vêtements ou de son environnement. En effet, de plus en plus de spécialistes affirment que les couleurs ont une grande influence sur les individus.

Une curieuse expérience réalisée à Genève, au début des années 50, en est la preuve. Des têtards de grenouilles furent introduits dans quatre bocaux remplis d'eau : un bocal était coloré en jaune, un autre en rouge, le troisième en bleu et le quatrième laissé transparent. Quelques jours plus tard, on constata une transformation étonnante : dans le bocal jaune et dans le bocal incolore, les têtards étaient identiques. Dans le bocal rouge, les têtards étaient plus petits et vifs. Enfin, dans le bocal bleu, les têtards avaient doublé de taille et se déplaçaient lentement.

De nombreux radiesthésistes recherchent les couleurs positives en travaillant sur des témoins-couleurs et en demandant au sujet de passer une main entre le pendule et le témoin-couleur. La rotation du pendule indique alors les couleurs fastes et néfastes.

L'interprétation des valeurs curatives de chacune des couleurs est alors la suivante[1] :

— le rouge : couleur chaude qui combat le froid (c'est l'élément feu des Chinois), stimule la circulation du sang et soulage anémies ou neurasthénie. Une ambiance rouge favorise l'effort physique ou intellectuel.

— l'orange : couleur chaude qui stimule le système respiratoire (permet de lutter contre asthme, rhumes...). Selon la tradition indienne tantrique, l'orange stimule les fonctions sexuelles. Une ambiance orange favorise l'optimisme.

— le jaune : couleur chaude qui apporte de l'énergie (soleil) et du tonus. Soulage constipation, migraines, indigestions. Une ambiance jaune stimule l'intellect.

— le vert : couleur froide qui calme et rafraîchit (chlorophylle). Favorable pour insomnies, hypertension, hémorroïdes. Une ambiance verte régénère.

— le bleu : couleur froide qui agit sur tout ce qui concerne l'assimilation. Résorbe spasmes et ulcères de l'estomac,

1. *Pour en savoir plus, lire l'*ABC des couleurs*, de Daniel Beresniak (Jacques Grancher, éditeur) et* La couleur autrement *(même éditeur).*

troubles de la gorge, inflammation des yeux. Une ambiance bleue favorise la méditation et l'intuition.

— le violet : couleur froide qui calme le cœur et permet au corps de générer ses propres moyens de défense contre les microbes. Une ambiance violette calme l'irritation et l'angoisse.

D'autres radiesthésistes, inspirés par le docteur Leprince, pratiquent le « chromo-diagnostic ». Pour cela, ils utilisent douze écrans colorés, chacun représentant une déficience plus ou moins prononcée, ce qui permet de tester l'état de santé des organes d'un individu.

Diététique

Depuis quelques années, notre société de consommation (et même de surconsommation) a fait prendre conscience à beaucoup de personnes de l'intérêt d'une diététique équilibrée. Car il a été prouvé qu'une mauvaise alimentation est la cause de nombreux troubles chez l'être humain : prise de poids (le trouble le plus fréquent), affections diverses mais aussi cancers.

La radiesthésie aide à établir un régime personnalisé qui permet à l'individu d'avoir un poids normal et une santé correcte.

Pour travailler, on utilise en général des tables de recherche comme celles élaborées par Marcello Kemada (publiées par Editop et vendues par la Maison de la radiesthésie). Elles permettent de savoir si tel ou tel aliment correspond aux besoins métaboliques du moment.

Kemada a conçu 6 tables, présentées sur des planches d'un format double d'un $21 \times 29{,}7$ = viandes, volailles et gibiers ; poissons et fruits de mer ; légumes ; fruits ; céréales ; épices et herbes aromatiques.

Sur chaque fiche, figurent un cartouche de sélection comportant 6 pastilles de couleur et des cases contenant chacune le nom d'un aliment (plus de 200 au total), une des 6 pastilles de couleur, sa teneur en calories et sa composition (protides, lipides, glucides) pour 100 grammes.

Ainsi pour la planche « viandes, volailles et gibier » par exemple, les 6 pastilles sont, dans l'ordre de gauche à droite : blanc, gris, brun, rouge, bleu, noir. Il y a 30 cases d'aliments = bœuf, lapin, veau, poule, porc, dinde... (voir reproduction ci-après).

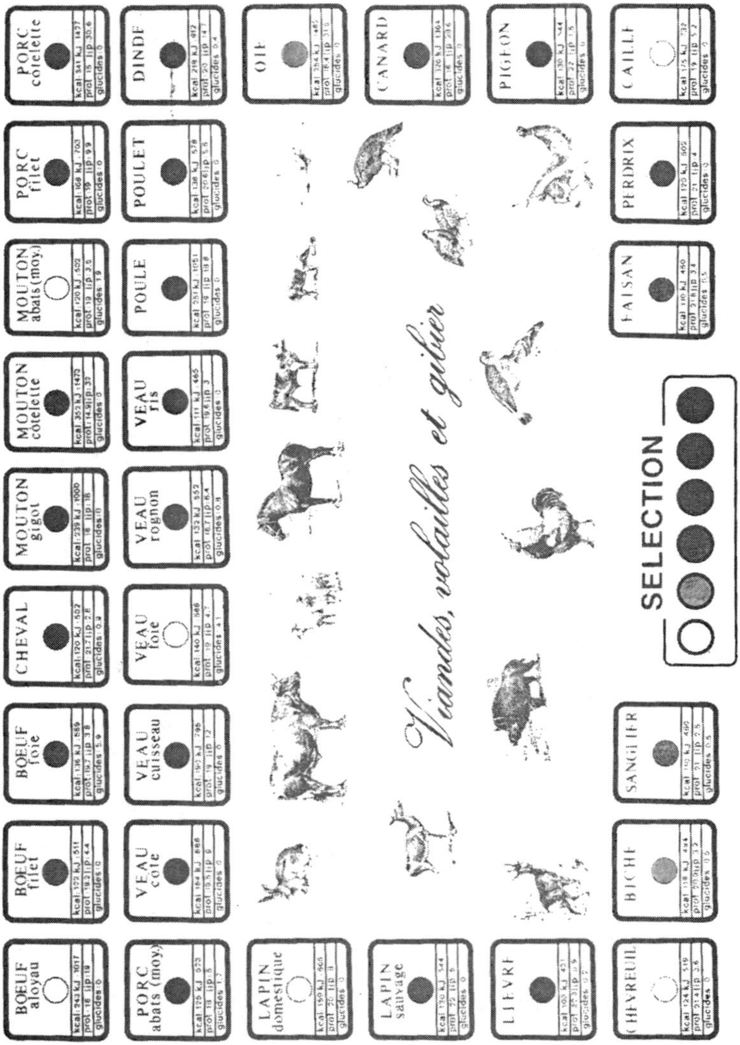

L'opération radiesthésique s'effectue en deux temps :

1. sélectionner la couleur favorable en passant successivement sur chacune des six couleurs : ce sera celle où il y a détection de la giration la plus positive.

2. promener le pendule sur les cases d'aliments portant cette couleur favorable, afin de choisir l'aliment recommandé.

Il faut procéder ainsi, chaque matin, à jeun, sur chacune des six tables, afin de déterminer les aliments qui composeront les repas de la journée. Marcello Kemada signale que, sur une période de quarante jours, les mêmes aliments reviennent cycliquement ce qui autorise ensuite à ne faire qu'une séance par semaine.

Énigmes policières

De tous temps, voyants, médiums ou spirites ont été sollicités pour essayer de résoudre des énigmes dont personne n'avait trouvé la réponse. Les radiesthésistes, eux non plus, n'ont pas manqué d'être consultés. Le cas le plus célèbre d'une énigme policière résolue est celui de Jacques Aymar, qui trouva l'assassin d'un couple d'aubergistes lyonnais en suivant sa trace à l'aide d'un pendule (voir chapitre 2 : « de la rhabdomancie à la radiesthésie »).

Et Christopher Bird, dans son livre *La main divinatoire* raconte comment un radiesthésiste vietnamien, Vo Sum, permit l'arrestation d'une jonque chargée de deux tonnes d'opium. Pour y parvenir, il demanda une carte et une photo d'une jonque identique sur laquelle il inscrivit le numéro d'immatriculation du bateau recherché par la police. Cette dernière arraisonna la jonque et découvrit la drogue, comme Vo Sum leur avait indiqué ! Il ne se trompa que sur l'heure de la découverte de la drogue, réalisée onze heures plus tard que sa prédiction.

Enfin, Henri de France avait noté que, dans ce type d'études, l'influence télépathique pouvait jouer un grand rôle. Ainsi, il trouva deux fois l'adresse exacte d'un voleur. Mais à chaque fois, la victime du vol soupçonnait la personne dont il indiquait l'adresse sur la carte. Il en conclut que la transmission de pensée (télépathie) était probablement à l'origine de l'indication radiesthésique.

Examens

Il paraît que certains étudiants — un peu plus malins que d'autres, peut-être — essayent de connaître le sujet d'un examen qu'ils vont prochainement passer. Sans tricher, bien sûr. Pour cela, ils font appel à un radiesthésiste professionnel. Comme Dorothée Koëchlin de Bizemont, qui relate comment elle a rendu service à la fille d'une amie.

« Anne n'a pas beaucoup travaillé l'Histoire... Nous sommes à quelques jours de l'oral du bac, et elle s'affole : cet énorme programme, avec toutes ces dates (peu comestibles), ces noms étrangers, ces quatre cents pages indigestes... Bref, la panique.

Sa mère me dit : Ma fille regrette de ne pas avoir travaillé son programme d'Histoire... mais maintenant, il est un peu tard pour rattraper. Ne pourrait-on trouver, à l'aide du pendule, quelle sera la question d'examen ? Je lui réponds que c'est possible, et voilà Anne qui arrive avec son gros livre d'Histoire.

Nous ouvrons les pages de la table des matières (il y en a trois en tout). Question : « Le sujet d'examen est-il sur cette page-ci ? » Le pendule répond « oui » sur la troisième page ; « non » sur les deux premières. Ensuite, nous prenons une feuille blanche, dont nous évidons un rectangle de façon à couvrir cette page en ne laissant visible qu'une seule ligne (un titre de chapitre).

En passant le pendule sur la liste des chapitres, en posant la question : « Est-ce le sujet sur lequel Anne va être interrogée ? » ; le pendule manifeste un enthousiasme très net pour la Première Guerre mondiale.

Anne a compris ; elle s'enfermera chez elle et apprendra par cœur tout ce qui concerne la guerre de 14-18.

Le jour de l'examen, Anne tombe « par hasard » sur un professeur passionné d'histoire militaire : il l'interroge sur l'attentat de Sarajevo (28 juin 1914). Elle répond brillamment, aura une très bonne note, et sera reçue ! (Je m'en voudrais de décourager les étudiants qui travaillent toute l'année... Il s'agit seulement de rendre un peu d'espoir aux cas désespérés !). »

Jeux de hasard : tiercé, loto...

De nombreux radiesthésistes estiment qu'il est possible de gagner aux jeux de hasard grâce au pendule. Parmi eux, certains gagnent surtout beaucoup d'argent en vendant une méthode pour réussir !

Car, hélas, il n'existe aucune martingale (procédé infaillible pour gagner), sinon cela se saurait.

N'empêche que lors du tirage du samedi 29 septembre 1990, le Loto National a fait savoir que le record des gains avait été battu : Pierre et Bernadette Fleurent, de Bras-sur-Meuse, ont encaissé 39 992 370 francs (soit près de 4 milliards de centimes) pour avoir été les seuls à trouver les six bons numéros. Leur secret ? Avoir choisi ces six chiffres avec un pendule ! Méthode qu'ils pratiquaient déjà les samedis précédents... sans succès.

Maison

On a vu au chapitre 3 (« radiesthésie, rayons et ondes de forme ») qu'une maison peut exercer une influence néfaste sur les personnes qui l'habitent. On parle alors d'ondes nocives, de maisons à cancer.

L'origine peut provenir de perturbations dues à des courants d'eau souterraine, de failles telluriques, d'objets émetteurs d'ondes de forme, de couleurs néfastes, de champs électromagnétiques,...

Pour les détecter, on fait souvent appel à des radiesthésistes qui, à l'aide du pendule ou de la baguette, déterminent les endroits nocifs ou pas.

Vous pouvez vous-même repérer un endroit nocif, puis contrôler que vous l'avez bien trouvé en y plaçant une plante verte (une fougère mâle, si possible) dans un vase. Placez une plante identique (même taille et même quantité d'eau) à un endroit neutre préalablement détecté à l'aide d'un instrument radiesthésique). Après vingt-quatre heures, la première sera flétrie alors que la seconde n'aura pas bougé.

Médecine

Avant d'aborder ce domaine, nous vous conseillons auparavant de lire le chapitre 10 (« Radiesthésistes et magnétiseurs face à la loi ») car il faut savoir qu'en France, faire un diagnostic ou donner des remèdes sans être docteur en médecine est considéré comme exercice illégal de la médecine et sanctionné sévèrement, en vertu de l'article L 372 du Code de la Santé Publique.

a) LES PROCÉDÉS DE DIAGNOSTIC

L'examen attentif d'un malade peut se faire de différentes façons. Parmi tous les procédés de diagnostic utilisés par les radiesthésistes professionnels, voici les cinq principaux :

— à l'aide d'un témoin : en vertu du principe de syntonisation entre un individu et un agent microbien, certains radiesthésistes recherchent ainsi les responsables d'allergies en promenant leur pendule sur des petites boîtes contenant des matières (poussières, plumes, poils d'animaux,...) ;

— par la technique de l'antenne : pendule en main droite et main gauche en imposition (dans le geste classique des magnétiseurs), à quelques centimètres du corps du patient, doigts tendus vers le ciel;

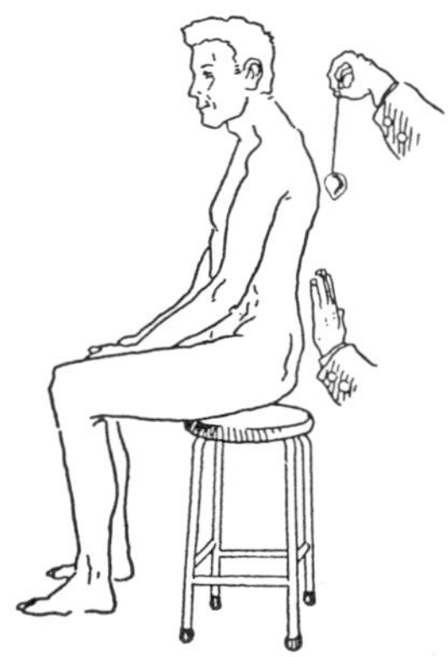

— au moyen de planches anatomiques : ceux qui les utilisent affirment que la présence physique du malade à leur côté n'est pas obligatoire. Certains préfèrent cependant toucher une main du patient (en guise de témoin) tout en promenant le pendule sur les planches anatomiques. Celles-ci peuvent être achetées dans les librairies spécialisées ou trouvées dans une encyclopédie illustrée;

— en travaillant sans malade, à distance, sur photo (avec l'aide ou non de planches anatomiques) ;

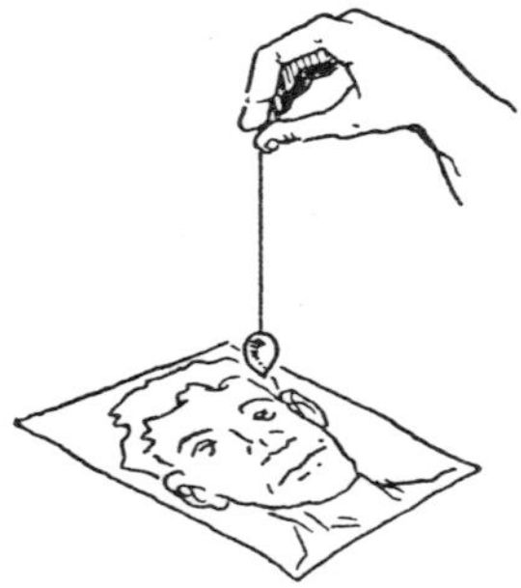

— en direct sur le corps du patient : les adeptes de ce procédé explorent le corps du malade avec l'index de leur main libre.

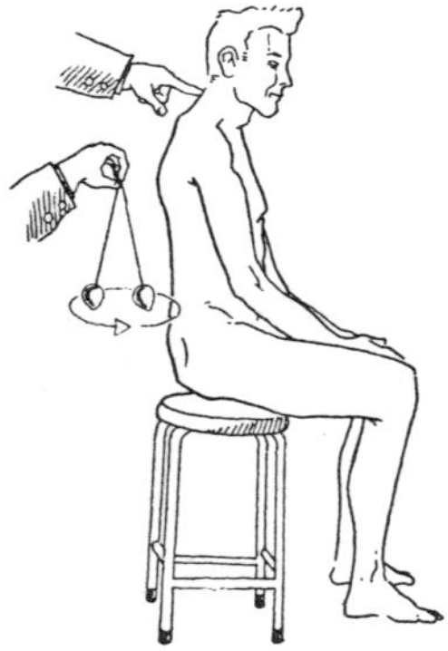

Pour illustrer la contradiction qui peut exister entre le diagnostic d'un médecin et d'un radiesthésiste, le révérend père Jurion cite le cas d'un radiesthésiste, appelé le 11 janvier 1953 auprès d'un jeune homme souffrant de violents maux de tête. Le radiesthésiste signale quelque chose d'anormal du côté du foie et insiste pour des examens serrés de cette région ; malheureusement, on ne lui accorde aucun crédit : l'enfant ne s'en est jamais plaint et les nombreux médecins et spécialistes consultés concentrent toutes leurs observations sur la tête. Le 1er décembre 1953, le jeune J.-P. était mort : les derniers jours, des troubles s'étant manifestés dans la région du foie, une opération avait révélé une tumeur. »

b) LE CHOIX DE LA BONNE THÉRAPEUTIQUE

Après avoir établi leur diagnostic, les radiesthésistes recourent essentiellement aux thérapeutiques ou aux remèdes naturels : plantes (phytothérapie), homéopathie, magnétisme, acupuncture, ostéopathie, diététique, aromathérapie, oligo-éléments...

Dans certains cas, ils préconisent même (mais discrètement) le dosage exact des médicaments conseillés par le médecin !

Il arrive aussi que des radiesthésistes détectent une maladie à venir. C'est encore le révérend père Jurion qui cite cet exemple : « le 12 décembre 1968, un malade consulte pour une sciatique et pour quelques troubles cardiaques, séquelles d'un infarctus subi en 1964 ; par ailleurs, aucun autre trouble. Fin mars, il demande un rendez-vous d'urgence ; il sort de clinique ; le 15 février, il a fait un grave œdème du poumon qui a failli l'emporter avec complication d'une crise de prostate telle que médecin et chirurgien ne voient plus qu'une solution : l'opération. C'est la menace de cette opération qui le pousse à venir me trouver, car il m'avoue n'avoir pas suivi mon traitement : je lui avais formellement interdit de fumer. Tout en marquant sévèrement mon mécontentement, je consulte sa fiche et suis stupéfait de trouver dans le traitement que je lui avait prescrit en décembre des remèdes pour les poumons et pour la prostate. J'avais opéré de la même façon en posant la question : ''Faut-il chercher un remède pour tel organe ou pour telle fonction ?'' Ainsi, sans faire de diagnostic, j'avais prescrit des remèdes pour des crises qui ne devaient éclater que deux mois plus tard et qu'aucun signe clinique n'avait laissé prévoir ! S'il avait suivi le traitement, il n'aurait pas fait ces crises ou avec moins de gravité. Le traitement de décembre, très légèrement modifié, s'est révélé si efficace qu'il a évité l'opération de la prostate. »

On peut comprendre pourquoi, en France, le corps médical frémit d'effroi en entendant parler du travail des radiesthésistes-magnétiseurs, lui qui assimile le pendule à l'outil d'un charlatan. Le contentieux qui existe entre les deux communautés vient en grande partie de là (voir dans le chapitre 9 : « Radiesthésistes-magnétiseurs et médecins = l'impossible dialogue »).

Les soviétiques, eux, ont moins de préjugés comme l'a prouvé une émission de télévision passée sur Antenne 2 (Les chants de l'invisible) en novembre 1990, au cours de laquelle on voyait les recherches effectuées sur le corps bioplasmatique de l'être humain. On a pu ainsi découvrir Victor Chevelenko (magnétiseur-médium travaillant uniquement sur photo), Julia Vorobiova (depuis qu'elle est sortie d'un coma prolongé dans lequel elle avait été plongée suite à l'électrocution de la grue qu'elle pilotait sur un chantier, elle « voit à l'intérieur du corps » et établit ainsi des diagnostics surprenants au moyen d'une loupe) et Vladimir Safonov (ingénieur à la retraite qui, sur photo, prédit à l'avance les maladies : il l'a fait, entre autres, pour Reagan), qui affirme que tout objet animé ou inanimé recèle une information et qu'il lui suffit alors, pour détecter une maladie, de se brancher sur ce champ informationnel au moyen d'une photo, d'un dessin, d'un moulage, d'un crâne...

Météorologie

Certains radiesthésistes s'efforcent de prévoir le temps qu'il va faire, à court ou moyen terme, sur une région donnée. Ainsi, Jean-Louis Crozier a réalisé, à ses débuts, des expériences concernant le temps qu'il ferait le lendemain, sur sa ville d'Aubenas. Cette expérience dura 150 jours, à raison de trois relevés quotidiens et fut réussie dans des proportions allant, selon les jours, de 60 à 90%.

En dehors de l'intérêt expérimental que ce type de recherche peut présenter, on se doute que dans un domaine comme l'agriculture, par exemple, les prévisions peuvent être essentielles.

Pour réaliser vous-même des prévisions météorologiques, procédez ainsi :

— déterminez la zone précise sur laquelle s'effectueront vos recherches,

— utilisez la carte la plus précise possible et entourez-y la zone choisie,

— travaillez directement au pendule sur cette partie encerclée, par la méthode habituelle des questions à réponse simple et unique, de type : « Je souhaite que mon pendule tourne dans le sens des aiguilles d'une montre si demain le temps est ensoleillé »,

— passez alors en revue les différents éléments météorologiques (pluie, soleil, vent, nuages, neige, brouillard, températures...) ainsi que les périodes choisies (lendemain, semaine suivante...) afin de faire vos prévisions.

Pêche

Il est possible, par radiesthésie, de détecter les lieux où les poissons ont plutôt tendance à se regrouper. Pour travailler, les radiesthésistes utilisent des témoins : soit papier (sur lequel on inscrit alors le nom du poisson recherché) soit visuel (on prospecte sur une illustration du poisson à pêcher).

Ainsi, Jean-Louis Crozier recherche sur carte les sources d'eau froide afin d'y trouver plus sûrement les truites, car elles affectionnent ces eaux-là.

Voici une expérience réussie par le révérend père Jurion : « Parmi mes clients, j'avais un pêcheur au chalut qui se plaignait de rentrer souvent sans poisson. Sans lui en parler, je pris l'initiative de tracer le bord de la mer depuis le Port de la Nouvelle (Aude) jusqu'à Port-Vendres. Au pendule, je fis mes recherches sur ce plan ainsi tracé pour situer les bancs de sardines. Je trouvai à plus de 30 km du rivage un courant d'eau froide qui retenait les sardines plus au large ; au-deça de ce courant : aucune. Par contre, ce courant n'ayant pas une ligne absolument droite, il se trouvait selon moi une poche où le poisson affluait. Le pêcheur fut très surpris d'apprendre que j'avais trouvé au pendule ce courant d'eau froide qui existe réellement au nombre de kilomètres indiqués et que j'ignorais auparavant. Je fis un croquis et lui précisai une poche à 5 ou 6 kilomètres du Barcarès, son port d'attache, où je trouvai au pendule du poisson en abondance. La mer était mauvaise ce jour-là ; mon pêcheur et son équipage (cinq hommes en tout) restèrent sur les lieux que j'avais indiqués, près du rivage, et furent la risée de tous les autres pêcheurs qui partaient au large où le poisson abonde habituellement. Or, mon pêcheur fit une véritable pêche miraculeuse. »

Plantes

Dans la partie consacrée à la médecine, nous avons vu que, dans de nombreux cas, on choisissait des remèdes à base de plantes (on appelle ce traitement : phytothérapie). Rendue célèbre en France grâce à Maurice Mességué, la phytothérapie a aujourd'hui des millions d'adeptes qui préfèrent aux médicaments issus des laboratoires pharmaceutiques une « bonne infusion de plantes de leur grand-mère » !

Avant de travailler à la recherche des plantes destinées à soigner, reportez-vous au chapitre 9 : « radiesthésistes et magnétiseurs face à la loi » afin de connaître les risques que vous prenez et les peines que vous pouvez encourir en préconisant des remèdes destinés à soigner les gens.

Voici la façon de procéder des radiesthésistes professionnels :

— munissez vous d'une liste des principales plantes et de leurs vertus.

Par exemple :

. arnica : stimulant
. cassis : pour rhumatisme
. frêne : laxatif
. houx : diurétique

. romarin : digestif
. tilleul : calmant
. verveine : contre la fièvre
. etc.

Ces informations se trouvent facilement dans tout livre de phytothérapie.

— ensuite, procurez-vous des planches représentant visuellement ces plantes (les dessins vous serviront alors de témoins),

— si plusieurs plantes fournissent les mêmes vertus, sélectionnez celle qui aura la meilleure efficacité,

— vérifiez, en demandant à la personne à soulager, s'il n'y a pas contre-indication pour elle à utiliser cette plante-là,

— puis, déterminez ce que les médecins appellent la posologie, c'est-à-dire la quantité totale à administrer au malade,

— enfin, n'oubliez pas qu'il y a quatre façons de préparer les remèdes à base de plantes :

. la décoction : on fait bouillir la plante (en général ses racines) dans l'eau

. la digestion : on fait chauffer la plante dans l'eau, en maintenant la même température (à l'intérieur d'un autoclave par exemple) et sans faire bouillir,

. l'infusion : on jette de l'eau bouillante sur la plante,

. la macération : on laisse tremper à froid la plante dans l'eau.

Prospection minière

En dehors des recherches de sources d'eau, la radiesthésie est souvent utilisée pour la détection de minerais (fer, uranium, or) ou de pétrole. Peu de gens le savent, mais les mines de potasse d'Alsace ont été découvertes par un radiesthésiste : c'est en 1904, en effet, que le sourcier Grisez détecta au moyen d'une baguette en fanons de baleine l'important gisement de potasse de Wittelsheim, près de Thann. Au cours de sa recherche, il précisa le lieu où il fallait prospecter mais aussi l'importance de la couche de minerai (400 mètres). Ce succès lui valut une prime de trois millions de francs de l'époque !

La recherche de gisements s'effectue soit par radiesthésie directe sur le terrain soit par téléradiesthésie (étude sur plans ou sur photos aériennes), avec ou sans témoins. Il existe dans l'histoire de la radiesthésie une expérience connue concernant la détection de métaux. C'est celle que le docteur Gustave Le Bon fit, le 30 mars 1913, avec deux radiesthésistes célèbres du début du siècle : Probst et Falcoz. Le docteur avait enfermé dans cinq enveloppes semblables cinq plaques de métaux différents : plomb, aluminium, argent, zinc et cuivre. Les deux sourciers trouvèrent très rapidement les métaux recherchés, simplement à l'aide d'une baguette.

Recherche de disparus

Avec la recherche de sources et l'établissement d'un diagnostic médical, la recherche de disparus est probablement ce qui occupe le plus les radiesthésistes de l'hexagone. Il suffit qu'on signale la disparition d'une personne célèbre (Pauline Lafont, par exemple) pour se rendre compte que de nombreux radiesthésistes proposent leurs services à la gendarmerie, à la famille ou encore aux journaux.

L'expérience montre, dans la plupart des cas, que les études sont faites par des radiesthésistes amateurs ou peu sérieux : indications fantaisistes, localisations fausses ou conclusions hâtives discréditent souvent la profession et font rimer radiesthésiste avec charlatan.

Des chercheurs comme Jean-Louis Crozier (voir chapitre suivant) s'entourent du maximum de précautions en travaillant en collaboration étroite avec la gendarmerie, afin d'obtenir des résultats positifs.

Une des recherches les plus spectaculaires qu'on connaisse fut réalisée par l'abbé Mermet, en 1933. Ce dernier reçut, un jour d'automne, une lettre du maire de la commune de Viège, en Suisse (canton du Valais). Un enfant de six ans, fils de monsieur Caloz, avait disparu devant la maison de son père. Les recherches entreprises n'avaient rien donné. La réponse de l'abbé Mermet fut bizarre : « l'enfant a été emporté par un oiseau de proie jusque dans la montagne ». Mais comme il neigeait beaucoup sur la région, il ne fut pas possible de vérifier cette hypothèse.

Or, début mars 1934, la neige ayant en partie fondu, des bûcherons trouvèrent à l'emplacement indiqué par l'abbé Mermet le cadavre déchiqueté de l'enfant avec, à ses côtés, un aigle mort, qu'une chute de neige importante avait empêché de terminer son horrible repas.

La première tâche que doit résoudre un radiesthésiste recherchant une personne disparue, c'est de savoir d'abord si cette personne est morte ou vivante. Puis, ensuite, il s'efforcera de la localiser, après être parti de l'endroit où on l'a vue pour la dernière fois, en essayant de suivre le trajet qu'elle a dû emprunter.

La recherche de personnes disparues exige une très grande sensibilité radiesthésique, une exceptionnelle maîtrise de soi, une très longue pratique et un sens aigu du devoir moral. Alors que certains radiesthésistes n'osent pas annoncer directement et brutalement la mort de la personne recherchée à son entourage, Jean-Louis Crozier, lui, estime qu'il se doit de dire systématiquement si la personne qu'il recherche est à son avis vivante, blessée ou morte. Décision lourde de conséquence pour sa réputation, mais celle-ci s'est justement bâtie sur la précision, la rigueur et la sincérité.

Enfin, lors de la recherche d'un adulte, à la demande de sa famille, il ne faut pas oublier qu'une personne majeure peut avoir eu envie de changer de vie, de « tourner la page ».

Recherche d'eau

C'est la vocation même du sourcier, chercheur de sources par excellence. La recherche d'eau, appelée aussi hydroscopie, est trompeuse car il y a de l'eau partout dans le sol. Le radiesthésiste doit, pour réussir, localiser le courant d'eau souterrain, indiquer le débit et estimer la profondeur. Ce qui n'est pas toujours évident.

Joseph Treyve, qui avouait en 1935 avoir effectué 840 recherches d'eau profonde avec succès (pour un seul échec) cite l'exemple d'un conservateur des Eaux et Forêts qui, ayant foré un puits jusqu'à 24 mètres, sans trouver d'eau, lui demanda de faire une étude radiesthésique. Treyve travailla sur un plan de la forêt de l'Espinasse (située à 80 kilomètres de Moulins, où il habitait) et indiqua que l'eau se trouvait entre 32 et 33 mètres et qu'il convenait de continuer à forer. Ce que firent les Eaux et Forêts. Et l'eau jaillit à la profondeur de 32, 35 mètres!

Si Treyve trouvait l'eau par téléradiesthésie, sur plans, en restant chez lui, beaucoup de radiesthésistes sont sur le terrain avec leur baguette. Yves Rocard cite dans *La science et les sourciers* les résultats obtenus par les sourciers soviétiques : sur 120 puits forés sur indication de quatre radiesthésistes, il y eut 7% d'échecs en moyenne (puits restés secs) alors que, dans la même région, sur 158 puits forés sur des bases géologiques, le taux d'échec est presque le double (12,7%).

A l'opposé, on peut demander à un radiesthésiste comment éviter l'eau! C'est ce qui arriva un jour à Henry de France, à qui on avait demandé non pas de chercher de l'eau, mais d'indiquer un moyen pour éviter l'inondation de la cave d'une villa, au moment des pluies. Le propriétaire avait creusé une fosse dans sa cave, inutilement. Le radiesthésiste conseilla de creuser une tranchée, au-dehors, mais à proximité de la villa; il en détermina l'endroit précis, la largeur, la profondeur, la longueur et la tracé. La solution se révéla très efficace.

Recherche de sexes

Tout le monde connaît ce «jeu de fin de banquet» qui

consiste à prédire à une femme enceinte quel va être le sexe de l'enfant qu'elle porte. Pour cela, « l'animateur » lui demande un cheveu et son alliance, afin de constituer avec les deux un pendule de fortune. Ensuite... il n'a plus qu'une chance sur deux de se tromper!

Les radiesthésistes sérieux affirment, eux, se rapprocher des 100% de réussite. Comment procèdent-ils? Il existe plusieurs méthodes :

— celle des témoins : vous testez votre giration de pendule sur un homme ou une femme puis vous vérifiez s'il y a syntonisation avec le fœtus en mettant l'index de votre autre main à dix centimètres du ventre de la mère. S'il y a résonance avec le témoin-homme, l'enfant à naître sera un garçon, et vice-versa.

— celle de l'aimant : celui-ci sert de témoin et fera réagir votre pendule en fonction de la polarité détectée. Le pôle Nord correspondra au sexe mâle, le pôle Sud au sexe féminin.

— celle d'André de Saint-Marc, qui préconise de placer le pendule à 10 centimètres du ventre de la mère. Si le pendule tourne, c'est l'indication du sexe féminin. S'il oscille longitudinalement, le sexe sera masculin. Et si le pendule suit une trajectoire ayant la forme d'un 8, ce sera l'indication de jumeaux.

Recherche de trésors

Beaucoup d'individus sont sceptiques quand on leur parle de trésors. Il faut pourtant savoir que la France est l'un des pays au monde où il y a le plus de magots enfouis, résultat de guerres, invasions, calamités... ou de l'avarice!

Si l'on observe statistiquement où ont été faites les principales découvertes de trésors en France, on constate, comme le signale l'ouvrage de Didier Audinot *Chasse aux trésors*, que plus des trois quarts le furent essentiellement dans sept endroits privilégiés :

— sous terre, en agglomération,

— sous terre, en rase campagne,
— sous un dallage de moulins ou d'églises,
— dans un mur ou dans des fondations,
— dans une cave,
— près d'un arbre ou sous une haie,
— dans une cheminée.

Depuis l'invention des détecteurs électroniques de métaux (appelés « poêles à frire ») et surtout des « dowsers » (voir, pour plus de détails le chapitre 5 : « les instruments de la radiesthésie »), la recherche de trésors à l'aide de la baguette et du pendule semble passée de mode. Pourtant, dans le passé, d'illustres radiesthésistes ont fait des découvertes étonnantes. C'est le cas de Michel Moine, par exemple, qui trouva un jour un important magot ! « Un de mes camarades de la faculté de Poitiers m'écrivit un jour à Paris pour me demander de l'aide. Il n'avait pas oublié les expériences auxquelles je me livrais pendant toute ma période estudiantine... Une de ses vieilles parentes venait de mourir, laissant — on en était certain ! — un magot de pièces d'or qui s'avérait introuvable. La maison, le jardin avaient été bouleversés de fond en comble sans succès. Pouvais-je faire quelque chose pour aider sa famille éplorée, en de si cruelles circonstances ?

Je demandai qu'on m'envoie un plan détaillé des lieux. Mon pendule indiqua un endroit très précis de la cave et une profondeur jusqu'où il fallait creuser. Par curiosité, je décidai d'aller effectuer la détection sur place. La cave avait été transformée en champ de labour par les héritiers, pressés de trouver leur bien. On parut déçu quand je parlai de reprendre les fouilles à un endroit qui avait déjà fait l'objet d'investigations poussées. Je tins bon. J'insistai pour qu'on creuse à la profondeur que j'avais déterminée. Je pris moi-même une pelle. Le trou commençait à prendre de sérieuses proportions quand, soudain, mon outil heurta un obstacle. Je finis par dégager une boîte de fer rouillée. J'avais beau en connaître le contenu, j'étais aussi ému que si j'avais déterré le trésor des Templiers. Quatre cents pièces d'or, ce n'était pas si mal !

On me les fit admirer. On me congratula tant et plus. Et on me donna, en guise de souvenir, la boîte de fer... vide ! »

Repartir avec la boîte vide, quelle déception... et quelle injustice. En effet, Michel Moine ignorait assurément que l'inventeur (c'est-à-dire le découvreur) d'un trésor a droit à la moitié de la valeur de ce qui est trouvé ! Cela signifie qu'il aurait dû recevoir, de la part du propriétaire du terrain, 200 pièces d'or en rémunération de sa découverte.

Comme le précise l'article 716 du Code Civil : un trésor (toute chose cachée ou enfouie sur laquelle personne ne peut justifier sa propriété et qui est découverte par le pur effet du hasard) appartient à celui qui le trouve dans son propre fonds. Si le trésor est trouvé dans le fonds d'autrui, il appartient pour moitié à celui qui l'a découvert et pour l'autre moitié au propriétaire du fonds.

Mais il n'y a pas, hélas, que des réussites en matière de recherche de trésors : de nombreux radiesthésistes, allant de déceptions en désillusions, se sont mis à refuser ce type de travaux. Soit parce qu'ils considèrent que les trésors existent plus souvent dans l'imagination des gens que dans la réalité, soit parce que le trésor a déjà été trouvé auparavant (ils détectent alors seulement une cache vide qui réagit par effet de rémanence).

Résultat : avant d'effectuer une recherche de trésor à la demande de quelqu'un, un bon conseil : posez-vous la question de savoir si, oui ou non, vous devez faire cette recherche et n'oubliez pas de préciser au propriétaire du terrain le contenu de l'article 716 du Code Civil pour éviter toute contestation lors du partage... en cas de trouvaille !

Recrutement

En plus de toutes les techniques déjà bien connues et maîtrisées qu'utilisent les responsables de recrutement dans les entreprises, il en est quelques-uns qui surprennent : graphologie (aujourd'hui, elle est devenue fréquente mais il y a une vingtaine d'années, elle intriguait), astrologie (en plein développement), numérologie (déjà bien employée aux États-Unis) mais aussi radiesthésie ! Celle-ci consiste à faire une étude psychologique à partir de la photo du candidat. Voici comment fonctionne ce type de recherche, à partir d'un exemple réel vécu par Dorotée Koechlin de Bizemont.

« Mon amie Maggie devait embaucher un chauffeur. Deux candidats : un Marocain et un Malien. Aucun des deux n'était capable d'écrire une lettre pour se présenter : l'analyse graphologique est donc exclue. Aucun d'eux ne sait sa date de naissance exacte : l'analyse astrologique est également impossible. « Pouvez-vous me dire au pendule lequel je dois engager ? » me demande Maggie.

— Donnez-moi quelque chose qui puisse me servir de témoin.

— Je n'ai que leurs noms.

— Alors, donnez-les moi.

J'écris sur deux bouts de papier différents les deux noms qu'elle me dicte, et je passe le pendule dessus, avec la question : « Cette personne convient-elle comme chauffeur à Madame M.K. ? » Catastrophe : les deux fois, le pendule tourne au négatif ! J'appelle Maggie :

— Je suis désolée. Je me trompe peut-être, je trouve les deux négatifs.

— Bravo, dit Maggie. Le premier était celui que j'ai dû renvoyer pour cause de vol. C'était un piège... Le second travaille chez quelqu'un que je connais... Mais je ne l'embaucherai pas, car il n'est pas libre !

Un peu vexée je lui dis : « J'aurais très bien pu me tromper, parce que travailler avec comme seul ''témoin'' un nom dicté par téléphone, c'est dangereux... »

Voilà étudiées de nombreuses applications de la radiesthésie.

A vous de faire vos propres découvertes. Soyez surtout patient et passionné. Et faites vôtre la maxime d'Albert Einstein : « Un homme qui n'est plus capable de s'émerveiller a pratiquement cessé de vivre » que Michel Moine, l'auteur du *Guide de la radiesthésie*, a faite sienne. En effet, pour lui, la radiesthésie a été une source intarissable d'émerveillements :

— « Émerveillements devant les résultats souvent spectaculaires que j'ai obtenus pendant mes longues années d'expériences. Même si l'on n'en tire pas vanité (il n'y a pas de quoi !), on ne se lasse pas de jouer les bons génies ! Qu'une source jaillisse à l'endroit que vous avez désigné..., qu'un trésor apparaisse à l'endroit où votre pendule s'est mis en mouvement... n'est-ce pas, chaque fois, être à l'origine d'une sorte de miracle ?

— émerveillement devant les services que l'on peut rendre, le soulagement ou la joie que l'on est capable d'apporter autour de soi. Y a-t-il plus joli souvenir que le visage radieux de la dame qui retrouve grâce à vous l'objet précieux qu'elle croyait à tout jamais perdu ? Plus inestimable récompense que la lettre de ce père de famille reconnaissant parce que votre diagnostic a permis à un médecin de sauver son enfant ?

— émerveillement, un beau jour, lorsque vous vous apercevez que la pratique sérieuse de la radiesthésie équivaut à une véritable éducation mentale : la pensée se clarifie, la volonté se développe, la confiance en soi et la compréhension d'autrui grandissent. C'est, parfois, toute l'orientation d'une vie qui peut s'en trouver modifiée.

— émerveillement, enfin et surtout, lorsque ayant suffisamment expérimenté (on ne croit que ce qu'on voit !), vous mesurez la fabuleuse richesse des facultés intuitives de l'homme. Vous découvrez alors que la radiesthésie n'est pas autre chose qu'une manifestation des profondeurs du psychisme. Autrement dit, l'un des plus importants systèmes d'investigation s'offrant à l'esprit humain. »

L'AVIS DE JEAN-LOUIS CROZIER

Les applications de la radiesthésie sont très nombreuses. Moi-même j'ai, dans le passé, pratiqué des expériences dans d'autres domaines que ceux de la recherche de personnes disparues.

Ainsi, en médecine radiesthésique, il est fort possible de détecter des maladies d'organes sur des planches anatomiques tout en ayant le malade à côté de soi. Personnellement, je ne me sers pas de planches anatomiques. Sur tout malade qui vient me consulter, je fais toujours un diagnostic pour contrôler son état général par radiesthésie mentale, avec mes mains et sans pendule. Je m'efforce de trouver la maladie dont n'ose pas parler le malade, ce qui me permet de lui prouver que je suis bien radiesthésiste.

En météorologie, j'ai fait des expériences (lorsque j'étais radiesthésiste-amateur, dans les années 60) dont voici les principales caractéristiques. Lieu de recherche : Aubenas; durée des précisions : 24 heures à 60 jours à l'avance; travail effectué : informations fournies chaque jour, matin, midi et soir, et concernant températures, chaleur, froid, gel, grêle, vent, nuages, brouillard, pluie, soleil... sur une surface de 1 km² au sol; résultats : de 60 à 90% de réussite.

En ce qui concerne la prospection minière, je dois avouer que je n'en réalise plus beaucoup aujourd'hui. Mais en 1988, j'ai localisé une mine d'or dans le Sud de la France.

Tout a commencé par le plus pur des hasards. J'ai un jour rencontré le propriétaire de l'entreprise de forage chargée de réaliser les premiers sondages sur une concession s'étalant sur plusieurs centaines de kilomètres carrés. Après avoir reporté cette zone sur une carte au 25 millième, je repère, au bout de quelques minutes, deux gisements : un principal et un secondaire. Un mois plus tard, le géologue chargé d'exploiter la concession demande à me rencontrer avec le responsable du forage à qui j'avais fourni mes précisions. Au cours de l'entretien, il m'avoue que mes deux localisations sont exactes, qu'il a mis près de six mois à obtenir ce résultat sur le terrain et qu'enfin, en ce qui concerne le deuxième gisement, il était le seul à en connaître l'existence.

Enfin, à propos du test destiné à connaître à l'avance le sexe d'un enfant encore dans le ventre de sa mère, au moyen d'un pendule improvisé constitué d'une alliance attachée à un cheveu, je considère qu'il s'agit d'une animation de fin de repas qui, de plus, est très facile puisqu'on a une chance sur deux de réussir!

CHAPITRE 8

Les secrets du plus célèbre des radiesthésistes français actuels : Jean-Louis Crozier

Ma rencontre avec Jean-Louis Crozier.
Analyse de 30 ans de recherche. — Le drame des disparitions.
Jean-Louis Crozier et les cas de disparus célèbres.
Les conseils de Jean-Louis Crozier en cas de disparitions. — Jean-Louis Crozier et les chiennes de Dany Saval.
Jean-Louis Crozier face aux tests du professeur Rocard.
Jean-Louis Crozier et l'expérience du faux disparu.

Jean-Louis Crozier, radiesthésiste-magnétiseur, consulte 15 rue Grimaud, 07200 Aubenas, téléph. : 75 93 68 68, soit directement à son cabinet, du mercredi au vendredi de

14 à 18 heures, le samedi de 9 h à 12 h et de 14 h à 18 h, soit par correspondance. Ses honoraires sont de 240 francs pour une consultation au cabinet ou un traitement à distance sur photo pendant un mois — de 850 francs pour une recherche de disparu (560 francs pour un animal).

Le radiesthésiste recherche les personnes et animaux disparus, les sources, les minerais (or, argent...).

Le magnétiseur, lui, soigne les humains et les animaux par passes magnétiques (en direct ou à distance), les maladies des os (rhumatismes, arthrose, arthrite), du système circulatoire (hémorroïdes, plaies variqueuses, troubles de la ménopause), du système nerveux (angoisse, dépression, fatigue, insomnies), de la peau (herpès, psoriasis, eczéma, mycoses), du système digestif (colites, ulcères de l'estomac, hépatite, constipation), des voies respiratoires (asthme, bronchite, allergies), des voies urinaires (prostate, cystite, énurésie, migraines, excès de poids, névralgies, lumbagos, sciatiques, zonas, brûlures (pour ces deux derniers, il demande de le faire intervenir le plus tôt possible)...

Jean-Louis Crozier est le plus connu et le plus demandé des radiesthésistes français. Depuis qu'il a commencé, en 1960, à promener son pendule sur des photos de disparus, il a été sollicité plusieurs milliers de fois par les pompiers, les gendarmes ou des familles, traitant à fond plus de 1 000 dossiers et retrouvant plus de 200 personnes.

Pour mieux le connaître, je lui ai posé toutes les questions qu'on doit poser à un radiesthésiste consulté par les polices d'à peu près tous les pays du monde.

Ma rencontre avec Jean-Louis Crozier

Vous avez été, je crois, initié très jeune à la radiesthésie par votre grand-père?

C'est exact. Mon grand-père paternel, qui vivait dans un petit village ardéchois, Flaviac, où il était venu pour travailler dans une fabrique de plaques photographiques, avait acheté une petite maison avec quelques lopins de terre. Intéressé par la recherche de sources, il s'était mis à chercher de l'eau autour de sa maison et avait trouvé un filon dans une des caves. Il faut d'ailleurs noter que ce puits, 50 ans après, fournit toujours de l'eau.

Chaque été, dès l'âge de 5 ans, je passais mes vacances chez mon grand-père. Il m'emmenait, sur son vélo, chez des voisins qui l'avaient appelé pour chercher de l'eau. Je trouvais cela amusant et en même temps j'étais fier car j'étais chargé de mettre, à son signal, une petite pierre dans sa main gauche : chaque pierre correspondait à une profondeur à creuser d'un mètre. Tant que son pendule improvisé (sa montre suspendue à une chaîne tenue dans sa main droite) continuait de tourner, j'ajoutais pierre après pierre. Quand le pendule s'arrêtait, le nombre de pierres déposées dans sa main indiquait alors la profondeur du filon d'eau. La même opération se déroulait pour le calcul du débit du filon.

Je dois reconnaître que, très jeune, j'ai vécu dans une ambiance particulière : un grand-père sourcier, et une mère qui soignait les brûlures par conjuration.

Puis, vers 14 ans, à l'école, durant les récréations, mes camarades dessinaient à même la terre un plan de leur maison, et moi, avec un pendule de ma fabrication, je leur indiquais les endroits où il y avait de l'eau. Mais c'étaient encore des jeux d'enfant.

A quel moment la radiesthésie a-t-elle vraiment compté dans votre vie?

L'année 1960 sera l'amorce de mon futur métier de radiesthésiste-magnétiseur. Cette année-là, en effet, je rencontre un sourcier réputé dans notre région. Cet homme âgé avait été contacté par mon père (qui, lui, n'a aucune sensibilité radiesthésique) pour rechercher une source pour une maison en construction. Je m'étais rendu sur place avant la visite du sourcier et j'avais localisé plusieurs filons convergents vers un point. Je marquais mes résultats sur le terrain en faisant un petit tas de pierre et, à mon retour, je donnais mes résultats à mon père. Quelques jours après, le sourcier arrive sur les lieux et, en peu de temps, donne ses résultats : « il faut creuser le puits à l'endroit de ce petit tas de pierres ». Vous imaginez ma joie : ce tas de pierres, c'était le mien !

Le sourcier, informé de mes propres conclusions, décide alors de me tester et, à la fin de la séance, conclut : « Tu es doué pour chercher l'eau ou les minerais et tu as assez de fluide pour trouver des personnes disparues ». Et avant de me quitter, il en profite pour me prodiguer quelques conseils. Grâce à ceux-ci, j'ai pu, quelques semaines plus tard, entreprendre ma première recherche de disparu. Il s'agissait d'un jeune adolescent de 17 ans, habitant Tournon, ville ardéchoise à 20 kilomètres de Valence.

A l'aide de sa photo parue dans le journal local, je travaille avec mon pendule et après m'être posé nombre de questions, mon enquête m'amène à suivre sur la carte une piste jusqu'à Marseille. Le hasard (ou le destin) font que mes parents possèdent un plan de Marseille.

J'indique sur ce plan un quartier où je pense avoir localisé le disparu. J'ai donc un résultat de recherche. Bon ou mauvais, je ne sais. Je décide d'écrire aux parents de l'adolescent, expliquant mon travail et le lieu détecté à Marseille. Quatre jours après, une lettre de Tournon arrive au courrier. J'hésite à l'ouvrir car j'ai le pressentiment que c'est important. A l'intérieur, j'apprends que le jeune homme a été retrouvé à Marseille. Quelle joie, ce 8 novembre 1960, (une date historique pour moi, maintenant !) d'apprendre qu'avec un pendule, quelques cartes, une photo, j'ai localisé un disparu à près de 300 kilomètres de son point de disparition.

Ce premier succès a aussi, à mes yeux, une valeur de symbole. Le jeune disparu était fils de gendarme : or, depuis 1960, je n'ai fait qu'amplifier ma collaboration avec la gendarmerie, la police ou les pompiers. Pendant des années, ce travail de recherche de disparus ne sera fait qu'en amateur : je gagnais alors ma vie comme dessinateur en bâtiment, dans le cabinet d'architecture de mon père.

Mais finalement, grâce à ce métier, j'apprends à lire et à analyser un plan de cadastre ou des cartes I.G.N. pour ma future activité de radiesthésiste-magnétiseur, dont je ne soupçonne pas encore l'importance. Au début des années 70, j'ai déjà de nombreuses demandes de recherches sur la région provenant des familles, des gendarmes ou des pompiers. Mais avec ces derniers, il y a un petit problème de sécurité. Tant et si bien que le Chef de Bataillon, le Commandant Coste, me demande en 1974 de devenir pompier volontaire de ma ville (Aubenas), afin d'être couvert par les assurances. De plus, cela me donne accès à leurs véhicules prioritaires tant terrestres qu'aériens. En 1974, je deviens donc le premier radiesthésiste-pompier de l'Ardèche... et peut-être même de France! Dans les mois qui suivent, ma vie va changer grâce à la radio. Et à Georges de Caunes qui a eu l'amabilité de m'inviter dans son émission « Le cœur et la raison » sur Radio-Monte-Carlo. En quelques jours, moi l'inconnu d'Aubenas, je me trouve confronté à des milliers d'appels d'auditeurs venant de toute la France et demandant des consultations au radiesthésiste et au magnétiseur que je suis. Ma carrière professionnelle venait de débuter.

Fin 74, avec mon épouse qui m'aide et me conseille, je décide d'ouvrir chez moi un cabinet de consultation.

J'ignorais à ce moment-là que j'allais rencontrer tout ce que la France compte de gens en pleine détresse, laissés souvent seuls face à leur problème : la femme qui sort de prison, le prêtre qui doute, l'homosexuel persécuté, le jeune adolescent perturbé, les couples déchirés, les déprimés, les cancéreux, les gens atteints du Sida, etc. Sans compter les milliers de familles qui recherchent un des leurs, disparu.

Ainsi, toute l'année, week-ends et jours fériés compris, je me consacre à soulager autrui, soit en étant en contact direct avec mes patients dans l'atmosphère rassurante de mon cabinet, soit à distance, pour ceux qui ne peuvent se déplacer, en communiquant au moyen de leur photo.

Venons-en maintenant à une notion essentielle qui intrigue beaucoup de personnes : le radiesthésiste qui retrouve des disparus ou qui découvre une nappe d'eau, est-il possesseur d'un don?

C'est la question qu'on me pose à chaque émission de radio ou de télévision ou au cours de mes conférences.

Tout d'abord, je tiens à faire une mise au point : je déteste le mot « don ». Dans mon livre *L'homme du dernier espoir*, je n'emploie jamais le mot « don ». J'utilise seulement le mot « sensibilité ».

Bien sûr, le saint patron des sourciers, c'est Moïse et le mot « don » est souvent associé à la religion. On parle du don de Dieu, du don du diable. Mais pour moi, la radiesthésie, ce n'est pas cela. Je suis persuadé que l'être humain possède en lui cette faculté de percevoir des différences magnétiques sur un site ou de ressentir des malaises dans des lieux apparemment normaux pour la majorité des autres.

Dans la pratique, tout le monde peut faire de la radiesthésie. Les moyens sont simples : un pendule et de nombreuses questions que l'on se pose. Ainsi, avec un pendule tenu par une main, au-dessus d'un verre rempli d'eau, posez-vous cette question en vous concentrant fortement : « Y a-t-il de l'eau dans ce verre qui est sous mon pendule ? » Vous vous apercevrez parfois que, dès la première expérience, votre pendule va réagir. Puis en continuant vos expériences vous allez, dans nombre de cas, réveiller et améliorer votre sensibilité pour devenir un radiesthésiste amateur, et qui sait, plus tard, un professionnel.

Mais je donne un avertissement important : pratiquer la radiesthésie en professionnel, surtout pour la recherche de disparus, est très éprouvant pour le système nerveux. Si le vôtre est fragile, ne vous lancez pas dans ce métier : il en va de votre équilibre psychique.

La radiesthésie est une technique issue d'une des nombreuses facultés mal utilisées par l'Homme : elle s'apprend, s'améliore, se développe. Ce n'est pas un « don » qui se donne ou se vend. Tout le monde a des possibilités, mais elles ne sont pas toujours suffisantes pour être un bon radiesthésiste. Ainsi, on peut être doué pour trouver des sources mais pas pour rechercher des minerais ou des disparus.

Si elle n'est pas un don, la radiesthésie n'est pas non plus héréditaire : mon grand-père était un sourcier amateur et mon père n'a jamais été intéressé par la radiesthésie (les rares fois où il a essayé de faire tourner un pendule, celui-ci est resté inerte).

Je ne puis donc personnellement dire que la réussite en radiesthésie soit héréditaire. Je crois que la seule manière de réussir est d'être passionnément intéressé par cet étrange phénomène.

Mais alors, si ce n'est ni un don, ni une faculté héréditaire, qu'est-ce donc que ce «pouvoir radiesthésique» dont on parle souvent?

Pour moi, il s'agit d'une sensibilité radiesthésique. En avoir, c'est quelque chose de naturel mais je veux bien admettre que mon point de vue est peut-être faussé car j'ai toujours connu cela, depuis plus de 40 ans. C'est l'Homme qui, au fond de lui, par des questions qu'il se pose à lui-même à la vue d'une photo d'un individu, possède cette faculté de pouvoir dire au travers des girations d'un pendule si cette personne est vivante, blessée ou morte.

Pour moi, un radiesthésiste en condition de travail est donc un peu comme un radar de détection en action. J'ajoute à cela que je considère que chaque être humain a une longueur d'onde personnelle, véritable code magnétique spécifique, comme les empreintes digitales.

Cette longueur d'onde, je la détecte en ressentant une vibration, un écho, ce qui me permet d'isoler le disparu des autres êtres humains.

Et Dieu, dans tout cela?

C'est une question que me posent souvent des clients ou des participants à mes conférences : la radiesthésie est-elle un don de Dieu? Croyez-vous en Dieu? Etes-vous pratiquant?

Je suis catholique, ancien responsable de mouvements d'étudiants J.E.C. J.O.C. Je prie, mais fréquente peu l'église actuellement. Pour moi, Dieu n'a rien à voir avec le phénomène radiesthésique. Je pense que comme toutes les facultés de l'homme, notre sensibilité, plus ou moins grande selon les individus, nous est acquise dès notre création génétique. Si tout le monde, je le dis depuis toujours, peut pratiquer la radiesthésie, tous ne sont pourtant pas capables d'être de bons radiesthésistes. Comme dans le domaine artistique où des gens, sans jamais avoir pris un cours de dessin, peuvent être d'extraordinaires dessinateurs ou peintres. Donc, cette sensibilité radiesthésique est pour moi un acquis naturel.

Vous pouvez apprendre les acquis de base de ce métier, mais si votre sensibilité est très moyenne, n'ayez pas trop d'illusions, vous ne pourrez pas atteindre des sommets. Alors, sachez rester au niveau de vos moyens.

S'il n'y a pas d'influence divine, avez-vous cependant le sentiment que « quelque chose » ou « quelqu'un » agit à votre place ?

Non. C'est tout simplement mon esprit, qui, en condition de travail, agit. C'est moi et moi seul qui décide mentalement des questions qui me semblent les mieux adaptées à ma recherche. C'est pour cela que je ne dirai jamais que je travaille avec « un esprit », ou avec toute autre aide « surnaturelle ». La radiesthésie, c'est le radiesthésiste qui la met en œuvre, pas une force extérieure.

Comment peut-on expliquer qu'une masse suspendue à un fil puisse donner des informations ?

Je conçois qu'il est difficile, pour le commun des mortels, d'admettre qu'un homme tenant une petite masse d'un matériau quelconque au bout d'un fil puisse dire : « cette personne présente sur cette photo est vivante ».

Quand, de plus, ce résultat s'avère exact, cela dérange beaucoup d'esprits cartésiens. En vérité, le pendule n'est, pour le radiesthésiste, qu'un amplificateur d'ondes.

Personnellement, je travaille dans beaucoup de cas à

mains nues, c'est-à-dire sans aucun instrument (démarrage d'une recherche de disparu, recherche de sources sur un terrain...). Il en est de même pour les malades qui viennent me voir. Je fais leur diagnostic médical, sans pendule, sans les toucher, et je détecte leurs maladies pour les soigner ensuite, par magnétisme, sans manipulations, sans médicaments, sans arrêter les traitements médicaux en cours.

Ainsi, pour moi, la radiesthésie n'est pas figée au seul emploi d'une baguette ou d'un pendule : travailler à mains nues prouve bien, là encore, que c'est le radiesthésiste qui fait de la radiesthésie et non le pendule.

Depuis des dizaines d'années, deux écoles s'opposent dans la pratique de la radiesthésie : les mentalistes et les physiques. A laquelle appartenez-vous ?

Vous devez vous douter que je suis un mentaliste, car pour moi c'est bien le cerveau qui est la clé de cette pratique. Je me considère un peu comme un radar. L'homme est en même temps émetteur et récepteur, cela en fonction de la sensibilité, plus ou moins développée, qu'il a en lui.

Je suis contre la radiesthésie-gadget (règle graduée ou autre instrument étalonné) ou les pendules électroniques qui viennent d'apparaître sur le marché : à en croire certaines publicités, ce pendule de plusieurs milliers de francs remplacerait presque le radiesthésiste ! Amateurs, méfiez-vous de tous ces charlatans qui vous assurent qu'avec ce matériel vous trouverez tout. Un pendule peut être fait d'une simple bague attachée à un fil et fournir les mêmes résultats que des pendules hors de prix.

Un chercheur vous a-t-il inspiré ?

L'abbé Mermet a été pour moi, à travers ses livres, celui qui m'a certainement donné le plus envie de l'égaler. Je pense qu'il a été le plus grand radiesthésiste de ce début de siècle. Que de vocations n'a-t-il pas suscitées !

Pour vous, la radiesthésie a-t-elle quelque chose à voir avec des ondes ?

Il m'est difficile de répondre car je ne suis pas physicien. Mais il m'est arrivé un jour un événement extraordinaire qui peut faire réfléchir sur la notion de rayonnement. C'était le 15 février 1961 = sur ma région a eu lieu une éclipse solaire totale. Avant le début de l'éclipse, j'ai l'idée de prendre un plan au 1/100 sur lequel je connais au mètre près l'emplacement d'un puits qui vient d'être creusé. Prenant mon pendule dans la main droite, je cherche mon puits et le retrouve facilement sur le plan. L'éclipse commence, l'obscurité se fait progressivement sur la région et je poursuis mon expérience. Soudain les problèmes surgissent, mon angoisse avec. Alors que le soleil est caché aux trois quarts par la lune, je n'arrive plus, ou très mal, à localiser le puits. Au moment de l'éclipse totale, c'est un pendule inerte que j'ai dans la main : impossible de le faire réagir, impossible de sentir ce puits. J'avoue que j'ai eu peur à ce moment-là, car j'ai cru un instant ne plus avoir de sensibilité radiesthésique. Je me précipite vers un lavabo pour récupérer un verre que je remplis d'eau, le ramène sur ma table à dessin, prends mon pendule et me pose la simple question en tenant mon pendule au-dessus du verre plein : « Y a-t-il de l'eau dans ce verre ? » Le pendule ne réagit pas ! L'éclipse est maintenant totale et je suis incapable de trouver qu'un verre rempli d'eau est bien sous mon pendule ! Je suis angoissé : il faut dire que je n'avais à cette époque que 18 ans et peu d'expérience en matière de radiesthésie. L'éclipse se termine enfin, et au fur et à mesure que la lumière solaire revient, je retrouve ma sensibilité et parviens à retrouver l'eau dans le verre et le puits sur le plan. J'ai communiqué le résultat de cette expérience à la revue *Radiesthésie Magazine* mais, hélas, aucun confrère n'a pu confirmer une telle expérience.

Pourtant, il est évident que l'éclipse provoqua une perturbation magnétique. Pour moi, les ondes ne « portaient plus » les messages dont je les avais chargés, donc l'écho de retour était impossible. Depuis cette époque, je suis convaincu que la radiesthésie dépend d'un système d'ondes

Pour moi, être radiesthésiste c'est utiliser certaines capacités de notre cerveau, comme cette sensibilité qui permet de «décrypter» une photo et d'envoyer une onde dans l'espace, comme une onde radar, nous revenant sous forme d'un écho chargé de positif ou de négatif.

Dans un tout autre domaine, 24 à 48 heures avant un tremblement de terre, le soir dans mon lit, j'ai très mal aux jambes. Le lendemain, je ne suis pas surpris d'apprendre par la radio qu'un important séisme a eu lieu quelque part dans le monde. Cela prouve que des gens peuvent ressentir les formidables variations du champ magnétique auxquelles la terre est soumise.

Je l'ai remarqué la première fois lors du tremblement de terre en Italie, le 19 septembre 1979. Les deux nuits précédant le séisme, je n'avais pu dormir. Par la suite, d'autres nuits d'insomnie confirmèrent le bien-fondé de cette observation.

Les sismologues ont constaté que, lors des tremblements de terre, et surtout dans les instants qui les précèdent, les animaux se comportent de façon étrange. Sans doute possèdent-ils une sensibilité plus aiguë que celle de l'homme? Pourquoi certains humains, plus sensibles que les autres, n'auraient-ils pas des réactions comparables? Les phénomènes sismiques engendrent des champs magnétiques qui s'amplifient jusqu'au moment où se produisent les secousses. Le radiesthésiste, sensible aux variations du magnétisme terrestre, serait ainsi prévenu de l'imminence d'un tremblement de terre. Avec son pendule, il pourrait en localiser l'origine. Il y a là un terrain d'investigation qui devrait susciter à la fois l'intérêt de nombreux radiesthésistes et celui des sismologues. La prévision des séismes y gagnerait peut-être en précision.

Que pensez-vous des objets témoins qu'utilisent de nombreux radiesthésistes?

En lisant mes réponses précédentes, les professionnels ou amateurs avertis se seront rendu compte que je ne parle jamais d'objets témoins, ni de pendule contenant un échantillon d'eau ou de minerai. Nombre de radiesthésistes, en effet, se servent de pendules témoins ou bien tiennent dans la main un échantillon du produit qu'ils recherchent. Depuis plus de 30 ans que je pratique la radiesthésie, tant traditionnelle que médicale, je ne me suis jamais servi de ces fameux témoins. Je n'ai jamais éprouvé le besoin de cela. Toute l'intensité de mes recherches, ma sensibilité, cela est toujours mental. Pour un diagnostic médical, je ne me sers pas non plus de planches anatomiques = celles qui sont accrochées à un mur de mon bureau ne me servent qu'à expliquer à mes patients leurs problèmes de santé. Je ne travaille que sur la photo du malade ou sur le malade directement.

Quels conseils donneriez-vous à quelqu'un qui veut débuter en radiesthésie ?

Le premier conseil — le plus important — est, je l'ai déjà dit, d'avoir un équilibre mental solide.

En condition de travail, il faut savoir rester lucide malgré sa concentration. Ne jamais se fier aux informations trop abondantes que l'on croit utile de vous fournir. Dans le cas de la recherche d'un disparu, ne cherchez à savoir que : le jour, le lieu et le nom du disparu. Évitez de lire la presse ou d'écouter la radio qui parlent de cette recherche sur laquelle vous travaillez.

Ne vous fiez pas aux lettres que peut avoir laissées le disparu car entre ce qu'il avait projeté de faire avant de partir et ce qu'il fait ensuite, il peut y avoir des différences énormes. Je cite dans mon livre un exemple caractéristique : cela se passait le 31 décembre 1978.

Vers 17 heures, quelques heures donc avant le réveillon, une famille de la région d'Alès m'appelle au téléphone. Un homme de 25 ans est parti de chez lui en laissant une lettre annonçant qu'il en avait assez de la vie, qu'il était parti se pendre dans une forêt située derrière son village. Après les premières recherches faites dans l'affolement, et sans succès, la famille fait appel à mes services. Les pompiers sont en alerte et attendent le résultat de mes travaux.

Chercher un disparu un 31 décembre, alors que tout le monde pense à fêter le Nouvel An, n'est agréable pour personne.

A 19 heures, la famille est chez moi. Je commence de suite mon travail : à ma première question, la plus importante, celle qui va orienter toutes les recherches : « Est-il vivant » ? J'obtiens une réponse positive sur toutes les photos du disparu. J'annonce cet heureux résultat à ses parents. Ceux-ci ne me croient pas, car il y a cette fameuse lettre qui parle de suicide. Ils sont certains qu'il a fait ce qu'il annonçait.

Je continue mes recherches. Je ne trouve aucune trace du disparu dans sa commune. J'oriente mes recherches sur un départ possible de la région et je trouve une piste passant par Alès, Montpellier, Sète et s'arrêtant au Cap d'Agde, au bord de la mer. J'annonce ce résultat à ses proches, qui ne me croient plus du tout. Je maintiens mon résultat et leur conseille d'avertir la gendarmerie.

Après leur départ, je recommence mes recherches. Mêmes résultats. Le lendemain matin, 1er janvier, la jeune épouse du disparu me téléphone et m'annonce, heureuse, que son mari a été retrouvé vivant et devinez où : au Cap d'Agde !

Entre ses intentions de départ et son comportement réel, ce disparu avait fait près de 200 kilomètres. Si je m'étais attaché à cette lettre, à la certitude de ce qu'elle annonçait, les pompiers, les gendarmes, sa famille, ses amis auraient pu le chercher longtemps et en vain. Cet exemple montre bien qu'il ne faut croire à aucune information à priori, même si elle semble être très sûre.

Ne vous fiez donc qu'à ce que vous ressentez à travers les dizaines ou centaines de questions que vous vous posez. N'attachez d'importance qu'à ce que votre pendule, ou vos mains, traduisent.

Avoir effectué jusqu'à ce jour la recherche d'un millier de disparus m'a fait rencontrer beaucoup de pièges comme celui de l'exemple précédent. Il ne faut jamais tenir compte des « soi-disant témoignages sûrs ». En 30 ans, je ne me suis jamais trouvé devant le cas d'une jeune fille enlevée pour être mise dans un harem au Moyen-Orient ou ailleurs.

Les jeunes filles qui fuguent partent, dans la majorité des cas, à cause de conflits familiaux, de problèmes scolaires ou sentimentaux. Mais ce qui m'affecte beaucoup plus, c'est le suicide des jeunes. Que de fois dans ma vie de radiesthésiste n'ai-je rencontré des jeunes, perdus, désorientés, souhaitant mourir. Dans ces cas-là, il faut savoir les écouter, longuement parfois, leur dire que mon téléphone leur est ouvert et qu'ils peuvent m'appeler quand ils le veulent.

J'ai aussi appris que pour être radiesthésiste spécialisé dans la recherche de disparus, il ne faut pas avoir d'état d'âme, être très attentif à ce que l'on va faire, ne pas douter de son résultat, même s'il paraît de prime abord illogique et surtout, je le répète, il faut aimer ceux qui sont en difficulté.

Dans mon cas, je suis contraint chaque jour de choisir parmi quatre ou cinq demandes de recherches, celle qui est la plus urgente et donc la plus récente. Une disparition qui remonte à 24 heures est une disparition où l'on a des chances de retrouver le disparu encore en vie. Alors que des disparitions remontant à plus de 8 jours, je les accepterai, éventuellement, mais avec encore un délai d'attente de plusieurs semaines. C'est terrible de devoir faire un choix parmi des cas dramatiques, mais je suis obligé d'agir ainsi pour des raisons de fatigue. Quand j'accepte une disparition, je sais quand je commence mais jamais quand je termine.

Chercher des disparus est très dur psychologiquement, surtout quand les médias font pression sur vous alors que chercher des minerais, ou des sources, paraît plus futile car il n'y a pas la vie d'un être humain en jeu.

Pourquoi n'existe-t-il pas, en France, d'école de radiesthésie (comme il n'existe d'ailleurs pas d'école de magnétisme) qui formerait des gens en un ou deux ans d'études à temps plein ?

Lors de mes conférences, on me pose souvent la question : Où peut-on apprendre la radiesthésie ? Des écoles, des cours existent-ils et où ? A ma connaissance, à ce jour, aucune Université dans le monde ne délivre de diplôme pour cette étrange science.

Des particuliers, plus ou moins doués, créent des séminaires, des week-ends de formation. Pour avoir discuté avec des gens ayant participé à ces stages, tant en France qu'à l'étranger, j'ai plutôt l'impression que, dans nombre de cas, les organisateurs cherchent plus à faire de l'argent qu'à former un amateur. Bien sûr, à la sortie, après avoir payé en général ces cours à l'avance, vous recevez un papier portant votre nom et attestant que vous avez réussi brillamment les tests et que vous êtes diplômé de radiesthésie ou de magnétisme. Valeur officielle de ce papier : zéro. De même, je dis aux gens de faire attention à toute publicité vantant les mérites de tel pendule magnétisé, ou de telle baguette électronique. Cela vous coûtera cher sans pour cela obtenir plus de résultats qu'avec une pointe au bout d'un fil ! Pour le magnétisme, c'est le même principe, aucun diplôme authentique n'existe.

Bien souvent, on me demande pourquoi je ne donne pas de cours de radiesthésie et de magnétisme. La raison essentielle, c'est que tous les jours, dimanches et vacances compris, je soigne mes malades, je recherche des personnes ou des animaux disparus. Vous comprendrez que les heures de liberté que je possède, je tienne à les garder pour me détendre, car faire de la radiesthésie ou du magnétisme tous les jours, cela fatigue. J'ai besoin de me relaxer, d'avoir la possibilité de récupérer, car pour être à l'écoute des autres, il faut être soi-même en forme.

Donnez-vous personnellement des cours ?

Des cours, non. Mais je fais quelques conférences par an, pour lesquelles je ne me fais pas rémunérer. Après remboursement de mes frais de déplacement, je reverse le reste de la recette soit à une œuvre sociale, soit à un club-service faisant une campagne pour une œuvre humanitaire.

Vous avez commencé à rechercher des personnes dis-

parues depuis 1960. Aujourd'hui, quels enseignements tirez-vous de 30 années de recherche?

Quand j'ai retrouvé, à 17 ans, mon premier disparu, je dois avouer que cette première expérience — se traduisant par une réussite — n'a pas manqué de me troubler : était-ce un coup de chance? Avais-je vraiment une capacité que peu de gens possèdent? Il faut se resituer dans le contexte de l'époque : en 1960, les phénomènes dits paranormaux restaient confidentiels. Ainsi, je me suis retrouvé seul face à cette faculté extraordinaire dont je semblais disposer : personne pour me guider, pour m'expliquer, pour me tester. Cependant, quand je fais mon bilan, 30 ans plus tard, il est très nettement positif : j'ai été l'invité de plus de cent émissions de radio, d'une quinzaine d'émissions de télévision, et surtout mes conférences et mon livre ont contribué à mieux faire connaître mes travaux radiesthésiques. Mais personne n'imagine l'énorme responsabilité que doit assumer tout radiesthésiste quand il recherche un disparu. Toute l'année, de jour comme de nuit, une gendarmerie ou des pompiers me contactent par téléphone : « Untel a disparu depuis ce matin, sur telle commune. Il était parti cueillir des champignons, il est 23 heures et il n'est toujours pas rentré. Nous arrivons avec des cartes et des photos ».

Puis, quand ces gendarmes ou ces pompiers sont là, je commence mes recherches. Mon premier verdict tombe — cela doit être fait ou dit en faisant abstraction de sa sensibilité d'homme — : « cette personne est morte, je n'ai pas d'écho de vie sur les photos ». Après avoir continué de travailler, je détecte un lieu précis. Pour des recherches sur la terre ferme, je suis très exigeant sur la précision qui va permettre aux sauveteurs de localiser le disparu. Plus je serai précis dans la localisation du site, plus efficace sera l'intervention des équipes de secours. N'oubliez pas que sur une carte au 1/25 000 : 1 centimètre représente 250 mètres. Cela signifie que si je me trompe d'un centimètre sur la carte, les sauveteurs devront fouiller pour rien une vingtaine d'hectares!

Dès l'annonce de ma localisation sur le terrain, les responsables de l'organisation des secours — étant donné les difficultés du relief où je localise le disparu — décident la plupart du temps de me faire confiance et de mettre immédiatement en route les sauveteurs.

Le crédit et la confiance que l'on m'accorde sont très lourds à porter : c'est pourquoi, si j'ai le moindre doute ou bien le plus petit espoir concernant la survie du disparu, je demande aux sauveteurs de faire la recherche de suite et soyez sûrs que l'on tient compte de mon avis.

Si à ce jour j'ai obtenu des résultats, je crois que je dois ma réussite à ce désir qui m'habite, de vouloir sauver coûte que coûte un être en difficulté. En conclusion, pour être un bon radiesthésiste, je crois que tout simplement, il faut aimer les autres, avoir envie de se «défoncer» pour eux.

Quelle technique utilisez-vous ?

Jeune adolescent, j'ai lu quelques livres sur la radiesthésie et le magnétisme. Mais en confrontant ce que je faisais et ce que certains auteurs en disaient, je suis arrivé assez vite à cette conclusion personnelle = chacun à ses «trucs», ses manies, ses préférences pour aborder une recherche. Ainsi, pour travailler sur un disparu, j'ai besoin d'un minimum d'informations : son nom — son âge — le dernier lieu où il a été vu (village — rue — quartier) — la date exacte où il a été vu pour la dernière fois et trois photos récentes. C'est tout.

Pour la recherche de sources, minerais, grottes, il me faut des plans de cadastre ou des photos aériennes. Pour les objets perdus, j'ai besoin des plans des maisons et des jardins.

Ma technique de travail est très personnelle : je tiens mon pendule très court, un centimètre au-dessus de son attache. De plus, j'aime qu'il soit lourd (100 grammes environ) et surtout je cherche à travailler vite, à être concis dans les questions que je me pose mentalement. Le pendule dont je me sers est un pendule que j'ai fait réaliser d'après un plan personnel. Il est en laiton et peut être équipé d'une pointe dure très effilée ou, au choix, d'une pointe-pinceau (mais je dois avouer que je me sers très peu de cette dernière).

Dites bien à vos lecteurs qu'un pendule n'est pas indispensable pour un radiesthésiste sensible : travailler à mains nues est non seulement possible mais passionnant. Dans ce genre d'approche, à une question mentale posée, je m'efforce d'avoir une réaction positive. Exemple : je m'interroge sur une photo de disparu — « est-il vivant ? » Si la réponse est positive, ma main droite va vibrer légèrement (ce n'est presque pas visible à l'œil nu) mais moi, j'ai senti la réaction.

Si la réponse est négative, ma main droite ne vibre pas. Ce travail à mains nues confirme donc que le pendule, ou la baguette, peuvent aider des radiesthésistes peu sensibles à amplifier le résultat de leurs sensations. Voilà pourquoi le pendule est pour moi un amplificateur et non pas un capteur.

J'ai vu que vous consignez, depuis plus de 30 ans, chacune de vos recherches dans un cahier où vous notez non seulement tous les faits précis relatifs à ces disparitions, mais aussi le verdict obtenu (succès, échec, sans résultat). A quoi cela vous sert-il ?

En trente ans de métier, tant en amateur qu'en professionnel, j'ai accepté de rechercher environ un millier de disparus. Quand on les retrouve, c'est dans près de la moitié des cas, là où je l'ai indiqué. Par contre, 67 % des dossiers sont en attente, ce qui signifie qu'il y a 1 an, 5 ans ou 20 ans j'ai cherché un disparu, et que soit il a été retrouvé mais on ne m'a pas averti, soit il n'a pas encore été retrouvé. Ces disparus restent alors en attente sur mon fichier. Une chose est sûre : à ce jour, j'ai permis de localiser, de façon exacte, plus de 200 disparus.

Il est très important pour moi de tenir une telle comptabilité, car même en cas d'échec, cela me permet de comparer mes résultats avec ceux de la réalité.

Par contre, une réussite appelle peu de commentaires : je ressens la joie d'avoir eu raison mais cette joie est éphémère car je me concentre immédiatement sur les autres recherches afin de réussir à nouveau.

Avec le temps, avez-vous l'impression d'avoir amélioré vos techniques de recherche ?

Voilà une question intéressante. Je me suis, en effet, rendu compte qu'en trente ans de pratique, mes méthodes de travail n'ont que peu évolué. D'abord, le matériel est toujours le même : des cartes, des photos (couleurs ou noir et blanc, aucune importance), parfois un pendule. Ce qui a changé entre mes débuts et aujourd'hui, c'est la vitesse avec laquelle je travaille sur la photo d'un disparu. Mes questions mentales sont concentrées dans des phrases ou des mots-clés tels que : vivant? mort? blessé? noyé? J'ai aussi noté que dans les cas où je me sers d'un pendule, celui-ci ne donne pas, à un observateur extérieur, l'impression de bien réagir entre mes doigts : il ne bouge pratiquement pas. Ce qui m'intéresse, c'est de sentir le sens de ses girations : positif ou négatif. Dès que j'ai l'écho, une autre question est mentalement déjà formulée. C'est surtout à ce niveau-là que l'expérience et la pratique journalière ont amélioré ma rapidité d'exécution.

La distance entre le disparu et vous a-t-elle une importance ?

Vraiment aucune. Je reçois du courrier ou des appels téléphoniques pour des recherches de disparus, du Brésil à la Norvège en passant par l'Afrique, la Roumanie ou le Moyen-Orient. Je travaille sur le monde entier, en restant à Aubenas mais toujours sur des cartes. On fait appel à moi pour des individus, bien sûr, mais aussi pour des disparitions plus insolites : un cheval, des bijoux, un portail en fer forgé du XVIIIe siècle pesant quatre tonnes, des voitures, une montgolfière volée, des animaux domestiques (chiens, chats, tortues, même un guépard !). Parfois, on me demande de rechercher une source, des minerais, des trésors ensevelis.

Mais en dehors de la recherche de disparus, je me sers aussi de ma sensibilité radiesthésique pour faire mes diagnostics de santé aux patients que je reçois. Il est important de prouver à un malade qui vient pour la première fois que je suis bien radiesthésiste, ce qui est le cas lorsque je lui annonce : « vous avez tel problème au dos », alors qu'il n'a encore rien dit. Ensuite, c'est le magnétiseur qui prend le relais pour le soigner.

Des milliers de personnes disparaissent chaque année en France. Que faire, face à l'afflux des demandes de recherche ?

D'après certaines sources d'information, il y aurait 45 000 disparitions par an en France.

En 1988, année où les médias (T.V., radio, presse écrite) se sont mis à s'intéresser beaucoup plus à mes activités, j'ai dû refuser de travailler sur environ 2 500 disparitions. Ce chiffre peut paraître énorme, mais après mon passage dans l'émission télévisée *Édition Spéciale* (sur Antenne 2, le 16/6/88), j'ai reçu 30 demandes de recherches par jour, par téléphone ou par courrier.

Je pense que cette année-là, j'ai dû battre le record de demandes de recherches jamais adressées à un radiesthésiste.

Sur les 45 000 disparitions annuelles en France, la plupart se résolvent au bout de quelques heures ou au plus tard sous 48 heures. Mais chaque année, des centaines de personnes restent introuvables, cela malgré tous les moyens mis en œuvre. Rappelez-vous mes chiffres personnels : sur 1 000 disparitions que j'ai accepté d'élucider, j'ai 67% de recherches dont les résultats ne sont pas encore connus parce qu'on ne sait toujours pas ce que sont devenues ces personnes.

Ces disparus qui restent introuvables constituent bien sûr la difficulté de ce métier. Pourtant des semaines, parfois des mois après mes recherches, même si aucun résultat concret n'apparaît, toutes les hypothèses sont encore possibles. N'oubliez pas qu'un alpiniste disparu, par exemple, dans le Massif du Mont-Blanc peut au cours d'une course en montagne changer d'avis, ne pas revenir à son point de départ, continuer sa course sans rien dire à personne et parfois faire mettre en route les secours pour rien. Puis il réapparaît deux ou trois jours après à son hôtel et il est tout surpris d'apprendre qu'on le recherche. Mais si cet homme glisse ou tombe dans une crevasse, son corps ne sortira du glacier que des dizaines d'années plus tard. Même si je localise le lieu de l'accident, j'aurai peu de chance de pouvoir fournir une preuve et cette recherche entrera dans la liste des résultats en attente.

On parle surtout d'un cas de disparition quand celui-ci est médiatisé. De nombreux radiesthésistes donnent alors leurs avis, souvent contradictoires, ce qui laisse au grand public une impression de charlatanisme. Qu'en pensez-vous ?

Je crois qu'il faut distinguer deux types de cas : celui de disparus sortant d'un seul coup de l'anonymat pour faire la « une » des médias qui, dès lors, les feront connaître en quelques heures à la France entière (comme le petit Raphaël, qui avait échappé à l'attention de ses grands-parents et qu'on a retrouvé dans l'arrière-pays niçois, mort d'épuisement, au sommet d'un mont à plusieurs kilomètres de son point de départ).

Et celui de disparus qui sont déjà célèbres comme Pauline Lafont, Philippe de Dieuleveult, Arnaud de Rosnay ou Alain Colas par exemple.

Pour les recherches concernant ces derniers, je n'ai qu'une seule ligne de conduite : je ne fais jamais de demande personnelle auprès des familles car dans toutes ces affaires publiques, je suis presque systématiquement contacté soit par les parents, soit par l'entreprise où la personne travaillait, soit par la gendarmerie.

Prenons Pauline Lafont, disparue le 11 août 1988 de son village cévenol. Le 15 août, vers 19 heures, c'est en rentrant d'un déplacement en Savoie que j'apprends par la radio sa disparition. En conduisant, je pense qu'il est possible qu'à mon arrivée je trouve un message dans ma boîte aux lettres. Quand j'arrive chez moi : rien.

Mais quelques minutes plus tard, une voiture s'arrête devant chez moi. On sonne à ma porte, j'ouvre et je me trouve face à l'adjoint au commandant de la Brigade de gendarmerie de ma ville qui me tend un papier sur lequel figure un numéro de téléphone : celui de la famille Lafont, qui cherche à me contacter par la gendarmerie depuis le matin, en vain.

J'appelle alors, après le départ de cet officier de gendarmerie, la famille Lafont. J'explique ce qu'il me faut pour travailler : photos, cartes I.G.N. de la région. Rendez-vous est pris pour le lendemain à 14 heures.

Le lendemain, le 16 août, comme prévu, un ami de Pauline accompagné d'un journaliste d'un grand magazine français sont dans mon bureau. Je commence mon travail, et de suite, je dis : « Pauline Lafont est morte », je trouve une piste plein Nord à 500 mètres de sa maison. Mais dès ce moment-là, et pendant les jours qui suivront, je ne pourrai jamais dépasser ce point. J'ai l'impression, quand je tiens mon pendule sur ce lieu précis (un sentier pentu, dans un lieu au relief accidenté) qu'au lieu d'être attiré vers le sol, il veut tourner vers le plafond de mon bureau ! Une telle réaction m'est rarement arrivée = je suis intrigué, mais hélas je ne peux ni analyser ni comprendre cette réaction bizarre.

Ce résultat, je le maintiendrai jusqu'à la découverte du corps de Pauline, plein Nord à environ 3 kilomètres à vol d'oiseau de sa maison. Je considère ma recherche comme un échec. Mais j'avoue ne pas comprendre que Pauline ait pu marcher plusieurs heures pour atteindre cet endroit difficile d'accès sans que personne l'aperçoive sur le trajet.

Dans cette affaire, plus de 150 radiesthésistes vont assaillir la gendarmerie de St-André de Valborgne. Tous ces radiesthésistes ont voulu faire quelque chose, l'attrait des médias étant, pour certains, l'espoir de se faire remarquer. Des résultats invraisemblables sont alors fournis à la gendarmerie. Je pense que mes confrères devraient attendre qu'on leur fasse une demande officielle de recherche. Leur insistance énerve les sauveteurs : des dizaines de résultats différents, (tous faux, en plus) font que policiers et gendarmes ne croient plus à notre travail. Amateurs ou professionnels, n'oubliez pas qu'en vous précipitant sur une disparition, vous risquez de discréditer la radiesthésie.

Comment sort-on, physiquement et psychiquement, d'une longue recherche au pendule?

Après des recherches de disparus, je suis épuisé, j'ai l'impression d'avoir donné l'essentiel de ma force vitale, sortie de mon corps par l'intermédiaire de mes mains.

Voici le récit d'une affaire étrange qui va vous permettre de vous rendre compte que la radiesthésie fatigue.

De toute cette affaire, vous ne trouverez rien dans la presse, ni lieu, ni date, et cela volontairement.

Un jour de novembre 1979, à 12 heures 15, le téléphone sonne : c'est le docteur X que je connaissais de nom, grâce à des ouvrages sur le paranormal qu'il avait publiés tant en France qu'à l'étranger.

Dans sa région s'était produit, quatre jours auparavant, un fait étrange. Un de ses malades, M.F., avait vécu une étonnante aventure, dans laquelle des soucoupes volantes avaient joué un rôle important.

Mis sous hypnose, en présence du docteur X et de la brigade de gendarmerie, M.F. a fourni des détails si troublants qu'on décide de faire appel à moi. Le soir même, vers 20 heures 30, j'arrive chez le docteur X., où se trouvent déjà les gendarmes et le docteur X qui m'expliquent que tout mon travail sera enregistré sur magnétoscope. Je demande qu'il ne me soit donné aucun renseignement, afin d'éviter toute influence. On m'apporte juste une carte de la région où s'est déroulée l'affaire, et des photos de M.F. Cette séance, qui durera deux heures et demi, me fera perdre 2 kilos. Donc, quand je dis que la radiesthésie fatigue, je n'exagère pas!

Je suis son voyage jusqu'à environ 25 kilomètres du point de départ. Cette affaire me paraît de plus en plus incroyable, je me demande vraiment si je ne suis pas en train de me tromper complètement, c'est tellement extraordinaire que je doute de ce que j'ai trouvé.

Voici les résultats que j'ai fournis : cet homme, M.F., roule de nuit dans la région, jusqu'au point Y. Là, une lueur étrange l'intrigue et le fait stopper. Quelque chose l'attire vers cette lueur, il voit un objet de forme oblongue, très éclairé et, sans savoir comment, il gravit une passerelle et pénètre dans l'engin. Cinq « personnages » s'occupent de lui, quatre d'entre eux sont sur terre et un autre dans l'appareil. L'appareil dégage des reflets lumineux intenses. Une fois à bord, M.F. est installé sur un appareil, et là, ses réactions sont enregistrées. Peu après, l'engin décolle silencieusement, il va rester deux heures dans l'espace. Puis M.F. se retrouve dans sa voiture, à 20 kilomètres du lieu où il a vu l'engin. Après avoir fait un croquis sommaire de l'engin et donné quelques autres indications, je demande d'arrêter mes recherches ; j'explique qu'à partir d'un certain point, je ne peux plus obtenir de détails. Il me semble que M.F. à travers sa photo, ne veut pas en dire plus, que quelque chose ou quelqu'un ne veut pas qu'il parle de certains faits... Je suis exténué.

J'attends le verdict avec quelque inquiétude : j'ai peur d'être vraiment très loin de ce que M.F. a fait ou vu ! Le commandant de brigade de la gendarmerie prend la parole et m'annonce : « Votre travail, extrêmement précis, recoupe à 75% ce que M.F. a dit sous hypnose ; c'est plus que des coïncidences ».

Personnellement, je n'ai jamais vu d'OVNI, c'est pourquoi il ne m'appartient pas de tirer de conclusion sur cette étrange affaire. Mais l'avoir vécue dans les conditions que j'ai connues me laisse perplexe.

Certaines de vos expériences sont proches de la voyance ou de la télépathie. Sont-elles à la frontière de la radiesthésie ?

C'est vrai. J'en veux pour preuve une étrange recherche faite en 1980, en pleine nuit, à la demande du Docteur X. (le même que dans l'affaire de l'OVNI) et de Mlle M., grand reporter dans l'un des plus grands hebdomadaires français.

Le 23 janvier 1980, le docteur X. me téléphone pour me

demander si j'accepterais d'étudier la photo noir et blanc d'un homme de quarante ans environ. Il souhaite que je lui dise tout ce que je ressens sur cet homme. L'étude est faite en huit minutes environ. Pour moi, ce monsieur habite une grande ville de province, avec de l'eau à proximité. C'est un homme de lettres, très ouvert aux phénomènes paranormaux (avec une rencontre du troisième type possible). L'eau est un élément capital pour lui, et elle l'attire beaucoup, en liaison avec la rencontre des semaines à venir. Tous ces résultats, je les ai obtenus en utilisant ma méthode de travail habituelle. En me concentrant sur la photographie, je me posais mentalement des questions, les vibrations de ma main droite me donnaient les réponses, positives ou négatives.

Le 15 février 1980, le docteur X. me téléphone pour me dire que l'inconnu — appelons-le M.B. — doit sortir de chez lui le 16 février, il doit quitter son appartement pour se rendre chez des amis entre Toulon et Bandol. Il habite donc près de la mer, ce que j'avais trouvé. Le docteur X. me demande de localiser l'endroit où il se rendra le lendemain. Après étude, je lui communique mon résultat.

Dans la nuit du samedi au dimanche, vers 0 heures 30, mon téléphone sonne. L'appel vient du docteur X. qui m'apprend que M.B. a quitté brutalement ses amis en donnant comme excuse qu'il avait besoin d'être seul. Je vais essayer de le localiser tout de suite. Depuis l'axe de la baie de Bandol, je suis sa trace jusqu'à la pointe du Brusc, et je le trouve sur la plage, dans un état anormal qui m'inquiète au plus haut point. J'ai la certitude que je vais assister à sa mort en direct!

Par des passes magnétiques, sur sa photo, j'essaie de lui communiquer un message, d'atteindre sa conscience à travers son inconscient. Cinq minutes après le début de cette recherche insoutenable, je ressens soudain des réactions plus claires sur la photo. J'ai l'impression que l'homme revient, qu'il sort de la mer, qu'il ne mourra pas ce soir. Finalement, il ressortira de l'eau et sera sauvé. Peu après, le docteur X. m'a expliqué pourquoi il m'avait demandé cette étude. M.B. est un écrivain très ouvert au paranormal, qui écrit des livres de science-fiction. Un jour, quelqu'un lui a dit qu'il allait être contacté. Il en a parlé au docteur X. qui m'a alors demandé de travailler sur sa photo. M.B. est-il donc un contacté ? C'est la question que j'avais posée lors de ma première investigation. J'avais aussi annoncé une rencontre importante pour les semaines suivantes. Ce désir impérieux de se rendre en un point précis de la côte, en pleine nuit, a-t-il été dicté par son subconscient, ou bien était-ce un appel reçu ? Et cet appel, d'où serait-il venu ?

En conclusion, cette nuit-là, dans cette recherche, je pense que mon travail de radiesthésiste était en fait plus proche de celui d'un médium ou d'un clairvoyant que de celui d'un radiesthésiste. Pour décrire un site, un lieu, voir un homme avancer dans la mer, puis le sentir hésiter et retourner vers la terre ferme, dans un lieu qu'à l'époque je ne connaissais pas (la pointe du Brusc), j'avoue que je ne sais trop, plusieurs années après, si cette nuit-là j'étais radiesthésiste ou médium. Il n'y a qu'une chose dont je sois sûr : si je m'étais trompé, cela aurait été un grave échec pour moi. Pourtant, je dois reconnaître que lorsque je recherche avec une très forte intensité, l'échec me paraît impossible. J'avoue ressentir alors l'impression de vraiment détenir la vérité. Cela dit sans forfanterie.

Alors, suis-je médium ou radiesthésiste ? A l'extrême, cela importe peu. Ce que demandent les gens dans l'angoisse, c'est un résultat. La méthode par laquelle j'obtiens ce résultat ne les intéresse pas.

J'ai appris que vous aviez eu l'honneur d'être sélectionné par le fameux professeur Hans Bender pour être soumis à des tests poussés. Que vous a-t-il fait faire exactement ?

C'est vrai. Au printemps 1984, j'ai été l'invité du professeur Hans Bender, directeur de l'Université de Parapsychologie de Fribourg, en Allemagne : je découvre alors un homme charmant, déjà âgé, mais très érudit et passionné par les phénomènes paranormaux.

Pendant trois jours, des expériences seront réalisées avec moi par le professeur et ses assistants, dont l'un venant de l'Est de la France, depuis de simples recherches d'un objet caché dans les jardins de l'Université (montres, bijoux, etc.), jusqu'à des tests étonnants dont je vais vous parler.

Une des expériences me laissera un bon souvenir : une expérience apparemment simple, mais dont les résultats sont troublants et spectaculaires. Le deuxième jour, je suis invité à faire une partie de bataille navale ! Vous connaissez tous ce jeu simple.

L'équipe du professeur Bender a préparé deux grilles de 100 cases chacune : 10 colonnes de A à J et 10 lignes de 1 à 10.

L'équipe du professeur Bender me fait faire un match contre un exceptionnel sujet mis sous hypnose en 30 secondes, M. D., Français de la région de Mulhouse.

Nous sommes dans le même bâtiment, séparés d'une vingtaine de mètres l'un de l'autre. Le protocole de cette expérience est simple : il nous faut deviner — lui sous hypnose, moi par radiesthésie — où se trouvent les bateaux adverses.

Toute cette expérience se fera, bien sûr, sans aucune connaissance des résultats de l'autre. Chacun de nous organise son travail de recherche comme il le souhaite. Les deux jeunes filles qui servent de témoins et de secrétaires enregistrent mes prévisions et cela en toute objectivité, car elles-mêmes ignorent dans quelles cases se trouvent les bateaux de mon adversaire.

Après avoir étudié au pendule les 20 premières cases, j'effectue une pause de quelques instants. Puis je poursuis mes recherches sur les cases 21 à 40. Quand je promène mon pendule sur les cases, je trouve des résultats curieux, des bateaux regroupés, séparés par une ou deux cases. Je ne cherche pas à comprendre et je fournis mes résultats après les avoir contrôlés par une recherche à mains nues.

L'expérience dure plus de deux heures 30. Mais je ne passerai pas en revue toutes les 100 cases car au début de la dernière série, de 81 à 100, je ressens la certitude d'avoir coulé tous les bateaux adverses.

A la fin de la partie, l'équipe du professeur Bender nous réunit et nous commente nos résultats : j'ai battu mon adversaire mis sous hypnose.

En quatre tirs dans la première série, j'ai coulé deux sous-marins. Puis j'ai effectué quelques tirs ratés, suivis de nouveau par des bateaux touchés ou coulés. Mais le plus important est que mon résultat final correspond aux prévisions établies par les calculs mathématiques, prouvant ainsi qu'il y a autre chose que l'influence du hasard.

Cette expérience simple m'a intéressé, amusé, je l'ai faite avec plaisir.

Le lendemain après-midi, nouvelle expérience intéressante mais moins motivante pour moi : la recherche et localisation d'une disparue sur un secteur de 100 km² avec toujours comme adversaire notre exceptionnel sujet sous hypnose. Une jeune fille, assistante du professeur Bender, va être amenée dans une voiture, conduite par un assistant, sur un site donné. Ce site figure dans une des 40 enveloppes scellées préparées depuis quelques jours par le professeur Bender. Ces enveloppes sont toutes rigoureusement identiques, sans numéro, scellées par une bande d'adhésif apposée pour éviter toute tricherie.

La jeune fille prend au hasard une de ces 40 enveloppes qu'elle ne devra ouvrir qu'à bord de la voiture.

Avant qu'elle parte, nous réglons nos montres sur la même heure, car notre recherche n'excédera pas trois minutes. Quelques minutes avant l'heure fixée, je rejoins le bureau sur lequel sont dépliées des cartes de la région de Fribourg. Sur ces cartes aucune marque, aucune indication. Au top, donné par un des assistants du professeur Bender, je commence mon travail. J'ai trois minutes pour localiser la jeune fille sur 100 km². Je souhaite faire du travail positif.

Les trois minutes sont maintenant écoulées. J'explique sur les plans le parcours que j'ai pu détecter partiellement (il fallait si possible fournir non seulement un lieu, mais aussi le trajet pour y parvenir). Je ne réussis pas à donner un lieu précis, par contre je trouve une piste sur une douzaine de kilomètres. Sur le plan de la ville, j'arrive jusqu'à un carrefour dont je fais une description assez précise. Pour moi, la jeune cobaye était passée par là. Les assistants du professeur Bender ont bien sûr noté tous les détails de ma recherche. Il ne reste plus qu'à attendre le retour de notre jeune « disparue ».

Mon « concurrent » nous rejoint après être sorti de son sommeil hypnotique.

Tous les deux, nous récupérons de notre effort intellectuel en buvant des jus de fruits. Aucun de nous ne parle de ses résultats, cela serait d'ailleurs impossible à mon adversaire car il a travaillé sous hypnose (seuls les assistants du professeur Bender ont marqué au fur et à mesure les impressions qu'il émettait).

La jeune fille revient près d'une heure après la fin de notre recherche. Nous allons enfin savoir si notre travail a été positif. Il est décidé que j'expliquerai le premier le résultat de mes recherches sur les cartes. Nous ignorons toujours le lieu où s'est rendue la jeune fille.

Mon adversaire ayant travaillé sous hypnose connaît ses résultats par la voix des deux assistants du professeur Bender. Ceux-ci expliquent que, dans son sommeil hypnotique, il a vu une chapelle avec de l'eau autour.

Maintenant que nous avons donné tous les deux nos résultats, la jeune disparue volontaire s'approche de la grande table sur laquelle sont installées les cartes. Elle nous explique qu'après être montée dans la voiture, elle a ouvert l'enveloppe contenant l'adresse du lieu où elle devait se rendre.

La jeune fille s'approche des cartes et explique son trajet jusqu'au lieu où elle s'est rendue : elle suit alors l'itinéraire que j'ai trouvé et arrive au carrefour à partir duquel j'ai dû arrêter mon travail. J'ai donc rempli en partie mon travail.

Puis notre fausse disparue continue à suivre, sur les cartes, une route de plusieurs kilomètres et arrive près d'un lac ! Elle indique alors un point sur la rive du lac. Près de ce point sur la carte, une chapelle ! Ce que la personne mise sous hypnose avait trouvé !

Imaginez que cette simulation ait été une vraie disparition : j'avais trouvé la trace de passage sur 10 kilomètres, j'étais dans la bonne direction finale. Mon adversaire, lui, avait de l'eau et une chapelle. Ce test me fait dire que l'association d'un radiesthésiste et d'un sujet exceptionnellement doué pour travailler sous hypnose serait peut-être le moyen d'obtenir de fantastiques résultats en matière de recherche de disparus.

Enfin, avant de quitter l'Allemagne, on me remet six enveloppes parfaitement scellées, sur lesquelles figurent une date et une heure précises. De chez moi, j'indiquerai ce que j'ai ressenti ou non, à l'instant indiqué, sur l'extérieur de chaque enveloppe.

Quelques mois plus tard, les tests faits et les résultats analysés, je suis déclaré vainqueur de ces épreuves. Le professeur Bender et son ami le professeur français m'apporteront mon prix : 1 kilo de fromage de Munster, lors du séjour de trois jours qu'ils viendront faire à Aubenas, quelque temps plus tard !

La presse sportive parle de l'aide psychologique que vous apportez à des sportifs. De quoi s'agit-il exactement ?

Depuis longtemps, je soigne occasionnellement des sportifs. Puis, le 8 janvier 1990 tout change. Ce jour-là, je reçois un producteur de télévision, Bernard Baudoin, qui prépare une nouvelle série sur des gens exerçant un métier particulier.

Nous partons déjeuner dans un village typique de l'Ardèche, Antraigues, situé à 13 kilomètres d'Aubenas. Nous sommes accueillis par mon ami Yves Jouanny, propriétaire du restaurant la Remise, connu dans le monde entier de tous les pilotes de rallyes automobiles. La cuisine ardéchoise d'Yves Jouanny est une vraie cuisine de terroir (ah ! ses soufflés aux cèpes, un régal !). Yves a été un très bon pilote et il reste en contact avec la course car chaque année, le rallye de Monte-Carlo se donne rendez-vous chez lui.

Ce 8 janvier 1990, Yves me présente Didier Auriol, le grand pilote français de rallye. Je lui souhaite bonne chance pour le Monte-Carlo 90. Nous quittons la salle du bar pour pénétrer dans la salle de restaurant. Il y règne l'ambiance des jours qui précèdent un rallye : plusieurs équipages internationaux (pilotes, copilotes, mécaniciens) commencent leurs essais et échangent leurs impressions sur les « spéciales » faites au cours de la matinée.

Le producteur de télévision et moi-même nous installons à notre table et discutons des différentes séquences qu'il pourrait tourner sur mon métier de radiesthésiste-magnétiseur.

Quelques instants après, Yves Jouanny nous rejoint et nous dit : « Jean-Louis, je viens de parler de toi à Didier Auriol. Il a de petits problèmes de santé et souhaiterait que tu l'aides. Acceptes-tu de le recevoir quelques instants? Je réponds à Yves que si je peux aider Didier Auriol, cela sera avec plaisir. Yves appelle Didier, qui nous rejoint quelques instants après.

C'est un garçon sympathique, franc, direct : le contact s'établit tout de suite entre nous. Didier Auriol m'explique qu'il a des problèmes de dos et qu'il vient d'avoir la grippe. Il souhaiterait que je lui redonne du tonus pour le rallye qui se déroulera vers le 20 janvier. Tout naturellement, je lui propose de le préparer psychologiquement et physiquement à cette course très éprouvante : cela l'intéresse beaucoup. Nous parlons des différentes manières dont je vais m'occuper de lui. Je lui demande alors une photo, puis mémorise les épreuves du Monte-Carlo. Soudain, alors que nous parlons, le flash d'un photographe crépite sur ma droite. Didier Auriol me dit alors : « cela vous dérange-t-il si le journal l'*Equipe* fait un reportage sur la façon dont vous allez me traiter par magnétisme ? »

J'accepte bien volontiers. A la fin de notre déjeuner, Didier Auriol nous rejoint et me demande si je suis déjà monté dans une voiture de rallye. Je réponds par la négative. Didier m'offre alors de faire quelques kilomètres avec lui dans sa voiture. J'accepte avec joie. Quelques minutes plus tard, Bernard Occeli m'installe à sa place de copilote. Contact, c'est parti !

Bien que nous soyions sur route ouverte (les spéciales ne sont pas fermées à la circulation pendant les reconnaissances des pilotes), en quelques dizaines de mètres, les aiguilles des compteurs montent très haut. Par l'interphone qui nous relie, Didier me dit alors que le régime moteur est à fond, mais qu'il ne roulera pas vite, car ses pneus ne sont pas adaptés à la route que nous empruntons. Pas vite pour lui! — sur la route Antraigues/Vals-les-Bains, c'est du 140 km/heure.

Je pense à regarder le travail de la main droite de Didier sur son levier de vitesse : il change plus de 100 fois de vitesse au kilomètre! Mes impressions : sécurité totale, aucune peur, le pilote est sûr de lui, il ne frime pas, il conduit comme il a l'habitude. Chapeau, Didier! Au bout de 3 kilomètres, toujours à grande vitesse, il m'annonce que nous allons faire demi-tour = tête à queue et retour vers Antraigues. A l'arrivée, devant la Remise, même opération, et la Lancia de Didier est garée parfaitement, prête à repartir vers Vals. Didier nous quitte peu après pour continuer son travail de reconnaissance.

Le soir, dans mon bureau, je fais le point sur cette journée. La presse sportive, dans les jours prochains, va parler de la rencontre entre Didier Auriol et le radiesthésiste-magnétiseur d'Aubenas. Je décide de jouer le jeu sur le Rallye de Monte-Carlo et de m'occuper de Didier Auriol à fond. Dès le lendemain, je rencontre une journaliste de notre quotidien local et lui raconte ma rencontre avec Didier Auriol, qu'elle publie dans l'édition suivante.

Annoncer dans les médias locaux et nationaux que je vais aider Didier Auriol à gagner me fait prendre un risque énorme. En effet, une telle course peut se perdre sur une crevaison ou sur un incident mécanique. Le résultat final, vous le connaissez : Didier Auriol et Bernard Occeli gagnent le Monte-Carlo 1990 avec 50 secondes d'avance.

Le lendemain de sa victoire, deux heures après la remise de la coupe par le Prince Rainier de Monaco, Didier Auriol me téléphone pour me remercier. J'apprécie le geste. Mais surtout, il souhaite que l'on continue ensemble toute la saison 90. J'accepte avec plaisir malgré le travail supplémentaire que cela représente pour moi (Didier Auriol terminera 2e du championnat du monde des rallyes en 1990).

Cinq jours plus tard, je reçois par la poste un petit colis = c'est une bouteille de Champagne (la même marque que celle bue sur la ligne d'arrivée!) accompagnée d'une carte signée Didier Auriol.

La réussite de Didier dans ce rallye est bien sûr due à ses

grandes qualités mais peut-être aussi un peu à mon travail. Toujours est-il que cette victoire provoqua un intérêt supplémentaire pour mes recherches de la part du monde sportif.

Ainsi, quinze jours après la victoire de Didier Auriol, le président du Club de Basket d'Aubenas me contacte, à la demande de joueurs de son équipe. Le soir même, je retrouve l'équipe de basket d'Aubenas qui joue en nationale 4. Entre le Président Bonniot, le manager de l'équipe Jean-Marie Cohen et moi, le courant passe bien. Le Président m'explique que le club doit remporter trois matchs dont un dans trois semaines, qui est capital = si Aubenas gagne, l'équipe a un pied en nationale 3.

Pendant que nous discutons, l'équipe continue son entraînement. Le Président me remet une photo très récente de toute l'équipe. Je demande à l'entraîneur d'arrêter l'entraînement des joueurs afin de pouvoir leur expliquer ce que je vais faire à partir de la photo : du haut de mon mètre 75, je me sens tout petit, entouré de ces garçons dont la taille moyenne est de 2 mètres !

Dans les semaines qui suivent, je suis présent à deux entraînements sur trois au minimum et je soigne par imposition des mains les joueurs blessés. Finalement, l'équipe de basket d'Aubenas gagne ses matchs et accède à la nationale 3. Le moment qui me fera le plus plaisir, ce sera le soir de la victoire, quand un des jeunes espoirs de l'équipe, Jean-Philippe Cohen, me dira : « l'année prochaine, l'équipe compte encore sur vous ! »

Que répondre à cela ! Je continuerai donc à faire de mon mieux la saison suivante pour cette bien sympathique équipe.

Que ce soit pour Didier Auriol ou pour ces basketteurs, mon travail est fait de la même manière : préparation avant l'épreuve, mise en forme psychologique et physique maximum durant l'épreuve. Didier Auriol, en plein rallye, je le soigne sept à dix fois par jour, parfois fort tard dans la nuit.

Pour des sports collectifs (équipes de basket, football, hockey), je travaille plusieurs fois par jour sur la photo, pendant trois à quatre jours avant un match. Immédiatement après le match, je traite tous ces sportifs pour les détendre, les décontracter pendant quelques jours, avant de recommencer un travail de mise en forme pour l'épreuve suivante. Il m'arrive de m'occuper aussi individuellement de sportifs : ainsi, pour la saison 1990-1991, j'ai traité à distance un joueur de football de Monaco, international et ardéchois d'origine.

Dans tous les cas, je travaille uniquement sur photo. Bien sûr, si en plus je peux pratiquer des séances de magnétisme par imposition des mains sur les personnes, les effets sont amplifiés.

S'occuper de champions demande de la concentration et du temps. Mais quand ceux-ci gagnent, je suis heureux de partager un peu de leur victoire.

Vous soignez des malades directement sur eux, cela est compréhensible. Ils sont devant vous, on comprend qu'en imposant les mains sur eux, vous puissiez transmettre votre magnétisme. Mais soigner un malade sur sa photo, alors qu'il réside à des centaines de kilomètres de chez vous, cela dérange beaucoup de personnes!

C'est pourtant ce qui se passe. A mon avis, les phénomènes sont les mêmes aussi bien en magnétisme qu'en radiesthésie. Quand je recherche un disparu, je n'ai que sa photo.

A partir de celle-ci, je dis s'il est vivant, blessé ou mort. Pour moi, les photos «parlent». Si on accepte ce travail sur photo pour les disparus (personne n'est surpris quand je localise des individus à des centaines ou des milliers de kilomètres de leur point de départ). Par contre, les soins par magnétisme sur photos sont moins bien acceptés. Or, depuis que je soigne des malades, j'ai toujours travaillé ainsi. Je reçois mon malade la première fois, au cabinet, s'il n'habite pas trop loin, puis il me laisse obligatoirement une photo et tous les matins, pendant un mois, je le soigne à distance. Je ne reçois la clientèle que le samedi matin. Ce jour-là, c'est jour de marché à Aubenas et une population importante profite de ce déplacement pour me rendre visite. Les autres jours, je reçois les mercredi — jeudi — vendredi, l'après-midi et le samedi toute la journée.

Nombre de livres sur la radiesthésie ou le magnétisme mettent en doute la possibilité de soigner sur photo mais si on accepte que je retrouve des disparus grâce à une simple photo, sans me déplacer, pourquoi ne pas accepter que le magnétisme agisse aussi à distance ?

Au début, je soignais mes malades pendant 15 jours sur leur photo mais cela n'était pas satisfaisant. Puis, j'ai essayé sur trois semaines pour enfin trouver la formule que, depuis des années, j'applique : un mois de traitement. Dans le cas des femmes, cela permet de pouvoir les traiter pendant un cycle menstruel complet. Actuellement, je n'envisage pas de changement de durée de mes traitements. Pour beaucoup de malades, faire une passe magnétique en touchant effectivement la partie malade à soigner, ou travailler à quelques centimètres de cette partie malade, ou encore agir à distance sur leur photo, cela leur importe peu. Ce qu'ils veulent, c'est un résultat. C'est tout ce qu'ils me demandent. N'est-ce pas là le principal ? Si cette méthode de travail que j'aime pratiquer ne donnait pas de résultats, je n'aurais plus de clients depuis longtemps.

Dans votre vie professionnelle de radiesthésiste, quels sont les cas qui vous ont le plus marqué ?

Après avoir travaillé sur un millier de disparitions, il est normal d'avoir des moments de joie, mais aussi des moments de tristesse. Je vais vous citer trois événements qui m'ont fortement touchés.

Le premier s'est passé en 1972 : un adolescent habitant un village situé à quelques kilomètres d'Aubenas, mais travaillant comme apprenti-pâtissier dans ma ville, ne se présente pas à son travail le 26 octobre 1972. Le patron de ce jeune apprenti téléphone à ses parents. Stupeur de ceux-ci, leur fils est parti à l'heure habituelle, comme tous les jours quand il travaille. Vous imaginez leur angoisse. Sa mère vient me consulter le lendemain. Je me mets au travail après son départ, et, très vite, je trouve une piste qui me conduit à Lyon, soit à environ 180 kilomètres d'Aubenas. Sur un plan de Lyon, je localise le jeune fugueur dans le quartier de la gare de Perrache. Je téléphone ce résultat à la mère du jeune homme et je me rends à la gendarmerie d'Aubenas qui avertit aussitôt la brigade des mineurs de Lyon. Le jeune garçon est retrouvé par la police, vers 3 heures du matin, près de la gare de Perrache.

Le lendemain matin, le patron du jeune homme me téléphone pour m'annoncer cette bonne nouvelle, que me confirme quelques instants après le chef de brigade de la gendarmerie. Mais des parents, aucun appel, aucune lettre dans les jours qui suivent. Rien, le silence. Trois semaines après, dans une rue d'Aubenas, je croise la mère du jeune homme qui dès qu'elle m'aperçoit, change précipitamment de trottoir et prend une rue transversale.

Cette recherche de son fils, je l'avais faite bénévolement, je n'avais pas demandé d'honoraires ni de récompense. J'avoue que le comportement de cette femme me fit de la peine = avoir consacré tant d'heures de travail, dépensé tant d'énergie et obtenu un résultat positif pour ne pas au moins être remercié, cela me fit très mal !

Par contre, le deuxième événement est à marquer d'une pierre blanche = il s'agit de la demande, faite par le capitaine Coste début 1974, pour que je devienne pompier au centre de secours principal d'Aubenas. Cela pour que je puisse disposer de tous les moyens techniques possibles afin de mieux travailler dans le cas de recherches de disparus. Le 22 janvier 1974, donc, j'ai signé mon engagement de pompier volontaire à la compagnie d'Aubenas. Le commandant Coste est, depuis, toujours prêt à utiliser mes services et n'hésite jamais à apporter des preuves de l'efficacité de mon travail à toute personne qui l'interroge sur mes résultats.

Le troisième événement, en revanche, me laisse un goût d'amertume. C'est ma première recherche en Israël d'un enfant kidnappé avec demande de rançon. Sur l'insistance d'un ami de la famille de l'enfant, le député israélien Sharon Flatto, je pars le 28 juin 1980 afin d'essayer de retrouver sur place cet enfant (ce que je fais très rarement puisque j'obtiens les mêmes résultats en restant chez moi). Mon verdict est tragique : à mon avis, l'enfant est mort assassiné, puis enterré à plusieurs kilomètres du lieu de sa disparition. Je travaille sur tout le territoire d'Israël sans parvenir à trouver une localisation précise. Mais je suis bloqué sur un secteur sans pouvoir aller plus loin.

Peu après mon retour en France, je suis averti que le corps de l'enfant a été retrouvé, enterré à moins de trois kilomètres du secteur que j'avais indiqué.

L'assassin avait été arrêté, avait avoué et conduit l'armée sur les lieux où il avait enterré le corps de l'enfant sous 1,50 mètre de sable.

Cette recherche, je la considère comme un échec, car une imprécision de près de trois kilomètres sur tout le territoire d'Israël est pour moi un manque de précision.

ANALYSE DE 30 ANS DE RECHERCHES

Depuis 1960, date à laquelle Jean-Louis Crozier s est mis à rechercher les disparus, il a tout consigné dans un gros cahier d'écolier. Cette rigueur, qui peut apparaître un peu scolaire, permet aujourd'hui de faire des statistiques sur ses travaux de radiesthésie.

Le tableau ci-après révèle ce que sont, année après année, ses résultats. On lira ainsi, dans l'ordre : dans la première colonne, le nombre de disparus retrouvés grâce aux indications précises de Jean-Louis Crozier transmises à la gendarmerie, aux pompiers ou à la famille des disparus.

Puis la colonne suivante indique les échecs, c'est-à-dire les cas où il s'est trompé. Il faut noter que Jean-Louis Crozier considère une recherche comme un échec lorsqu'on retrouve la personne à plus de 500 mètres de l'endroit qu'il a désigné, même si celui-ci se trouve à plusieurs centaines de kilomètres du point de départ.

La troisième colonne indique le pourcentage de succès obtenus : il est calculé en faisant le rapport du nombre de réussites sur le nombre total de cas élucidés (réussites + échecs).

Enfin, la quatrième colonne exprime le nombre de dossiers en attente, c'est-à-dire ceux dont on ne connaît pas encore le résultat : soit parce qu'on n'a toujours pas retrouvé les gens, soit parce que Jean-Louis Crozier n'a pas été informé de ce qu'est devenue la personne. Ainsi, il faut noter que parfois les familles de disparus et même les gendarmes qui lui ont demandé de travailler oublient de lui transmettre un résultat ou bien ne le lui précisent que plusieurs mois ou plusieurs années après (auquel cas, Jean-Louis Crozier l'intègre alors dans ses statistiques).

Tableau récapitulatif

Année	Réussites	Échecs	% succès	Résultats en attente	TOTAL DOSSIERS
1960	1	1	50	0	2
1961	3	2	60	15	20
1962	6	2	75	10	18
1963	-	-	-	1	1
1964	-	-	-	-	-
1965	-	-	-	-	-
1966	-	-	-	-	-
1967	-	-	-	1	1
1968	1	-	100	1	2
1969	-	-	-	-	-
1970	-	-	-	-	-
1971	-	-	-	4	4
1972	5	1	83	-	6
1973	5	1	83	3	9
1974	8	5	62	4	17
1975	27	5	84	62	94
1976	16	9	64	43	68
1977	9	9	50	25	42
1978	17	8	68	9	34
1979	15	15	50	16	46
1980	12	8	60	55	75
1981	9	14	39	26	49
1982	10	14	42	112	136
1983	6	5	55	61	72
1984	8	7	53	49	64
1985	9	1	90	57	67
1986	7	6	54	24	37
1987	8	3	73	38	49
1988	9	9	50	23	41
1989	7	4	64	15	26
1990	5	3	62	16	24
TOTAL	**203**	**131**	**61**	**670**	**1 004**

Principales conclusions

En 30 ans, de 1960 à 1990, Jean-Louis Crozier a effectué 1 004 recherches officielles, soit en moyenne 33 par an. Sur ce total, il a effectivement fait retrouver 203 personnes (soit un taux brut de 20%) et s'est trompé dans 131 cas. Son véritable pourcentage contrôlé de succès est donc de 61%. Restent 670 dossiers en attente, pour lesquels on ne dispose d'aucune information nouvelle concernant les disparus.

Quand on observe dans le détail ce que furent ces trente années de recherches, on peut y déceler quatre grandes périodes :

1) LA PÉRIODE AMATEUR (1960-1962)

En trois ans, Jean-Louis Crozier a traité peu d'affaires (40 seulement) mais avec un taux de réussite élevé (67%). On peut cependant considérer qu'au cours de cette période, il s'est plutôt « fait la main » sur cette discipline exigeante et aléatoire qu'est la recherche de disparus.

2) LA PÉRIODE CALME (1963-1970)

En huit ans, Jean-Louis Crozier a eu fort à faire : effectuer son service militaire en Algérie (1963-1964), convoler en justes noces (1967) et expérimenter des recherches personnelles.

Résultat : seulement 4 dossiers étudiés en huit ans!

3) LA PÉRIODE PROFESSIONNELLE (1971-1981)

A partir de 1971, on sent Jean-Louis Crozier plus déterminé : il s'investit alors à fond dans ses recherches, aide la gendarmerie qui le sollicite fréquemment et devient de plus en plus connu, à partir de 1975, grâce à ses participations à des émissions radiophoniques, animées par Georges de Caunes sur RMC, qui le feront connaître du grand public. Cette soudaine notoriété lui apportera de nombreuses demandes de consultations (qu'il ne pourra pas toutes assumer, hélas) : en moyenne, il en réalisera quand même une soixantaine par an, à partir de 1975, avec une pointe à 94 cette année-là.

4) LA PÉRIODE MÉDIATIQUE (1982 A AUJOURD'HUI)

L'année 1982 est une année charnière : Jean-Louis Crozier est interviewé à la télévision par Philippe Bouvard, Paris-Match lui consacre un article de 8 pages et lui-même sort un livre *L'homme du dernier espoir*[1].

Cette année 1982 sera d'ailleurs infernale : des milliers de gens lui demandent de rechercher un parent ou un ami disparus ! Jean-Louis Crozier fera quand même 136 enquêtes officielles (son record) soit presque une tous les trois jours (!) ce qui altérera son efficacité (dont le taux baisse à 42%) et perturbera son travail de magnétiseur.

Jean-Louis Crozier en tirera cependant les conséquences et, les années suivantes, réduira sensiblement le nombre de dossiers traités, n'en faisant plus qu'une cinquantaine par an : il augmentera ainsi son taux de succès (67% en moyenne sur les sept dernières années, avec une pointe record de 90% en 1985 !).

LE DRAME DES DISPARITIONS

Chaque année, dans le monde entier, disparaissent des millions de personnes et parmi elles de nombreux enfants. En réalité, les statistiques sont fragiles, incertaines, angoissantes. Ainsi, aux États-Unis, près d'un million et demi d'enfants sont considérés comme disparus, à un moment ou à un autre de l'année ! Mais 90% fuguent et reviennent vite chez eux, 100 000 sont enlevés par le conjoint divorcé qui n'en a pas la garde et plusieurs dizaines de milliers sont

1. *Éd. Tchou. Tirage épuisé.*

kidnappés par des étrangers à la famille et sont souvent retrouvés assassinés.

En France, il y aurait 45 000 personnes qui disparaîtraient chaque année : 15 000 adultes et 30 000 enfants ! Mais il faut bien dissocier ces deux groupes.

Juridiquement d'abord : un adulte a le droit de disparaître (ce n'est pas un délit) alors qu'un enfant est contraint de regagner son foyer, dans lequel il est placé sous l'autorité parentale.

Psychologiquement ensuite : un adulte qui disparaît volontairement peut le faire dans le but de couper les ponts avec sa famille, suite à une dépression nerveuse, à un « ras-le-bol » ou au désir de changer de vie.

Chez un enfant, c'est dans presque tous les cas une fugue survenant après de mauvaises notes (par peur d'une réprimande), pour échapper à un climat insupportable au domicile ou pour partir à l'aventure avec des copains.

Par contre, on a peu d'éléments sur les disparitions par enlèvement, destinées à la prostitution : la fameuse « traite des blanches » pour les jeunes filles et les femmes, la mise sur les trottoirs parisiens pour les adolescents ou encore les réseaux de pédophiles qui kidnappent les jeunes enfants pour tourner des vidéos très demandées. Or, il est certain que des personnes disparaissent de cette façon puisqu'on en retrouve qui, un jour ou l'autre, par chance ou par hasard, arrivent à échapper à leurs proxénètes et témoignent alors de l'enfer auquel elles ont échappé. C'est ainsi que Joël Weiss, qui se définit comme « éducateur de rue bénévole » et passe ses nuits (en dehors des heures de travail) à fréquenter les quartiers chauds de la prostitution masculine à Paris, affirme dans son livre *Arraché au trottoir* : « je prouverai que l'on peut retrouver dans le milieu de la drogue et de la prostitution une bonne partie des milliers d'enfants qui se volatilisent chaque année ».

Et effectivement, à force de patience et de traque, il en retrouve dans certaines rues sordides des Halles ou de l'Opéra.

LES DISPARITIONS D'ENFANTS

Sur les 30 000 enfants qui disparaissent chaque année en France, on estime que 95% fuguent et reviennent au domicile dans les jours qui suivent, soit de leur propre initiative, soit retrouvés par la brigade des mineurs. Les 5% qui restent (ce nombre peut paraître faible, mais cela représente quand même 1 500 enfants!) sont constitués de cas pour lesquels on est sans nouvelles, mais aussi, il faut le reconnaître, des enfants dont les familles ont oublié de signaler les retours, ce qui évidemment fausse les statistiques.

Pour surmonter leur angoisse, s'encourager et essayer de faire progresser les recherches, les parents d'enfants non retrouvés se groupent souvent dans des associations comme « SOS-Enfants disparus », qui donnent alors des conseils aux familles se trouvant dans la même situation qu'elles :

— ne pas attendre un appel téléphonique miracle mais agir tout de suite en diffusant des affiches, des tracts, des photos de l'enfant disparu et de ses principales caractéristiques physiques,

— prendre un avocat et se constituer partie civile pour que la justice soit saisie,

— revérifier les témoignages recueillis par les gendarmes,

— ne pas écouter aveuglément plusieurs radiesthésistes, car leurs avis sont contradictoires,

— et surtout porter plainte pour enlèvement de mineur de moins de 15 ans.

LES DISPARITIONS D'ADULTES

Les 15 000 adultes qui ne reviennent pas chez eux annuellement peuvent être classés en deux catégories :

— Ceux qui font l'objet d'une « recherche dans l'intérêt des familles » (R.I.F.), requête faite au commissariat de police du quartier. Il s'agit de disparitions qui n'ont rien d'inquiétant.

En 1989, sur 9 437 R.I.F., on a retrouvé 3 491 personnes, soit 37%. La moitié d'entre elles seulement ont accepté de communiquer leur nouvelle adresse à leur famille, ce qui est leur droit le plus strict, puisqu'elles avaient changé volontairement de vie.

— Ceux qui font l'objet d'une « enquête pour disparition inquiétante » — pouvant faire craindre accident, suicide ou crime — qu'ils soient connus (comme Philippe de Dieuleveult, Arnaud de Rosnay, Teddy Vrignault, l'un des frères ennemis) ou inconnus.

Lorsque la famille dispose d'éléments alarmants (disparition brutale sans explication, sans papiers, sans bagages...), elle doit déposer une plainte avec constitution de partie civile, ce qui permet au Parquet d'ouvrir une information judiciaire.

Celle-ci aboutit souvent puisqu'en 1989, 93% des disparus de cette catégorie ont été retrouvés (dont 4% morts) dans les 12 mois qui ont suivi mais on est toujours sans nouvelles des 7% restant, soit 4 000 personnes environ.

QUELQUES ADRESSES UTILES[1]

SOS-Enfants disparus, 1 boulevard Saint-Michel - 04120 Castellane. Tél. : 92.83.63.19.

Disparition Espoir, Mairie d'Étupes, 4 rue de la Poste - 25460 Étupes. Tél. : 81.32.23.42.

SOS Jeunes en difficultés, GNPEA (Groupement national pour la protection de l'enfance et de l'adolescence), 371 route des Granges - 74700 Sallanches. Tél. : 50.93.79.94.

Association Disparitions, 28 rue Juliette-Lamber, 75017 Paris.

1. D'autres moyens — peut-être plus spectaculaires — existent pour augmenter les chances de réussite dans la recherche de disparus : des émissions de télévision (« Qui l'a vu » sur la TV italienne RAI 3 ou « Perdu de vue » sur TF1 ont ainsi permis de retrouver assez vite des centaines de personnes) ou encore des avis de recherche imprimés sur des packs de lait, espace d'ultime espoir pour des parents angoissés, initiative originale créée par les producteurs de lait en Italie !

Jean-Louis Crozier et les cas de disparus célèbres

En 30 ans de recherches, Jean-Louis Crozier a eu à étudier de nombreux dossiers de disparitions : la plupart étaient anonymes, mais quelques-uns ont été portés à la connaissance du grand public par la presse et la télévision.

En voici six sur lesquels on a demandé à Jean-Louis Crozier de travailler (la demande provenant soit de la famille ou d'un proche de disparu, soit de la gendarmerie, soit d'une équipe de télévision) : Teddy Vrignault, l'un des comiques des « Frères Ennemis », disparu en pleine déprime ; Arnaud de Rosnay, l'aventurier-véliplanchiste englouti en mer de Chine ; Philippe de Dieuleveult, l'animateur-cascadeur vaincu par les rapides du fleuve Zaïre ; Bernard Galle, kidnappé à Lyon mais pas retrouvé malgré le versement de la rançon ; les soldats manquant à l'appel au Camp de Mourmelon ; Marie-Agnès Cordonnier et Françoise Bruyère, les deux autostoppeuses belges disparues sac au dos en France.

TEDDY VRIGNAULT : LE FRÈRE ENNEMI

Avec son complice André Gaillard, Teddy Vrignault, 56 ans, faisait partie du fameux duo comique des « Frères Ennemis ». Il a disparu le 1er novembre 1984, après une dispute avec sa femme (celle-ci tentera de se suicider, quelques jours plus tard, en se jetant par la fenêtre de leur appartement). Il n'a laissé aucune lettre expliquant son comportement. La seule chose qu'on sache, c'est qu'il est parti au volant de sa 504, de couleur noir et cuivre, très reconnaissable.

Contacté par André Gaillard quelques jours après la disparition, Jean-Louis Crozier perçoit un très faible écho, dans un bras de la Seine, près du pont de Puteaux : pour lui, Teddy Vrignault doit y être mort, noyé dans sa voiture, ultime cercueil pour un comédien qui a quitté la scène trop tôt.

ARNAUD DE ROSNAY : L'AVENTURIER-VÉLIPLANCHISTE

Quelques jours seulement après la disparition de Teddy Vrignault, le populaire Arnaud de Rosnay (38 ans) disparaissait lui aussi. Il tentait le 21 novembre 1984 d'ajouter à la déjà longue liste de ses exploits sportifs (traversée des détroits de Behring, de Gibraltar, de la Manche, liaison Floride-Cuba et Japon-cap Sakhaline), la traversée du détroit de Formose en planche à voile afin de débarquer en Chine Populaire, soit une course d'environ 160 kilomètres.

Le vent était fort (60 km/h) mais bien orienté et Arnaud de Rosnay avait emporté avec lui deux boîtes de boisson à l'orange, un miroir de détresse, un sifflet, du colorant (pour être aperçu d'avion en cas de difficulté) mais il n'avait pas de balise Argos, de rations de survie et de bateau suiveur.

Contacté par la famille du sportif et en possession grâce à elle d'une bonne photo du disparu et de cartes de la région, Jean-Louis Crozier effectue son étude radiesthésique. Son verdict tombe : le champion est mort, car après environ deux heures de navigation, Crozier ne ressent plus aucun écho. Arnaud de Rosnay se sera probablement noyé à une quinzaine de milles nautiques de Taiwan. Reste le mystère de sa planche à voile qu'on n'a pas retrouvée alors qu'elle a, comme toutes les planches, la propriété de flotter facilement. A-t-elle dérivé pour s'échouer finalement sur l'une des îles du détroit de Taiwan ?

PHILIPPE DE DIEULEVEULT : L'ANIMATEUR-CASCADEUR

Moins d'un an après la disparition d'Arnaud de Rosnay, la France entière apprend, le 6 août 1985, que son animateur-TV préféré, Philippe de Dieuleveult, et les six coéquipiers de son expédition ne sont pas réapparus au Zaïre où ils tentaient de descendre le fleuve du même nom sur 60 kilomètres. Ils étaient attendus au village de Matadi, mais ils n'y parvinrent jamais.

Le 16 août, Jean-Louis Crozier est contacté par M. Chegaray, réalisateur à Antenne 2, afin d'effectuer une recherche au pendule filmée en direct. La séance a lieu le 23 août, à partir de cartes et de photos des membres de l'expédition, apportées par le réalisateur. Très vite, Jean-Louis Crozier perçoit la mort par noyade de toutes les personnes du radeau (quelques jours plus tard, deux corps seront effectivement retrouvés, dont un ne put être identifié). Puis, il essaie de localiser le corps de Philippe de Dieuleveult. Un écho apparaît après les rapides d'Inga (le passage le plus difficile avec des remous terribles, des rochers dangereux et des vagues impressionnantes pouvant atteindre huit mètres!) où le radeau a dû se retourner. Là, le fleuve Zaïre fait un virage brutal à 90 degrés vers l'Ouest pour se diriger vers Matadi, distante de 10 kilomètres.

C'est dans ce « coude » du fleuve que Jean-Louis Crozier « détecte » le corps de Philippe de Dieuleveult.

Aujourd'hui, on n'a toujours pas retrouvé d'autres corps, à part les deux premiers. En dehors de la noyade, une autre hypothèse a circulé : les membres de l'expédition auraient été enlevés par des mercenaires et seraient détenus comme otages dans une base secrète. Cela paraît invraisemblable puisqu'aucune négociation n'a eu lieu entre les éventuels ravisseurs et la France. Un an plus tard, en septembre 1986, les rapides d'Inga seront vaincus en radeau par une autre expédition. Le sacrifice de Philippe de Dieuleveult et de ses camarades n'aura pas été vain.

L'ENLÈVEMENT DE BERNARD GALLE

Cette affaire a défrayé la chronique judiciaire et policière pendant plusieurs mois. Depuis, plus rien, Bernard Galle n'a jamais été retrouvé, mort ou vivant.

Pourtant, quand il a quitté son domicile tôt ce matin du 22 septembre 1980, Bernard Galle, gendre d'un riche et célèbre notaire lyonnais, Maître Chaîne, Président du Conseil supérieur du notariat, ne pensait pas qu'il allait être kidnappé en plein centre ville, à Lyon. Les ravisseurs demandent une rançon de 5 millions de francs.

Le 5 octobre 1980, soit presque quinze jours après l'enlèvement, Charles Garreau, envoyé spécial de

« France-Soir », contacte Jean-Louis Crozier pour en savoir plus.

D'après la photo sur laquelle il travaille, Crozier considère que Bernard Galle est mort, tué par balles, dès le début de son enlèvement. Il le localise au nord de Lyon, dans l'île de la Pape. Et il ne perçoit que de faibles « radiations », lui faisant penser que le corps est enterré plutôt que noyé.

Le 17 novembre 1980, « France-Soir » publie le bilan des recherches de Jean-Louis Crozier. Mais, depuis, plus rien de nouveau. On a même dit que Bernard Galle aurait volontairement disparu pour des raisons familiales. Saura-t-on un jour la vérité ?

LES DISPARUS DE MOURMELON

Au cours des années 80, une dizaine de jeunes ont mystérieusement disparu près du camp militaire de Mourmelon-le-Grand (Marne). Ils avaient autour de 20 ans, étaient presque tous des appelés du contingent, faisaient de l'autostop et se sont évaporés entre Mourmelon, Châlons-sur-Marne et Suippes, dans ce que certains journalistes ont appelé le « triangle des Bermudes de la Marne » (!) ou encore « le triangle de la mort ». Fugues, enlèvements, assassinats ? A l'heure actuelle, l'affaire n'est pas élucidée.

Reprenons les faits. Une première disparition est signalée le 4 janvier 1980 : Patrick Dubois, 19 ans, du 4e régiment des dragons de Mourmelon.

Le 20 janvier 1981, c'est Serge Havet, 20 ans, canonnier au 3e régiment d'artillerie, qui disparaît en abandonnant sa voiture en panne sur la nationale 44. Puis, trois autres disparitions la même année. Le 17 août 1981, Manuel Carvalho, 19 ans, du 4e régiment des dragons.

Le 20 août 1981, Pascal Sergent, 20 ans, du 503e de chars de combat de Mourmelon.

Le 24 décembre 1981, Patrick Vasseur est découvert noyé dans la Moselle, près de Gondreville. Il était militaire au camp de Mourmelon.

Le 31 octobre 1982, Olivier Donner est retrouvé étranglé par une cordelette, près de la natîonale 77 : il avait disparu le 30 septembre 1982.

Le 7 mars 1982, disparition de Guy Noyer, qui profitait d'une permission pour quitter Mourmelon et rentrer chez lui.

Le 23 août 1985, Patrice Denis, 21 ans, disparaît en faisant du stop sur la N 44 où un camarade l'avait déposé en voiture.

Le 27 décembre 1985, Laurent Puypalat, du 402e régiment d'artillerie de Châlons-sur-Marne est retrouvé mort, pendu, près de la nationale 44.

Le 30 avril 1987, Patrick Gache, 18 ans, du 4e régiment des dragons de Mourmelon, n'est pas rentré après ses quatre jours de permission.

Enfin, le 15 juillet 1988, disparaît Philippe Colignon. C'est le dernier de la liste. Depuis, plus aucune disparition.

Jean-Louis Crozier a eu son premier contact avec les « disparus de Mourmelon » le 18 juin 1982, à la demande du père de Guy Noyer, un peu plus de trois mois après la disparition de son fils. Après étude radiesthésique, Jean-Louis Crozier estime que le soldat est mort, noyé dans la Meuse. Fin 1990, on n'avait toujours pas de renseignement confirmant ou infirmant cette hypothèse.

En mai 1986, j'appelle Jean-Louis Crozier pour lui demander de travailler sur les cas de Patrick Dubois, Serge Havet, Pascal Sergent, Guy Noyer et Patrice Denis, à l'aide de photos que j'ai pu obtenir des familles. Quelques jours plus tard, j'enregistre ses résultats : pour Crozier, tous les cinq sont morts et quatre corps sont recouverts, enterrés. Seul le corps de Guy Noyer est dans l'eau et, pour Crozier, sa disparition doit être dissociée des autres.

Le 2 septembre 1987, une chaîne de télévision demande à Crozier de travailler sur l'affaire de Mourmelon. On lui présente alors la photo d'Olivier Donner. Verdict : mort. Mais ce résultat étant obtenu a posteriori (Donner a été retrouvé en octobre 82) ne peut être retenu, même si Jean-Louis Crozier affirme ne pas avoir été au courant de cette découverte.

Enfin, le 28 octobre 1987, la famille de Patrick Gache envoie une photo de leur fils, disparu six mois auparavant. Jean-Louis Crozier détecte une trajectoire à l'opposé de celle que devait prendre le militaire. En effet, au lieu d'aller vers Châlons-sur-Marne, Patrick Gache, d'après Crozier, suit une piste qui se dirige vers Reims, piste qui s'arrête ensuite au Carrefour des départementales 35 et 37. Qu'a-t-il pu se passer alors à cet endroit ?

Le 9 août 1988, la gendarmerie de Reims arrêtera un suspect, l'adjudant-chef Pierre Chanal, surpris en flagrant délit de kidnapping et torture d'un touriste hongrois, Palacz Falvay, qu'il avait pris en stop à la sortie de Châlons-sur-Saône ! Même si le suspect n'a rien avoué concernant les cas des disparus, il faut noter qu'il résidait au camp de Mourmelon au moment des faits (de juillet 1977 à juillet 1986) et qu'il était au Liban (du 22 janvier au 15 mai 1985) période au cours de laquelle il n'y a pas eu de disparitions. Troublant. En octobre 1990, Pierre Chanal a été condamné à 10 ans de réclusion criminelle pour viol, séquestration, attentat à la pudeur, violences et contrainte sur la personne du jeune Falvay.

AUTOSTOP SANS RETOUR

Dernière affaire célèbre de disparus, non encore élucidée à ce jour. Parties de Liège le 20 août 1984, deux cousines, Marie-Agnès Cordonnier et Françoise Bruyère, jeunes belges de 22 ans, arrivent à Mâcon en TGV. Puis, en stop, elles se rendent à Charolles, en Saône-et-Loire. Deux jours plus tard, elles en repartent : direction Aix-les-Bains, après avoir téléphoné à leurs parents. Ce sera leur dernier signe de vie.

Début septembre, les parents inquiets de ne pas les revoir, apposent des milliers d'affiches faisant appel à témoins. Une récompense de 100 000 F est même offerte.

Jean-Louis Crozier est mis sur l'affaire le 19 septembre 1984, par une lettre du Major Mathieu, commandant la brigade de recherche de Chambéry, (lettre contenant un mot du père de Françoise Bruyère). Son étude radiesthésique conclut à la mort des deux autostoppeuses, assassinées et probablement violées. Leurs corps seraient enterrés près d'un fleuve ou d'une rivière. Crozier obtient, après plusieurs heures de recherche, un écho près de Lagnieu, dans le village de Vertrieu, sur la rive gauche du Rhône. Cet écho se situe près de la cote 194 de la carte IGN au cent-millième.

Ces résultats ont été communiqués à la brigade de gendarmerie, mais Crozier ignore si des recherches ont été effectuées à partir de ses conclusions.

Un an passe, au cours duquel presse et télévision font état d'hypothèses totalement contradictoires : on aurait vu les deux femmes à Lille, Nice, Roanne. On les croit séquestrées dans des sectes ou dans un harem. Mais aucune preuve ne vient étayer ces informations.

Puis, un jour, Jean-Louis Crozier reçoit une lettre datée du 11 octobre 1985, expédiée de Vertrieu, dans l'Isère. Nous avons simplement supprimé le nom de cette correspondante. Tout le reste a été conservé tel quel.

Cher Monsieur,

J'ai été très intéressée par l'article paru dans Bonnes Soirées *de cette semaine. Doublement intéressée, car lors d'une interview il y a un mois et demi sur TF1 au journal de 13 heures, vous aviez situé le corps des jeunes filles belges dans un rayon de 35 kilomètres de Bourg-en-Bresse et même mieux : vous avez cité le nom de mon village, au bord du Rhône : Vertrieu. Je connais ce village, où j'habite depuis 37 ans.*

A ce jour aucune enquête n'a été réellement faite[1] *: la gendarmerie s'est dérangée une fois, mais personne n'a été interrogé sur des rencontres éventuelles. De plus, vous aviez précisé que les corps se trouveraient à 150 mètres du fleuve et dans un trou d'eau*[2]*. Mais savez-vous que la commune s'étend sur 4 kilomètres et que, là, un barrage est en construction ? Or, à l'époque de la disparition de ces jeunes filles, les travaux étaient tels que*

1. C'est l'avis de la correspondante, qui n'engage qu'elle.
2. En fait, ce n'est pas dans l'eau que Jean-Louis Crozier localise les corps, mais à proximité d'un point d'eau.

chaque jour des milliers de camions passaient sur la Nationale 75 : il était donc facile de se débarrasser de corps « gênants ».

Retrouvera-t-on un jour vivantes les deux autostoppeuses belges ou bien gisent-elles enfouies sous des milliers de mètres cubes de terre, près du barrage de Vertrieu ?

Les conseils de Jean-Louis Crozier en cas de disparition

Si quelqu'un de votre entourage a disparu, ne paniquez pas et passez en revue successivement les différentes phases ci-dessous :

• Vérifiez s'il est parti à pied ou avec un moyen de transport.

• Constatez s'il a emporté des vêtements, pièces d'identité, carnet de chèques, cartes de crédit, argent liquide.

• Vérifiez s'il n'a pas laissé de lettre d'adieu.

• Contrôlez les vêtements qu'il a pu emporter et efforcez-vous de les décrire précisément (taille, couleurs...).

• Avertissez voisins, amis, parents ; faites des vérifications par téléphone. Essayez de savoir qui l'a vu en dernier.

• Prévenez la gendarmerie ou la police locale.

• Précisez si le disparu prenait des médicaments. Si oui : lesquels ?

• Retrouvez des photos, les plus récentes possibles, pour la presse, la police... ou le radiesthésiste.

• Trouvez et mettez dans un sac, en les touchant le moins possible, les derniers vêtements non lavés qu'a pu porter le disparu (cela pourra être important pour le chien policier).

• N'oubliez pas que toutes les fugues ne finissent pas tragiquement. Donc, restez calme et lucide et essayez de trouver le détail qui pourra devenir un indice.

• Méfiez-vous des personnes qui ont toujours vu quelque chose. Rares sont les témoignages qui, examinés de près, sont encore crédibles après quelques questions précises. N'oubliez pas que les gens sont en général peu observateurs et qu'ils confondent très souvent les marques de voiture ou leurs couleurs.

• Laissez faire leur travail aux policiers, aux gendarmes, aux pompiers. Si une battue s'organise, il faut savoir conduire ces hommes et déjouer les pièges tendus par la nature (on a souvent trouvé une personne âgée cachée dans un taillis ou dans un tronc d'arbre évidé, ne bougeant pas, apeurée par les bruits des sauveteurs !).

Jean-Louis Crozier et les chiennes de Dany Saval

Jean-Louis Crozier agit sur les animaux comme sur les hommes. Sa technique et son approche sont, en effet, identiques : il soigne à distance et recherche les êtres disparus au moyen d'une photo.

Parmi les nombreux cas d'animaux qu'il a eu à traiter, figure celui — étonnant — des trois lévriers whippet (chiens à poil ras) de Dany Saval, la célèbre comédienne épouse de Michel Drucker.

Tout a commencé fin avril 1986. Souvenez-vous : l'Europe de l'Ouest vivait dans l'angoisse de voir arriver le fameux « nuage de Tchernobyl ». Or, ce nuage est bien passé sur l'ensemble de la France entre le 29 avril et le 2 mai, soit à peine quatre jours après l'explosion du réacteur n° 4 de la centrale nucléaire soviétique ! Mais les pouvoirs publics et les médias ont (volontairement, pour éviter toute panique ou involontairement, par inconscience ?) oublié de dire que le danger pouvait être grand.

Pour s'en convaincre, il suffit de lire les chiffres des taux de radioactivité des dépôts au sol, relevés à différents endroits de l'hexagone (il s'agit de becquerels par mètres carrés) : 180 en Bretagne, 1 325 à Saclay (près de Paris) mais 42 500 à Marcoule (dans le Gard) ! En comparaison, on en a relevé 810 dans le Sud de l'Angleterre,

27 000 dans le Nord, 25 000 à Munich (Allemagne), 56 650 à Milan et jusqu'à 700 000 — le record — à Taernsjo (Suède) ! Dans ce dernier pays, le gouvernement a recommandé de n'acheter ni lait ni produits frais et de donner aux enfants et aux femmes enceintes des pastilles d'iode, car la glande thyroïde ainsi saturée ne fixe pas l'iode radioactif. En effet, il est prouvé que lorsqu'un être humain est irradié, c'est la thyroïde qui est la première attaquée.

Donc, le 30 avril 1986, Paris a été survolé par le dangereux nuage radioactif, ce que me confirme Danyl Saval, au cours d'un entretien qu'elle a eu la gentillesse de m'accorder à son domicile : « Je me souviens parfaitement que ce jour-là il pleuvait. Quinze jours après, je constate que les deux tiers des plantes qui s'épanouissent sur la terrasse du toit de mon immeuble ont littéralement grillé, par plaques. Ce phénomène ne pouvait être mis sur le compte d'une quelconque vague de sécheresse (rien de tel à cette période).

Deux ans après cet incident, je constate que l'une de mes chiennes, Lili, 8 ans, a sur le cou une grosseur de la taille d'un œuf. Après examen, le verdict tombe : tumeur de la thyroïde (maladie très rare chez les chiens). Une ablation de la glande devra être effectuée. Son examen confirmera qu'il s'agissait d'une tumeur maligne, avec un pronostic très réservé. Deux mois à peine après l'intervention, mes deux autres chiennes, Zaza (la mère de Lili) et Mina sont atteintes du même mal ! Je les amène à la clinique spécialisée qui a opéré Lili, où elles sont examinées par cinq vétérinaires (dont un cancérologue qui envisage une chimiothérapie pour traiter le cancer, confirmé après analyse d'une biopsie). Les opérations s'avèrent impossibles car Zaza est âgée (12 ans) et Mina cardiaque.

Angoissée et la mort dans l'âme, je n'ai aucune autre solution que d'espérer un miracle. Celui-ci arrive pourtant peu de temps après, en juin 1988. En effet, un jour, parmi l'abondant courrier qu'on m'adresse dans le cadre de mes activités de déléguée enquêtrice à la SPA, en charge des dossiers sur des chiens volés, une lettre attire mon attention : une femme de notaire me parle d'un radiesthésiste-magnétiseur d'Aubenas nommé Jean-Louis Crozier, dont elle a lu une interview dans une revue. Elle me demande si je peux le contacter pour qu'il essaye de retrouver son labrador disparu. Je suis bien sûr d'accord et appelle Jean-Louis Crozier au téléphone : il accepte de faire la recherche et me propose par ailleurs gentiment son aide si j'en ai besoin. Je lui parle alors du souci que j'ai avec mes trois chiennes et il accepte de tenter de les sauver. Pour travailler, de chez lui, à distance, il me demande simplement une photo de chaque animal, que je lui envoie. Jean-Louis Crozier pratique alors chaque jour une séance de magnétisme sur les trois photos, pendant quelques minutes.

Le premier mois, il ne se passe rien de visible. A partir du deuxième mois par contre, les grosseurs qui étaient dures se sont mises à ramollir. Et le troisième mois, elles ont entièrement disparu ! Au grand étonnement des cinq vétérinaires qui avaient examiné Lili, Zaza et Mina auparavant : plus aucune trace de tumeurs !

Pour moi, il est clair que la guérison de mes lévriers whippet est le résultat de l'« intervention » de Jean-Louis Crozier qui possède, à mon sens, un véritable don.

Aujourd'hui, 17 octobre 1990, Zaza est morte mais de vieillesse, à plus de 15 ans, alors que Lili et Mina se portent bien, comme vous pouvez le constater. »

Jean-Louis Crozier face aux tests du professeur Rocard

Afin d'avoir des éléments objectifs et mesurables, j'ai fait soumettre Jean-Louis Crozier à différents tests par le professeur Rocard. En voici les résultats précis.

J'ai emmené Jean-Louis Crozier chez le professeur Rocard le lundi 18 juin 1990. Ce dernier lui a alors fait subir plusieurs expériences destinées à évaluer ses capacités radiesthésiques. Ce que le professeur appelle le test de la sensibilité sourcière. Nous avons vu longuement au chapitre 4 («Les explications des scientifiques») en quoi consistait ce test. Rappelons qu'il s'agit de savoir au bout de combien d'oscillations un pendule, tenu par le professeur Rocard, se mettra à tourner pendant que le sujet à tester (Jean-Louis Crozier) pose sa main droite verticalement, les doigts vers le haut, sur l'arcade sourcilière gauche du professeur.

Eh bien, le pendule quitta ses oscillations longitudinales au bout de 11 balancements pour se mettre alors à tourner dans le sens anti-horaire. Conclusions du professeur Yves Rocard : «Jean-Louis Crozier est un magnétiseur confortablement doué, possédant de la magnétite dans les articulations des doigts».

Il faut noter que le professeur a poussé plus loin l'expérience en demandant à Jean-Louis Crozier de modifier la position de sa main : une première fois, main toujours verticale mais fermée (le pendule ne se mit alors à tourner qu'à la 15e oscillation) et une seconde fois, main horizontale sur l'arcade sourcilière du professeur (le retard — normal — à la rotation fut dans ce cas encore plus important, puisque celle-ci ne s'effectua qu'à la 32e oscillation).

Jean-Louis Crozier et l'expérience du faux disparu

Ce qui va être relaté a eu lieu à l'initiative d'une équipe de télévision d'Antenne 2, animée par Jeanne Lagier, venue faire un reportage sur le célèbre radiesthésiste ardéchois.

Faute d'avoir eu un véritable disparu à rechercher sur Aubenas, l'équipe décida de choisir, à l'insu de Jean-Louis Crozier, un «disparu volontaire» et de l'envoyer se cacher à un endroit tiré au sort. Afin de donner à cette expérience une valeur incontestable, toute l'opération fut placée sous le contrôle d'un huissier de justice.

Le mardi 31 mai 1988, donc, à la caserne d'Aubenas, se trouvent regroupés : l'équipe d'Antenne 2 munie d'une caméra portable, le capitaine des pompiers d'Aubenas Louis Coste (promu depuis commandant), un huissier de justice d'Aubenas, maître Le Meur et Jean-Louis Crozier tendu et fébrile avant cette expérience totalement originale pour lui.

Le radiesthésiste ayant été mis à l'écart dans une autre salle, le groupe d'enquête procède alors au choix du « disparu volontaire » (ce sera Monsieur Nicolas Peytier, l'un des pompiers de la caserne) et à celui de la cachette (tirée au sort parmi quatre endroits proposés par les membres de l'équipe).

Au moment où il est fourni à Jean-Louis Crozier une carte IGN aux 25 millièmes et quatre photos du disparu (deux « polaroïds » pris quelques minutes auparavant par l'huissier et deux photos plus anciennes), ce dernier est déjà parti se cacher. Pour lui laisser le temps de le faire, Jean-Louis Crozier ne débute ses recherches que vingt minutes plus tard. Dès qu'il lance son pendule, il obtient tout d'abord un écho imprécis et faible au sud-ouest de la caserne, vers le village de Lazuel (deux jours plus tard, le pompier « disparu volontaire » apprendra au capitaine Coste qu'au cours des heures précédant l'expérience, il était chez son père à Lazuel ! Tout porte à croire que Jean-Louis Crozier aurait donc perçu une sorte de rémanence de la présence de Monsieur Peytier).

Puis un deuxième écho apparaît sous le pendule de Jean-Louis Crozier. Un écho plus net, plus sensible (il est intéressant de noter que le radiesthésiste a alors regroupé toutes les photos en un seul paquet, comme pour mieux amplifier cet écho).

Sur la carte, il suit alors une voie qui passe par Saint-Étienne de Fontbellon, pour continuer vers le sud à la Chapelle-sous-Aubenas et se terminer trois kilomètres plus loin à l'aérodrome d'Aubenas. Ce dernier est installé sur un plateau de plusieurs milliers d'hectares, à la végétation pauvre, composée de chênes verts et de buis, poussant difficilement entre des blocs de roches calcaires.

L'écho perçu par Jean-Louis Crozier se situe très précisément au sud de l'entrée de la piste de l'aérodrome, en dehors du périmètre grillagé, mais à côté d'une importante masse métallique.

Le capitaine Coste organise alors une battue avec ses dix-sept hommes présents, sur 300 mètres. Rien. Il décide de ratisser dans l'autre sens, de l'est vers l'ouest. C'est une bonne idée : M. Peytier est retrouvé allongé sur le sol auprès d'un arbuste et à quelques mètres d'une épave de voiture.

L'expérience a réussi, comme le confirme l'extrait du constat de l'huissier de justice, maître Le Meur : « Au bout d'environ une heure de recherches, le ''disparu'' Peytier Nicolas, est retrouvé à l'intérieur de la zone de recherches établie par Monsieur Crozier.

Il est alors 20 heures.

De tout ce qui précède, j'ai dressé le présent procès-verbal de constat pour servir et valoir ce que de droit ».

Le reportage sera diffusé deux semaines plus tard, le 16 juin 1988 à 22 heures au cours de l'émission « Édition Spéciale », consacrée à l'irrationnel et animée par Claude Sérillon[1].

Jean-Louis Crozier confirmera l'importance de l'expérience pour lui : « Vous dire que je suis heureux après un tel test est vrai. J'ai consommé beaucoup d'énergie et soumis mon système nerveux à rude épreuve. Mais le résultat est là. Heureusement d'ailleurs, parce que je me suis remis en cause totalement : soit je trouve et on crie au miracle, soit j'échoue et on me traite de charlatan. Un échec face aux médias, et c'est ma réputation entière, ainsi que par ricochet celle des autres radiesthésistes sérieux, qui auraient été atteintes ».

1. Un extrait est repassé le 27 mai 1991 dans l'émission « Stars 90 » à laquelle Michel Drucker a invité Jean-Louis Crozier et présenté cet « ABC de la Radiesthésie ».

CHAPITRE 9

Radiesthésie et magnétisme

Radiesthésistes-magnétiseurs et médecins : l'impossible dialogue. — La radiesthésie à mains nues. — Les magnétiseurs sont-ils des super sourciers ? — Les conclusions du professeur Rocard. — L'avis de Jean-Louis Crozier.

Rapprocher les deux concepts de magnétisme et de radiesthésie peut paraître, de prime abord, surprenant. Pourtant, depuis une cinquantaine d'années, les guérisseurs utilisent le pendule pour diagnostiquer les troubles dont souffre le patient et pratiquent ensuite des séances de magnétisme pour soulager le malade de ses maux. Certains guérisseurs recherchent même au pendule, à la fin de la séance, quels produits donner au patient afin de lui assurer la meilleure guérison possible. Il faut cependant reconnaître que peu d'entre eux avouent officiellement pratiquer la radiesthésie, car ils seraient alors irrémédiablement coupables d'exercice illégal de la médecine pour avoir émis un diagnostic.

Radiesthésistes-magnétiseurs et médecins : l'impossible dialogue.

On se retrouve donc face à la situation suivante : les magnétiseurs diagnostiquent en posant des questions à leur pendule alors que les médecins le font en posant les leurs à leur patient.

Ces deux approches sont si fondamentalement opposées qu'il n'y a aucune chance pour qu'une coopération puisse s'établir entre les deux communautés, même si de nombreux médecins connaissent les principes de base de la radiesthésie. Peut-être parce que l'utilisation du pendule a, pour le corps médical, une connotation d'« outil de voyante » ou de « gadget parapsychologique », peu en harmonie avec leur approche rationnelle de la maladie.

Il arrive pourtant de surprendre des médecins en « flagrant délit de radiesthésie » ! Charles de Saint-Savin a révélé à ce sujet une savoureuse anecdote survenue à son ami le Docteur Claoué.

« Pour une raison quelconque, il avait été voir un grand pontife de la médecine. Quelle n'était pas sa surprise de voir, sur le bureau, un pendule de radiesthésiste. Le grand patron aurait bien voulu le faire disparaître, mais Claoué était bien trop heureux, lui qui défendait les guérisseurs, de marquer un point!

— Et quoi! Monsieur le Professeur. Vous faites de la radiesthésie ?

— Non, mon cher, ce n'est pas moi, c'est ma femme. Je ne devrais pas vous dire ça, à vous Claoué, qui défendez les guérisseurs, ces illégaux, mais je suis extrêmement surpris de constater qu'avec son pendule, elle a souvent un diagnostic plus sûr et plus précis que moi-même avec tout ce que j'ai appris.

Si on avait parlé d'enseigner la radiesthésie à la Faculté, il est pourtant fort vraisemblable que ce grand professeur n'aurait pas été le dernier à s'y opposer. »

L'un des plus grands théoriciens et praticiens de la radiesthésie médicale fut le Révérend Père Jurion lequel, grâce à son pendule, choisissait les remèdes et prescrivait un traitement soigneusement dosé et personnalisé à chacun de ses patients. Il avait rédigé une méthode qu'il espérait voir appliquer par les médecins dans leur cabinet : rêve naïf ou anticipation scientifique ?

L'avenir nous le dira peut-être un jour. Pour l'heure, contentons-nous de voir comment fonctionne sa méthode, exposée dans *Thérapeutiques naturelles : radiesthésie médicale*.

« Cette qualité révolutionnaire de la radiesthésie qui se manifeste dans certains domaines est singulièrement éclatante dans celui de la médecine. La radiesthésie permet d'aborder la pratique médicale d'une toute autre façon, selon une toute autre optique, plus directe et donc plus simple, tout en restant rationnelle. Le but de la pratique médicale est de soulager et de guérir.

Le problème est donc de trouver la thérapeutique valable et d'en définir les modalités d'application pour un cas donné. Pour choisir cette thérapeutique, le médecin observe le malade et procède à des examens afin d'élaborer un diagnostic qui lui permette de composer un traitement.

La radiesthésie peut éviter ces démarches préliminaires en posant directement la question : ''Cette thérapeutique convient-elle pour ce malade ?''

La solution est ainsi donnée sans avoir, auparavant, procédé à des examens ni sans avoir élaboré un diagnostic.

C'est ainsi qu'opèrent certains radiesthésistes : ils ne posent aucune question au malade ni sur ses maladies antérieures ni sur ses troubles actuels, afin, disent-ils, de ne pas se laisser influencer, mais, également, il faut l'avouer, afin ''d'épater'' le malade en lui signalant les maladies et opérations anciennes ainsi que les troubles actuels.

Cette manière de faire est peu logique et peu raisonnable. Pourquoi supprimer l'interrogatoire qui nous donne ces renseignements d'une façon plus rapide et plus sûre, et s'imposer une recherche fatigante qui ne peut être à 100 % sans erreurs ?

Cette méthode que nous proposons, la recherche directe du remède, indique bien la marche générale à suivre et sur-

tout définit bien le genre de question directement lié au but poursuivi, la guérison du malade.

Il faut donc procéder par éliminations successives, en passant en revue les points essentiels de l'organisme et les divers éléments du traitement à composer.

La question la plus rationnelle nous semble être celle-ci : ''Quelle fonction ou quel organe faut-il soigner ? ou plus exactement (cette question est ainsi très mal formulée radiesthésiquement, puisque le pendule ne peut que répondre par oui ou par non) : ''Dois-je chercher un remède pour tel organe ou pour telle fonction ?''

Un premier choix est ainsi opéré qui réduit, en une première étape, le nombre des solutions possibles. D'autres questions analogues cerneront progressivement le problème pour aboutir à la solution idéale.

Un exemple : ''Faut-il accepter de soigner ce malade ? Oui. Faut-il chercher un remède pour le système circulatoire ? Non. Pour le système nerveux ? Non. Pour le système digestif ? Oui. Pour l'oesophage ? Non. Pour l'estomac ? Non Pour la vésicule biliaire ? Oui. Quelle thérapeutique ? Allopathique ? (pourquoi pas ?) Non. Acupuncture ? Non. Homéopathie ? Oui. Un remède unitaire ? Non. Un complexe ? Oui. Du laboratoire X. ? Non. Du laboratoire Y. ? Oui. Le n° 112 ? Oui. 10 gouttes ? Oui. Une fois par jour ? Oui. Avant le repas de midi ? Non. Du soir : Oui. Voici un remède trouvé avec ses modalités d'application, d'une façon précise, sûre et personnalisée''.

Le Révérend Père Jurion fut incontestablement un pionnier de la radiesthésie « médicale » mais il a été peu suivi par ses confrères.

En effet, de nombreux radiesthésistes utilisent souvent le pendule pour « diagnostiquer » l'origine du mal dont souffre le patient, mais rarement pour déterminer la thérapeutique adaptée à ce malade. Nous ne possédons, hélas, aucune statistique en ce qui concerne l'efficacité du pendule pour chacune de ces deux fonctions (diagnostic et thérapeutique) mais nous disposons par contre d'un chiffre troublant, publié dans le *Parisien Libéré* du 22 octobre 1985 et s'appliquant au domaine médical : « Aux États-Unis, en étudiant le corps de ceux qui viennent de mourir, les spécialistes de l'anatomo-pathologie viennent de faire une constatation inquiétante : 42% des décès révèlent des erreurs ou imprécisions de diagnostics, ou l'échec de thérapeutiques ! »

Malheureusement, en l'absence de données scientifiques sur la radiesthésie, personne ne peut affirmer si l'utilisation du pendule aurait pu faire baisser sensiblement ce taux surprenant constaté par la médecine officielle.

La radiesthésie à mains nues.

Des magnétiseurs-radiesthésistes doués, comme ceux que le professeur Rocard a étudiés, effectuent parfois du « travail à mains nues ». Il ne s'agit pas ici des illusionnistes philippins qui sont souvent qualifiés de guérisseurs à mains nues mais de radiesthésistes qui remplacent leur pendule par leur main pour mieux « ressentir » ce qu'ils cherchent. C'est le cas, essentiellement, lors de l'élaboration du diagnostic médical d'un patient.

Michel Moine, dans son *Guide de la radiesthésie*, donne les conseils nécessaires aux débutants qui souhaitent pratiquer cette technique de magnétiseur.

« Les sensations physiques ressenties avec le plus de facilité étant le plus souvent des sensations de chaud et de froid sur la face intérieure des mains, voici l'entraînement que vous pouvez suivre pour acquérir ces réactions réflexes :

— Efforcez-vous de trouver un « volontaire » parmi vos amis. Il vous faut une personne qui souffre de quelques maux légers dont elle connaît les origines. Cela afin de contrôler vos réactions par la suite.

— Choisissez une convention mentale précise et intense. Celle-ci, par exemple : « Lorsque ma main passera devant un organe en hyperfonction, j'aurai une sensation de chaud ; si l'organe est en hypofonction, j'aurai une sensation de froid. »

— Passez lentement votre main (face interne) à quelques centimètres du corps de votre patient.

Vous pouvez faire la même expérience, ressentir les mêmes sensations, avec un témoin quelconque (cheveux, photo, etc.) mais avec plus de difficulté, car cela suppose, en même temps que la convention mentale (chaud et froid), une orientation de la pensée sur chaque organe prospecté. Vous procéderez de la manière suivante :

— Tenez votre main immobile, à quelques centimètres au-dessus du « témoin ».

— Orientez votre pensée successivement vers chaque organe. Lorsque votre pensée (orientation mentale) se fixera sur un organe précis, vous aurez une sensation de froid ou de chaud (selon la convention mentale choisie).

Si vous obtenez, avec cette méthode, des résultats constants et contrôlés, vous pourrez l'adapter à différentes prospections. Mais il est bien évident que les instruments et les accessoires traditionnels du radiesthésiste vous permettront de réussir certaines expériences plus facilement et avec plus de précision ! ».

Les magnétiseurs sont-ils des super sourciers ?

Intrigué par un reportage à la télévision au cours duquel une dame révélait que tous ses tickets de métro étaient démagnétisés lorsqu'elle les prenait entre ses doigts, le professeur Rocard s'est alors décidé à étudier plus spécialement ces personnes dont on dit qu'elles ont du magnétisme dans les mains : les magnétiseurs.

Pour cela, il a contacté le GNOMA, qui est le plus important groupement de guérisseurs en France et a pu ainsi soumettre certains de ses membres à différents tests. En plus de ceux-ci, j'ai personnellement organisé la rencontre du professeur Rocard avec Jacques Montagner[1] et avec

1. *Voir l'ABC du magnétisme*, par Jacques Mandorla (Jacques Grancher, Éditeur).

Jean-Louis Crozier (voir chapitre précédent de ce livre) ce qui lui a permis de mesurer leurs performances magnétiques.

Qu'a donc conclu M. Rocard de toutes ses enquêtes? Un fait fondamental : les magnétiseurs sont dans tous les cas d'excellents radiesthésistes mais ils l'ignorent souvent, car ils n'utilisent ni la baguette ni le pendule.

Pour le professeur Rocard, cette capacité provient du fait qu'ils ont de la magnétite dans les mains. Pour le prouver, il a créé le test suivant, auquel il soumet ses « cobayes » : tenant un pendule dans sa main droite, il fait placer les trois doigts longs, pointés vers le haut, d'une main du magnétiseur sur son arcade sourcilière gauche.

Au bout d'une dizaine de secondes, le pendule se met à tourner. Si le magnétiseur pose ses doigts pointés en bas, le résultat est identique mais le sens de rotation du pendule est inversé. Ce qui prouve que l'effet est magnétique puisqu'il y a une polarité.

Fort de toutes ses expériences, le professeur Rocard a alors défini scientifiquement le magnétiseur. Pour lui, il répond à quatre caractéristiques spécifiques :

1. ses doigts peuvent provoquer, en agissant sur le point sensible des arcades sourcilières d'un sujet moyen, la rotation d'un pendule tenu par ce sujet.

2. il est capable de réaliser des momifications de fruits ou de viande, grâce à la magnétite qui se trouve dans les articulations de ses doigts.

3. il possède une sensibilité sourcière très au-dessus de la moyenne et il éprouve même certains picotements qui lui révèlent la stimulation magnétique, parfois insupportables au bout de 3 minutes (le dérangement de ses capteurs magnétiques devenant intolérable).

4. il peut faire chuter en arrière un sujet, à son insu, en tendant vers lui, mais dans son dos, ses bras horizontalement. Lorsque ses mains sont à une soixantaine de centimètres de la base du cou du sujet, celui-ci perd alors peu à peu l'équilibre et tombe lentement en arrière (pour le professeur Rocard, l'explication vient du fait que le magnétiseur a émis un signal magnétique, provoquant une petite perturbation du champ autour du sujet qui,

pour que cela fonctionne, doit être spécialement sensible).

Les conclusions du professeur Rocard

Elles sont de trois ordres :

1. En radiesthésie, il existe une multitude de signaux : il ne faut s'intéresser qu'à ceux qui sont « confortables » (c'est-à-dire élevés). Par exemple, lorsqu'on approche une pièce en nickel de un ou deux francs à dix centimètres du talon d'un bon magnétiseur, le pendule que celui-ci tient se met à tourner, alors que si on éloigne la pièce de vingt centimètres (elle se situe donc maintenant à trente centimètres du talon du sujet), le pendule reste immobile (car le champ magnétique produit par la pièce devient considérablement plus faible).

2. La rotation du pendule tenu par un « biomagnétiseur » (le professeur Rocard préfère ce terme à celui de pendulisant, pour qualifier une personne ayant une bonne réception biologique des phénomènes magnétiques) est due à une baisse du tonus musculaire du sujet. Quelles sont les causes possibles de cette action de rotation ? Le magnétisme du sujet, sa fatigue physique, une maladie, la maladresse...

3. Les magnétiseurs qui recherchent un organe malade en pendulisant sur des planches anatomiques ne font pas un acte scientifique : le signal qui pourrait provenir de cet organe malade est beaucoup trop faible dans le chaos magnétique de la pièce.

L'AVIS DE JEAN-LOUIS CROZIER

Personnellement, j'ai toujours mené de pair radiesthésie et magnétisme. Je n'ai donc pas l'impression de vivre un conflit entre deux univers qui s'affrontent.

Il est vrai que mon grand-père était sourcier et m'a, de ce fait, initié très tôt à la radiesthésie. Et que ma mère était magnétiseuse dans le savoir : elle enlevait le feu, comme on dit, c'est-à-dire qu'elle soignait les brûlures aux premier et deuxième degrés, en imposant les mains près des plaies et en prononçant, dans sa tête, une formule de conjuration qu'elle connaissait par cœur. Évidemment, cela n'avait rien à voir avec de la sorcellerie : il s'agissait d'une sorte de prière qui devait, à mon avis, l'aider à se concentrer.

En ce qui concerne le travail à mains nues, je dois avouer que je le pratique parfois en radiesthésie et bien sûr systématiquement en magnétisme (que ce soit à distance ou à mon cabinet).

En radiesthésie, en effet, il m'arrive d'abandonner le pendule et de travailler directement sur la photo d'un disparu avec ma main droite (dans une posture des doigts ressemblant à un «revolver» c'est-à-dire le pouce, l'index et le majeur tendus et serrés, l'annulaire et l'auriculaire repliés).

En magnétisme, j'utilise mes mains différemment, selon que je travaille à distance sur photo ou en direct sur le patient.

Pour les soins à distance, je demande à la personne malade de m'envoyer sa photo (de bonne qualité, nette, récente, de préférence photo d'identité cadrée sur le visage). Pour moi, une photo parle et émet des ondes. Je ne veux rien de plus : surtout pas de mèche de cheveux ou de rognures d'ongles. Dès que j'ai reçu la photo du patient et le descriptif de ses troubles, je pratique chaque jour une à plusieurs séances de magnétisme sur sa photo (en me concentrant à chaque fois environ une minute sur la maladie à combattre). C'est par cette technique que j'obtiens des résultats intéressants. Mais je ne fais rien d'autre : pas de traitement de cas d'envoûtement ni de recommandation de produits (homéopathiques ou phytothérapiques). Dans le cas des zonas et des brûlures, mon action est efficace si je peux intervenir très vite. Mes anciens clients sont au courant : ils m'appellent en catastrophe car ils savent que j'ai, dans mon cabinet, une photo d'eux sur laquelle je peux travailler immédiatement.

Enfin, je magnétise en direct les patients qui viennent à mon cabinet d'Aubenas, en agissant de façon classique par imposition des deux mains, doigts écartés, sur les parties malades. Pendant cette imposition, je pense intensément à l'organe à soigner : je cherche, en effet, soit à l'activer s'il est défaillant, soit à le régulariser s'il fonctionne de façon irrégulière.

CHAPITRE 10

Radiesthésistes et magnétiseurs face à la loi

Un guérisseur seul peut être vulnérable, car pèse sur lui la menace permanente d'être accusé d'exercice illégal de la médecine. Intégré dans une association, il peut mieux se défendre. Voilà pourquoi il ne se passe pas une année sans qu'un ou deux groupements de guérisseurs ne voient le jour en France. J'ai décidé de vous présenter seulement les plus représentatifs, tant en ce qui concerne leur philosophie que leurs critères de recrutement.

Avant toute chose, rappelons que la finalité de ces groupements ou associations est double : d'abord obtenir une reconnaissance officielle de la part des Pouvoirs Publics. Pour cela, les groupements les plus sérieux proposent — en vue d'éliminer les farfelus, les charlatans et les escrocs — une sélection plus ou moins sévère de leurs membres, sous forme de tests à passer ou de témoignages de clients satisfaits à fournir. Ensuite, protéger et défendre leurs membres en cas de procès intenté par le Conseil de l'Ordre des Médecins au nom du célèbre article L 372 du Code de la Santé Publique. Rappelons que cet article qualifie celui qui exerce illégalement la médecine comme « toute personne qui prend part habituellement ou par direction suivie, même en présence d'un médecin, à l'établissement d'un diagnostic ou au traitement de maladies, ou d'affections chirurgicales, congénitales ou acquises, réelles ou supposées, par actes personnels, consultations verbales ou écrites ou par tous autres procédés quels qu'ils soient, sans être titulaire d'un diplôme, certificat ou autre titre mentionné à l'article L 356-2 et exigé pour l'exercice de la profession de médecin ».

Le Code de la Santé Publique précise, immédiatement après ce texte, tous les actes ou traitements susceptibles de donner lieu à application de l'article L 372 et provenant de nombreux jugements obtenus dans les tribunaux correctionnels depuis une trentaine d'années. Ces traitements « visés » sont au nombre de 21, parmi lesquels les actes de magnétisme et de radiesthésie :

1. traitements psychanalytiques
2. traitements psychothérapiques
3. traitements diététiques
4. traitements thalassothérapiques
5. traitements de chirurgie esthétique
6. certains traitements de beauté
7. traitements d'acupuncture
8. thérapeutiques précises au moyen d'un appareil mis en vente à l'occasion d'une ou plusieurs maladies déterminées
9. traitements chiropractiques ou de vertébrothérapie
10. traitements acoustiques
11. diagnostics et traitements ophtalmologiques
12. traitements par l'énergie électrique
13. traitements orthopédiques
14. traitements par massage
15. traitements galvanothérapiques
16. actes de magnétisme
17. actes de radiesthésie
18. actes d'hypnotisme et de spiritisme
19. diagnostic des maladies du cuir chevelu

20. traitements de sorcier et rebouteux
21. traitements à base de péroxydases synthétiques présentés comme médicaments « miracles » (il s'agit ici des P.S. du défunt Docteur Solomidès).

Notons que le législateur a, par ailleurs, estimé que les « interventions d'ecclésiastiques constituent en principe des actes de foi et que d'autres interventions des ministres du culte peuvent être prises en considération », ce qui justifie l'existence et l'activité de la soixantaine de prêtres exorcistes existant encore en France !

A la lecture de ces textes, on constate immédiatement qu'en dehors des personnes titulaires du diplôme d'État de Docteur en Médecine, aucun de nos contemporains souhaitant remplir son rôle de thérapeute vis-à-vis d'autrui ne pourra exercer son activité sans risques.

Mais, justement, que risque donc réellement celui qui passe outre au fameux article L 372 ? La réponse est simple : elle figure dans l'article 376 du même Code de la Santé : « Cette activité, lorsqu'elle est constatée, peut être pénalisée d'une amende de 3 600 francs à 30 000 francs et, en cas de récidive, de 18 000 francs à 60 000 francs, assortie d'une peine d'emprisonnement de 6 jours à 6 mois ou de l'une ou l'autre de ces deux peines seulement ». Ainsi, il paraît impossible d'aider son prochain sans être diplômé de la Faculté de Médecine.

L'analyse des derniers procès intentés à des magnétiseurs-radiesthésistes m'a amené aux constatations suivantes, confirmées par plusieurs guérisseurs : « si vous êtes magnétiseur, ne pratiquez aucun diagnostic (ni pendule, ni « voyance »), ne préconisez aucun médicament, surtout pas par écrit (cela serait assimilé à une ordonnance), ne touchez pas votre patient (les passes magnétiques pouvant se faire à quelques centimètres du corps du malade), n'acceptez que les personnes ayant auparavant consulté leur médecin traitant, ne faites interrompre aucun traitement médical en cours... et, par précaution, recueillez le maximum de témoignages de guérison ou de soulagement que les patients vous auront fait parvenir (ajoutez-y quelques lettres de médecins vous adressant des malades : cela fera bon effet dans votre dossier, face au juge) ! »

Reconnaissons que malgré cette permanente épée de Damoclès au-dessus de leur tête — l'article L 372 — les guérisseurs continuent leur travail. Dans la plupart des cas, au sein d'associations ou de groupements qui les regroupent et les défendent.

Signalons que pendant « l'époque héroïque des guérisseurs », c'est-à-dire pendant les années 1950-1960, Maurice Mességué avait créé et présidé un mouvement baptisé « Le groupement des praticiens de la Médecine Libre » qui faisait des tournées d'informations dans toute la France, alertait la presse nationale, régionale et locale lors du procès d'un de ses membres et éditait un annuaire de tous ses adhérents intitulé *Les guérisseurs de France*. Ce mouvement n'existe plus aujourd'hui, mais d'autres l'ont remplacé.

L'AVIS DE JEAN-LOUIS CROZIER

Jacques Mandorla a eu raison d'écrire un chapitre sur les dangers qui guettent tout radiesthésiste-magnétiseur. Car il y a de nombreux abus de la part de professionnels indélicats qui ne poursuivent qu'un but : s'enrichir sur le dos de leurs clients.

Personnellement, j'ai toujours pratiqué mon métier avec une éthique morale, une déontologie, un sérieux irréprochables. De plus, je n'ai jamais demandé à un patient d'interrompre un traitement en cours. Voilà pourquoi je n'ai jamais eu de problème avec l'Ordre des Médecins. Je dois avouer d'ailleurs que des médecins m'envoient des clients et que, moi, à l'inverse, je leur envoie les miens dès qu'une radio ou une intervention de spécialiste est nécessaire.

Par ailleurs, je n'appartiens à aucun groupement de professionnels radiesthésistes ou magnétiseurs car, d'une part je n'en vois pas l'intérêt et d'autre part, je n'ai pas le temps : en dehors de mes consultations, au cabinet ou à distance, je consacre en effet de nombreuses heures à donner des conférences gratuites dans toute la France.

Pour conclure ce chapitre, je donnerai trois conseils à ceux qui veulent devenir professionnels :

— Méfiez-vous de tous ceux qui vous appâtent en vous promettant un diplôme de radiesthésiste-magnétiseur qui est souvent l'aboutissement d'une série de cours ou d'un stage dont le coût est élevé. Ces diplômes, n'ayant aucune valeur officielle, ne vous serviront à rien.

— Si vous ouvrez un cabinet, n'oubliez pas de faire les déclarations légales (impôts, TVA, taxe professionnelle...).

— Enfin, dès que tout est prêt, passez à l'action en prenant vos responsabilités, en relevant des défis que vous vous fixerez et en ayant une moralité inattaquable.

CHAPITRE 11

Quelques adresses utiles

Groupements et associations. — Radiesthésistes-magnétiseurs. — L'avis de Jean-Louis Crozier.

Afin de vous éviter d'être un radiesthésiste isolé, sans contact avec d'autres chercheurs, voici des adresses qui doivent vous permettre d'enrichir vos travaux, de confronter vos expériences et même de vous perfectionner.

Nous avons découpé ce chapitre en deux parties :

— des groupements et associations

— des guérisseurs (recommandés ou à consulter prudemment) qui pratiquent le magnétisme pour soigner des patients et utilisent, pour ce faire, la radiesthésie.

Ce chapitre n'a pas la prétention de présenter une liste exhaustive de toutes les adresses disponibles : c'est un panorama large et documenté qui doit vous permettre simplement, et si vous le souhaitez, d'aller plus loin dans votre enquête[1].

1. *Pour en savoir plus, lire la nouvelle édition du* Guide des guérisseurs et autres thérapeutes, *par Jacques Mandorla et Françoise Simpère (éditions Philippe Lebaud).*

Groupements et associations

Association des amis de la radiesthésie (A.A.R.)
60 bis, avenue Foch, 95220 Herblay —
Tél. (1) 39 97 48 98.

Fondée en 1929 par l'abbé Bouly et présidée aujourd'hui par le Vicomte Henry de France, c'est la plus ancienne association française regroupant radiesthésistes et magnétiseurs (elle a ainsi compté, parmi ses membres, le célèbre abbé Mermet). L'A.A.R. organise à longueur d'année des conférences hebdomadaires, le mercredi à 18 h 30, 1, rue des Prouvaires, 75001 Paris, animées par des spécialistes réputés comme Alain Libes, Henri Rullier, le docteur Jean-Luc Ayoun... Elle édite aussi une revue trimestrielle de 32 pages (abonnement annuel : 50 F).

Centre français du magnétisme
3, rue d'Artois, 75008 Paris — Tél. (1) 60 20 18 48.

Fondé et présidé par Jean-Claude Secondé, magnétiseur et ostéopathe, disciple du Révérend Père Jean Jurion, le Centre français du magnétisme a pour but de diffuser toutes les informations en sa possession sur le magnétisme et la radiesthésie : organisation de « Journées du magnétisme » et formation de magnétiseurs et radiesthésistes par cours oraux ou par correspondance.

Centre de parapsychologie du Bas-Berry
28 bis, promenade des Capucins, 36000 Châteauroux —
Tél. 54 22 27 15.

Créé par Daniel Bourdin, magnétiseur-radiesthésiste, ce centre a pour but la diffusion et l'enseignement des sciences parapsychologiques par le moyen de livres, cassettes, dossiers, films, conférences... Exemples de prix de cassettes : « expériences de parapsychologie » (durée 4 heures) : 200 F : cours de radiesthésie médicale et de magnétisme (90 minutes) : 90 F.

E.F.R.P. (Éditions françaises de réalisations pratiques)
27, rue de Clocheville, BP 0911, 37009 Tours cédex.

L'E.F.R.P. dirigée par un certain J. Chauvin, vend une méthode de cours par correspondance à 1 000 F qui promet à celui qui l'achète de devenir radiesthésiste-voyant (sic!) et de gagner jusqu'à « 5 millions de centimes par an »...

Fédération nationale des sourciers, radiesthésistes et magnétiseurs (F.N.R.)
Domaine Marie-Antoinette, 769, avenue de Boirargues 34000 Montpellier — Tél. 67 65 77 33.

Cette fédération, fondée en 1934 par M. Remuzat, est aujourd'hui présidée par M. Max Affre. Elle regroupe 1 800 membres, amateurs ou professionnels, qui se réunissent régionalement une à trois fois par mois et édite une revue trimestrielle (*Vibrations et résonances*). Pour adhérer à la F.N.R., il en coûte 155 francs de droit d'entrée incluant l'abonnement d'un an à la revue, plus une cotisation dont le prix est fixé par chaque section régionale (de 140 à 280 francs).

G.N.O.M.A. (Groupement national pour l'organisation de la médecine auxiliaire)
3 bis, rue Bleue, 75009 Paris — Tél. (1) 47 70 36 70 — Minitel : 3615 TNAT.

Publie une revue bimestrielle : *Thérapeutiques naturelles*. Le G.N.O.M.A. est l'un des plus anciens groupements de France. Fondé par le docteur Claoué et par M. de Saint-Savin en 1950, le G.N.O.M.A. comprend environ 200 membres, la plupart magnétiseurs-radiesthésistes. Mais on trouve aussi des homéopathes, des vertébrothérapeutes, des rebouteux. Le G.N.O.M.A. a incontestablement beaucoup œuvré pour la défense de ce qu'il nomme lui-même « la médecine auxiliaire », mais nous nous sommes rendus compte qu'il subissait de plus en plus de critiques de la part de ses adhérents qui lui reprochent un centralisme excessif, un manque de combativité (cela s'explique peut-être par la lassitude de l'équipe de René Hottekiet, sur la brèche depuis plus de 25 ans) et des règles trop malthusiennes (interdiction pour un membre du G.N.O.M.A. de rencontrer directement des journalistes par exemple). La nouvelle équipe dirigeante, présidée depuis l'été 1990 par Jean-Michel Girardin, devra donner un souffle nouveau au groupement. Notons que le G.N.O.M.A. impose à ses membres un code déontologique en dix points :

1. Ne jamais oublier qu'être magnétiseur est avant tout une mission avant d'être un métier.
2. S'assurer qu'un diagnostic médical a été fait par un ou plusieurs médecins.
3. Ne jamais soigner aucune maladie aiguë ou grave sans surveillance médicale.
4. Ne jamais faire cesser un traitement médical en cours.
5. Ne jamais prescrire ou recommander de produits toxiques, ni de sérums ou de vaccins.
6. Ne jamais se livrer à des interventions chirurgicales.
7. S'interdire toute publicité.
8. Ne pas recevoir dans un lieu public.
9. Se souvenir que le magnétiseur est astreint moralement au même secret professionnel que le médecin.
10. Manifester un esprit de franche et amicale collaboration avec les autres membres.

I.F.A.C.E. (Institut français des académies du corps et de l'esprit)

9, rue de Capri, 75012 Paris — Tél. (1) 43 40 07 95.

Se présente comme un centre de formation en « biomagnétisme humain », concept créé par Jean-Marie Bataille, naturopathe. Contre 860 F, l'I.F.A.C.E. propose une formation en 3 points :

— envoi d'un livre sur le biomagnétisme (principaux chapitres : la radio-vitalité, la nutrition, le système circulatoire, les techniques de la bio-électro-magnétisation)

— test à partir d'un questionnaire se rapportant au livre précédent

— stage d'une journée à Paris, par groupe de 4 ou 5 personnes.

A l'issue de ce programme, l'I.F.A.C.E. remet un diplôme de biomagnétiseur (qui n'a aucune reconnaissance officielle) et vous fait devenir membre de l'académie française de biomagnétisme humain, après acceptation de la Charte et versement d'une cotisation.

La maison de la radiesthésie
16, rue Saint-Roch, 75001 Paris — Tél. (1) 42 60 41 84.

Créée en 1925 par Alfred Lambert, elle est l'une des plus spécialisées du monde entier et présente des milliers d'ouvrages sur le magnétisme, la radiesthésie, l'homéopathie, l'acupuncture, les tarots, la voyance, l'astrologie.

On y trouve tout le matériel recherché par les passionnés de radiesthésie et d'ondes de forme : pyramides, baguettes, aimants et pendules. Pour ces derniers, il est proposé un choix d'une trentaine de modèles différents selon la matière : bois, cristal, agate, jade, laiton, cuivre, grès...

Prospections
3, rue de la Gravelle, 91370 Verrières-le-Buisson — Tél. (1) 69 20 33 45. Magasin de vente : 62, rue du Mont-Cenis, 75018 Paris — Tél. (1) 42 52 25 02.

Créé par Didier Audinot, le spécialiste français n° 1 en matière de recherche de trésors, Prospections propose le plus large choix d'outils de détection classique (pendules) mais surtout électroniques (dowsers, détecteurs...) et de livres sur le sujet (dont le remarquable *Chasse aux trésors, méthodes et techniques* qui fournit en 370 pages toutes les informations utiles pour chercher... et trouver!). A noter que « Prospections » édite, chaque mois, une revue de 64 pages couleurs intitulée « Trésors de l'histoire » et disponible en librairie ou par abonnement (280 F par an).

Syndicat national des radiesthésistes (S.N.R.)
42, rue Manin, 75019 Paris — Tél. (1) 42 39 13 13 - permanence 14 h/18 h.

Le S.N.R. présidé par Marcel Verger, a été fondé et reconnu du Ministère du Travail le 23 décembre 1954.

Il a pour but :
— d'organiser la profession de radiesthésiste
— d'obtenir le libre exercice dans tous les domaines d'un

art dont les résultats contrôlés justifient amplement le caractère d'utilité publique

— de recenser les radiesthésistes sérieux, compétents et honnêtes

— d'encourager, de défendre et d'aider le radiesthésiste qualifié dans l'exercice de sa profession

— de renseigner sur les possibilités et les limites de la radiesthésie, lui faire connaître ce qu'on peut actuellement attendre de cet art.

Le S.N.R. indique au public le radiesthésiste qualifié et spécialisé susceptible de le conseiller dans les diverses branches d'activité de la radiesthésie :

— minéralogie, hydrologie, pétrologie

— archéologie

— recherches policières, de personnes disparues, de trésors, d'objets divers, d'animaux

— recherches d'ondes nocives

— agriculture

— santé, biologie, diététique, régimes

— recherches psychologiques, orientation professionnelle, caractérologie

— affaires

— etc.

Cotisation annuelle : 300 F.

Radiesthésistes-magnétiseurs

• Claude Blanès, 5, rue Bayard, 42300 Roanne — Tél. 77 63 01 52. Tarif : 100 F.

Claude Blanès considère que le corps humain est un récepteur-accumulateur-émetteur de radiations. Il place chaque patient tête au Nord, puis promène ses mains à cinq centimètres du corps pour soigner dermatoses, migraines, stress et verrues. Claude Blanès fait aussi un peu de radiesthésie : il recherche des objets ou animaux disparus.

• André Boslé, Le Saint-Louis, 19, rue des Trois-Pierres, 69007 Lyon — Tél. 78 69 33 25. Tarif : de 300 à 720 F.

M. Boslé fait trop de choses. Il magnétise afin de « recharger la bioénergie », il recherche des personnes disparues à l'aide de son pendule (400 F, plus quelques gouttes de sang, une mèche de cheveux ou une photo), il « désimprègne les personnes, objets, maisons, animaux de leurs ondes nocives » (300 F), il recherche les couleurs les plus agréables et efficaces pour travailler dans les bureaux et entreprises ; enfin, il donne des conférences sur le magnétisme, la radiesthésie et la radionique. Est-il nécessaire de continuer ?

• Daniel Bourdin, 28 bis, promenade des Capucins, 36000 Châteauroux — Tél. 54 22 27 15. Tarif : 200 F en liquide.

Fondateur du centre de parapsychologie du Bas-Berry. Daniel Bourdin est malin : ses clients doivent s'inscrire à son association dès la deuxième séance. Ce qui réduit considérablement sa clientèle.

• Jean Caro, 17, rue Notre-Dame-de-Lorette, 75009 Paris — Tél. (1) 48 78 11 26. Tarif : 200 F.

Il traite à distance par radiesthésie et magnétisme télépsychique. Bizarre !

• Jean-Louis Crozier : voir chapitre 8 (Les secrets du plus célèbre des radiesthésistes actuels).

• Yvette Dallier, villa Sangrilla, route de la Corniche, 64500 Socoa-Ciboure — Tél. 59 47 32 25. Tarif : 150 F environ.

Détecte les maladies au pendule... ou par voyance ! Prudence.

• Jane Denant, résidence Pomègues n° 5, 25, rue Verdière, 13608 Aix-en-Provence — Tél. 42 59 25 77. Tarif : 400 F la séance d'une heure.

Utilise le pendule pour détecter les maladies et traite par un mélange de biorythmes, magnétisme, auto-hypnose, massages. Pratique aussi la médecine de l'habitat.

• Jean-Marie Forestier, 30170 Monoblet, Saint-Hypolyte-du-Fort — Tél. 66 85 28 34.

Soigne (gratuitement!) eczémas, lumbagos, asthme...

• Francis Frandeau de Marly, chez M. Godeau, résidence Marly n° 1, 178, rue Stéhelin, 33000 Codérant — Tél. 56 47 33 89. Tarif : 150 F. A distance sur photo : 450 F par mois.

Commercialise un pendentif de son invention qu'il nomme « pendentif cosmo-magnétique », qui est censé guérir. Ce pendentif a été inspiré de la pile radiesthésique de De Bélizal.

• Guy Guermeur, 21, place de Seine, 92050 La Défense — Tél. 47 78 82 91. Tarif : 500 F l'étude.

Radiesthésiste spécialisé dans le recrutement de collaborateurs ou d'associés, recherchés par les entreprises. A partir du nom, du prénom et de la date de naissance du candidat, Guy Guermeur réalise, par correspondance, une étude de quatre pages comportant l'analyse du caractère de l'individu et la synthèse de ses points forts ou faibles (forces vitales, sociabilité, conscience professionnelle, intelligence, capacité de progression).

• Madame Hamon, Moulin de la Bretêche, 91160 Champlan — Tél. (1) 64 48 38 77. Tarif : 200 F.

Elle prétend soigner à distance grâce à un objet radiesthésique en or, conçu d'après un original égyptien (tiens, cela rappelle la tristement célèbre bague de Ré). Elle vend, en plus, des pyramides pour les couples en crise, qu'elle charge à l'aide d'un pendule égyptien (encore!). Prudence.

• Luc Hourdequin, C.E.R. 8, rue Lincoln, 75008 Paris — Tél. (1) 42 25 68 92. Tarif : 300 F.

Travaille au pendule pour trouver les produits qu'il va préconiser (oligo-éléments, plantes...).

• Monsieur Lahcène, 7, square Francis Poulenc, 73000 Tours — Tél. 47 20 51 18. Tarif : 100 F.

A succédé à Germaine Brevet, fameuse radiesthésiste qui trouvait la cause de nombreuses allergies en promenant uniquement son pendule au-dessus de boîtes contenant différentes sortes de pollens, poussières, poils et utilise la même technique qu'elle.

• Georges Lamouche, 24, rue Vauban, 29200 Brest — Tél. 98 05 11 34. Tarif : 200 F la séance.

Se fait appeler le Révérend Père Georges (!) et mélange allègrement radiesthésie, voyance, tarot, poudres magnétiques. Mon Dieu!

• Lutezya, 235, avenue Daumesnil, 75012 Paris — Tél. (1) 43 41 58 40. Tarif : 2 000 F par correspondance, 200 F la séance au cabinet.

Se prétend radiesthésiste diplômée (!) et préfère soigner par correspondance sur photo contre 2 000 F, plutôt qu'à dix fois moins cher dans son cabinet. On la comprend!

• Bernard Maillet, 95, chemin de Saint-Étienne, 83330 Le Beausset — Tél. 94 90 26 79. Tarif : 160 F la première séance (une heure), 80 F les suivantes (une demi-heure).

Bernard Maillet a de moins en moins de temps pour pratiquer la radiesthésie (recherche de disparus) car il consacre son temps au magnétisme auquel l'a initié son père : soit en direct sur les patients (imposition des mains sur les points d'acupuncture), soit à distance sur photo (sans toucher celle-ci), soit par téléphone (le soir, de préférence). Bernard Maillet obtient de bons résultats sur les fibromes, le psoriasis, les bronchites chroniques, les zonas.

• Raymond Réant, 13, avenue de Provence, 77270 Villeparisis — Tél. (1) 64 27 21 13. Auteur de *Pratiquez la parapsychologie* (éditions du Rocher). Tarif : 400 F.

Raymond Réant a très longtemps utilisé la radiesthésie pour rechercher des personnes disparues ou des trésors

Mais maintenant, il se consacre au traitement des problèmes de possession ou d'envoûtement (qui semblent prendre une proportion de plus en plus inquiétante en France) et aux cours d'initiation à la parapsychologie (clairvoyance, voyage astral...).

• Yam Rogler, 42, rue Jean Bart, 22000 Saint-Brieuc — Tél. 96 33 44 32. Tarif : 65 F pour une séance de magnétisme simple, 120 F pour magnétisme avec séance de détente.

Utilise le pendule pour accompagner ses prières ou ses séances de magnétisation de l'eau du robinet.

• Colette Rousseau, 60, Grande-Rue, 28270 Laons — Tél. 37 38 14 69. Tarif : 140 F.

Connaît la radiesthésie depuis l'enfance, puisqu'elle a été élevée par son grand-père sourcier et soigne avec succès les dépressions et les maladies de peau.

• Maître Gérard Saint-Florent, 34, rue des Anémones, 57160 Moulins-les-Metz — Tél. 87 62 58 78. Tarif : 150 F (la séance d'une heure).

Sous ce pseudonyme se cache Gérard Rusch, qui pratique magnétisme, désenvoûtement, musculothérapie (sic !), soins par gélules de plantes, après diagnostic au pendule. Et pour couronner le tout, il affirme que le cancer est une maladie comme une autre...

• Jean-Claude Secondé, 3, rue d'Artois, 75008 Paris — Tél. (1) 60 20 18 48. Tarif : 300 F.

Fondateur et président du Centre français du magnétisme. Auteur d'une cassette sur le magnétisme spirituel (140 F) et d'une cassette sur le pendule (140 F).

Guérisseur associant la radiesthésie et le magnétisme, Jean-Claude Secondé doit tout à un homme formidable, aujourd'hui disparu : le Révérend Père Jurion. Il l'a rencontré alors qu'il avait 14 ans. C'est lui qui lui a conseillé de travailler sérieusement la technique du pendule. C'est donc grâce à ses conseils si Jean-Claude Secondé exerce aujourd'hui son métier de radiesthésiste-naturopathe. Pour obtenir de bons résultats, il insiste sur la concentration nécessaire, sur l'exercice régulier et quotidien du pendule et sur l'acquisition du réflexe neuro-musculaire.

Sa définition de la radiesthésie : l'art non pas de chercher mais de trouver quelque chose. Pour lui, cela signifie détecter chez ses patients le lieu d'origine du mal, c'est-à-dire l'organe déficient. Pour y parvenir, il demande à la personne qui vient le consulter de poser sa main à plat sur son bureau. Il place alors son pendule au-dessus de cette main pendant que son index gauche parcourt un ensemble de planches anatomiques. La détection de l'origine de la maladie apparaît quand il constate une perturbation dans la course du pendule. Il lui suffit alors de regarder sur la planche anatomique considérée quelle partie du corps humain se trouve sous son doigt.

Arrivé à ce stade de détection, il apporte alors les conseils que les patients sont en droit d'attendre : consultation chez un spécialiste, préconisation de produits homéopathiques ou d'oligo-éléments, principes de diététique ou passes magnétiques qui soulagent.

• Patrice Torquet, 4, rue des Capucins, 14600 Honfleur — Tél. 31 89 49 15. Tarif : 250 F pour une heure; à distance : autour de 2 000 F.

Adepte de la radionique, Patrice Torquet affirme transmettre à distance les vibrations particulières des formes géométriques simples (carré, cercle, losange) pour protéger ses clients. A 2 000 F la consultation, ça fait cher les mathématiques!

• Marithé Turon-Montero, 26 bis, Sylvia de Luca, quartier des Deux-Portes, 13500 Martigues — Tél. 42 80 45 67. Tarif : 200 F; par correspondance : 250 F.

Étrange technique que pratique Mme Montero : elle enveloppe votre photo qu'elle vous demande par correspondance dans du papier aluminium. Pour mieux vous guérir, dit-elle! Ou pour mieux vous emballer?

L'AVIS DE JEAN-LOUIS CROZIER

Parler d'adresses de groupements ou de magnétiseurs m'incite à vous mettre en garde, chers lecteurs, à propos des manipulations effectuées par certains éditeurs sans scrupules.

En effet, à côté de guides sérieux et objectifs comme le Guide des guérisseurs, *le* Guide des voyants et astrologues *ou le* Guide de l'occulte, *écrits par des journalistes ayant enquêté sur le terrain pendant de nombreux mois et fournissant leur jugement personnel, on trouve des ouvrages qui sont des catalogues publicitaires. Les personnes qui y figurent ont payé pour cela ! Je peux en témoigner puisqu'on m'a proposé trois fois ce type de livre. La démarche est toujours la même : d'abord on vous flatte (« vous êtes un spécialiste reconnu dans votre domaine, c'est pourquoi nous souhaiterions vous faire interviewer par l'un de nos journalistes »), ensuite on vous dit qu'il y aura peu d'élus (au maximum 30 à 40 spécialistes présentés), enfin on vous explique que tout ce travail oblige à engager des frais nécessitant une participation financière de votre part (de 20 à 30 000 francs !). C'est pourquoi, si vous recevez une proposition de ce type, que vous soyez amateur ou professionnel, surtout refusez-là !*

Souvenez-vous qu'une réputation ne se construit pas en achetant quelques pages de publicité, mais en obtenant des résultats incontestables.

CHAPITRE 12

Êtes-vous un bon radiesthésiste?

La radiesthésie n'est pas un phénomène qui concerne seulement les autres. Vous pouvez vous-même être en contact avec ses manifestations ou en ressentir ses effets.

Si c'est le cas, notez vos impressions, vos constatations, vos expériences. Si vous estimez que ces dernières sont intéressantes, ou même originales et que les résultats mesurés sont spectaculaires, communiquez-les moi par écrit (en indiquant vos nom, prénom, adresse, téléphone) en les envoyant à l'adresse suivante :

Jacques MANDORLA, c/o Jacques GRANCHER Éditeur, 98 rue de Vaugirard, 75006 Paris.

CHAPITRE 13

Lexique

Voici la liste des termes essentiels à la compréhension de cet ouvrage et qu'utilisent tous les radiesthésistes.

Acte radiesthésique : ensemble des phases comprises entre le moment où l'opérateur débute une recherche au moyen du pendule ou de la baguette et celui où il obtient des résultats.

Autosuggestion : action de s'influencer soi-même volontairement ou non. Beaucoup de détracteurs de la radiesthésie estiment que les réactions du pendule ou de la baguette sont l'effet de l'autosuggestion.

Bacillogyre : terme ancien issu du latin « bacillum » (baguette) et du grec « guros » (qui tourne) et désignant le sourcier (parce qu'il voyait « tourner » sa baguette).

Baguette : instrument du sourcier, provenant du bois de coudrier et présentant la forme d'un Y. Aujourd'hui, elle est faite dans toutes sortes de matières (rotin, plastique, fibre de verre, métal...).

Baguettisant : terme employé autrefois pour désigner le sourcier qui utilise la baguette.

Biomagnétisme : mot créé par le professeur Yves Rocard pour remplacer le terme « radiesthésie » et désigner la sensibilité de l'être humain aux inégalités locales du champ magnétique terrestre.

Convention mentale : c'est le code individuel que se fixe, par la pensée, tout radiesthésiste avant de travailler avec sa baguette ou son pendule, pour obtenir des réponses aux questions qu'il se pose.

En règle générale, les conventions mentales utilisées sont les suivantes : « oui » pour une rotation du pendule dans le sens des aiguilles d'une montre, « non » pour une rotation dans le sens contraire, « pas de réponse » pour un pendule immobile.

Les adeptes de cette radiesthésie dite mentale (ou psychique) s'opposent à ceux de la radiesthésie dite physique, qui considèrent qu'il ne doit exister aucune influence de la pensée de l'opérateur sur ses instruments de recherche.

Dowser : ce terme anglais (signifiant sourcier) désigne un appareil surnommé « antenne de recherche radiesthésique » et composé de trois parties qui s'emboîtent (une poignée avec chambre radioactive hermétique, une chambre d'échantillonnage et une antenne).

Fading : terme emprunté au vocabulaire des ondes radio et attribué par l'abbé Mermet à l'évanouissement momentané de la sensibilité radiesthésique.

Furcelle : nom inventé en 1826 par le Comte de Tristan (signifiant « petite fourche ») pour désigner la nouvelle baguette qu'il avait conçue en fanons de baleine.

Géobiologie : c'est la science générale étudiant les rapports entre les êtres vivants et la terre.

Giration : voir **rotation**.

Hystérésis : c'est, pour le professeur Rocard, le phénomène de léger retard de chute de la baguette, ressenti par le sourcier et dû au temps nécessaire à la réaction physiologique de ses muscles.

Imprégnation : un objet ou un être humain, après avoir séjourné dans un lieu précis, imprégnerait celui-ci d'ondes décelables par le radiesthésiste. L'imprégnation créerait alors une rémanence (voir ce mot).

Irréversibilité : c'est le phénomène par lequel un sourcier voit sa baguette tourner dans ses mains sous l'action de ce qu'il ressent comme une force croissante et vite insurmontable qu'il ne peut plus empêcher (voir **saute de baguette** et **signal du sourcier**).

Longueur d'onde : pour les radiesthésistes adeptes de la méthode physique, c'est le nombre spécifique correspondant à la « vibration » d'un objet ou d'un être et qui est fonction de l'intensité des ondes émises par ces derniers. L'expression a, bien entendu, été empruntée au vocabulaire des physiciens.

Magnétiseur : pour le professeur Yves Rocard, c'est « toute personne dont les doigts peuvent provoquer, en agissant sur le point sensible des arcades sourcilières d'un sujet moyen, la rotation d'un pendule tenu par ce sujet ».

Pour le grand public, il s'agit du guérisseur qui utilise son magnétisme curatif pour soulager les douleurs des patients.

Magnétisme : c'est l'étude des propriétés des aimants naturels ou artificiels et des divers phénomènes qui en résultent (magnétisme terrestre, nucléaire ou développé par un courant électrique) ; mais c'est aussi un fluide dont disposeraient certaines personnes pour soigner autrui (Anton Mesmer a parlé de « magnétisme animal » mais aujourd'hui on parle, à ce sujet, de « magnétisme curatif »)

Méthode des effets biophysiques : c'est l'expression par laquelle les soviétiques qualifient la radiesthésie.

Mirage : image virtuelle vue par certains radiesthésistes autour de l'objet de leur recherche ou près du lieu où elle s'effectue et que certains considèrent comme une sorte d'hallucination.

Onde · terme de physique désignant une vibration dont l'amplitude est une fonction périodique des variables de temps et d'espace.

Onde de forme : expression créée par André de Bélizal et correspondant au rayonnement qu'émettrait toute forme géométrique (qu'elle soit linéaire, plane ou en volume) sous l'influence du magnétisme terrestre dont elle capte l'énergie qu'elle rayonne ensuite vers l'extérieur.

Ondes nocives : pour les spécialistes de la géobiologie, les êtres vivants seraient soumis à des ondes nocives provenant de quatre origines différentes : du magnétisme terrestre, des eaux souterraines, des habitations et de l'électricité.

Orientation mentale : expression créée par Émile Christophe pour recouvrir le fait que l'opérateur doit se mettre dans un état lui permettant de bien préciser ce qu'il désire rechercher afin d'obtenir le meilleur résultat possible.

Oscillation : c'est le mouvement d'aller et retour, sans rotation, d'un pendule dans un plan vertical. On parle alors d'oscillation longitudinale par opposition aux rotations (voir ce mot).

Pendule : instrument des radiesthésistes tendant à remplacer de nos jours la baguette et constitué d'une masse suspendue à un fil sans torsion. Il existe de très nombreuses sortes de pendules.

Pour sa part, le professeur Yves Rocard l'appelle « pendule explorateur » pour bien le distinguer, dit-il, « de tout un fatras de pendules bizarrement suspendus par les augures d'autrefois ou certains devins d'aujourd'hui ».

Pendulisant : terme utilisé parfois pour désigner la personne qui utilise le pendule.

Période : temps écoulé entre deux passages successifs d'un pendule dans la même position et le même sens. Ce temps s'exprime par la formule mathématique $T = 2\pi\sqrt{\frac{l}{g}}$ (où *l* est la longueur du pendule et *g* l'accélération de la pesanteur).

On voit donc que le temps d'oscillation d'un pendule est fonction de la longueur de son fil, mais est totalement indépendant de sa masse.

Radiesthésie : mot créé en 1929 par l'abbé Bouly à partir de deux termes d'origine différente (l'un latin : *« radius »*

= rayon, l'autre grec : «*aisthesis*» = sensation) et devenu célèbre aujourd'hui, au point d'avoir remplacé les termes de rhabdomancie et de sourcellerie.

Il recouvre deux notions : la réceptivité particulière qu'ont des personnes aux radiations qu'émettraient certains corps et aussi le procédé de détection fondé sur cette sensibilité.

Deux camps s'affrontent : les partisans de la radiesthésie physique, qui considèrent que la pensée n'intervient pas du tout dans l'acte radiesthésique et les partisans de la radiesthésie mentale (ou psychique) qui estiment que l'esprit est souverain.

Radionique : c'est l'étude d'appareils ou de dessins émetteurs d'ondes, qu'ils soient de métal, de bois, de papier ou électroniques.

Radiotellurie : mot créé en 1921 par Régnault et Larvaron pour désigner la recherche effectuée sur le sol par les radiesthésistes.

Rayon : pour beaucoup de théoriciens de la radiesthésie, les êtres ou les choses émettraient des radiations sous forme de rayons immatériels et spécifiques, sur le même principe que les rayons X ou les rayons gamma.

Dans la littérature radiesthésique, on rencontre aussi les termes de radiations, rayonnements ou émissions de rayons pour exprimer le même concept (ne pas oublier que le mot radiesthésie signifie «sensibilité aux rayons»). Ce sont les abbés Mermet et Bouly qui ont popularisé cette notion de rayons radiesthésiques.

Pour l'abbé Mermet, il y a trois sortes de rayons : fondamental, capital, lumineux.

Pour l'abbé Bouly, il y en a deux : solaire, témoin.

Rémanence : pour les radiesthésistes, un objet ou un corps, même absent, laisserait après imprégnation (voir ce mot), une trace de sa présence prolongée dans un lieu, détectable par le pendule et appelée «rémanence».

Résonance : phénomène par lequel un système en vibration peut atteindre une très grande amplitude, lorsque la vibration excitative se rapproche d'une fréquence naturelle de ce système.

Rhabdomancie : mode de divination à l'aide d'une baguette, utilisé dans l'Antiquité. Le mot a été formé à partir de deux termes grecs : *«rhabdos»* : baguette et *«manteia»* : divination.

Rotation : mouvement circulaire effectué par le pendule (on dit aussi : giration) dans un sens horaire (sens des aiguilles d'une montre) ou anti-horaire (sens contraire).

Saute de baguette : mouvement de la baguette de sourcier par rapport à son point d'équilibre. Si la pointe se dirige vers le ciel, la saute est dite positive; si elle se dirige vers le sol, la saute est dite négative (voir **irréversibilité** et **signal du sourcier**).

Sens de rotation : identifie le mouvement du pendule (voir **rotation**).

Sensibilité sourcière : pour le professeur Yves Rocard, c'est le chiffre caractérisant la sensibilité d'un être humain aux variations du champ magnétique. Ce chiffre est fonction du nombre de gammas appliqués pour la stimulation et du temps qu'il faudra au pendule pour se mettre en rotation pendulaire.

Signal du sourcier : pour Yves Rocard, c'est le phénomène, dû à une baisse de tonus musculaire, selon lequel la baguette dépasse sa position limite et se met à tourner dans les mains du sujet sans qu'il puisse l'arrêter en la serrant davantage (voir **irréversibilité** et **saute de baguette**).

Sourcellerie : terme ancien désignant l'art pratiqué par les sourciers. On a, à une certaine époque, fait un amalgame de ce terme avec celui de sorcellerie.

Sourcier : personne à laquelle on attribue l'art de découvrir les sources cachées, les nappes d'eau souterraines, les gisements de minerais, à l'aide d'une baguette ou d'un pendule.

Syntonisation : terme de physique exprimant qu'il y a égalité de fréquence entre deux circuits électriques. Les radiesthésistes ont récupéré le mot pour signifier l'accord parfait existant entre le mouvement du pendule et ce qui est recherché.

Téléradiesthésie : mot créé en 1933 par Émile Christophe, pour qualifier la radiesthésie à distance.

Télépathie : phénomène de communication à distance par la pensée (appelée aussi transmission de pensée).

Témoin : échantillon de même nature que l'élément recherché par le radiesthésiste, tenu dans la main en même temps que le pendule, ou bien enfermé dans un pendule spécial possédant une cavité à cet effet.

Verge : terme utilisé parfois pour désigner la baguette (on trouve ainsi, dans la Bible, l'histoire de la verge de Jacob).

CHAPITRE 14

Bibliographie

Agricola, *De re metallica.*

Audinot (D.), *Chasse aux trésors, méthodes et techniques.*

Auscher (J.), *L'art de découvrir les sources et de les capter*, Baillière; *Les mystérieux pouvoirs du cerveau humain démontrés par la radiesthésie graphique*, Desforges.

Barbarin (G.), *Qu'est-ce que la radiesthésie?*, Plon.

Belizal (A. de) et Morel (A.), *Physique microvibratoire et forces invisibles*, Desforges.

Beresniak (D.), *ABC des couleurs*, Jacques Grancher.

Bersez (J.), *Divinations et radiesthésie*, Lion d'Or; *Vos débuts en radionique*, Faire Savoir.

Bertereau (M. de), *La restitution de Pluton ou exposé des découvertes de Mines par les Beausoleil en France de 1602 à 1640.*

Bird (C.), *La main divinatoire, l'art de la radiesthésie*, R. Laffont

Bourdoux (R.P.), *Notions pratiques de radiesthésie pour les missionnaires*, Desforges.

Bozon, *Radiesthésie : charlatanisme, art ou science?*, Chiron.

Chaumery (L.) et Belizal (A. de), *Traité expérimental de physique radiesthésique*, Dangles; *Essai de radiesthésie vibratoire*, Desforges.

Chevreul, *De la baguette divinatoire, du pendule explorateur et des tables tournantes.*

Christophe (E.), *Tu seras sourcier; Apologie du sourcier.*

Crozier (J.L.), *L'homme du dernier espoir*, Tchou.

Ferran (abbé), *Vie et découvertes d'un bacillogyre ou l'art de lire à travers la terre*, Presse du Tarn.

Figuier (L.), *Les mystères de la science.*

France père (H. de), *Le sourcier moderne*, Maison rustique.

France fils (H. de), *Radiesthésie théorique et pratique.*

Hermme (Prof.), *Nouvelle méthode de Radiesthésie.*

Jurion (R.P.), *La radiesthésie, moyen de connaissance universel. Son apprentissage, ses possibilités, ses limites; Thérapeutiques naturelles : radiesthésie médicale; La radiesthésie : techniques et applications*, Belfond.

Kersaint (J.P. de), *Tout par la radiesthésie*, Dangles; *Cours de radiesthésie; Cours élémentaire de téléradiesthésie.*

Kircher (R.P.), *De arte magnetica opus.*

Koechlin de Bizemont (D.), *Le pendule, premières leçons de radiesthésie*, Solar.

Lacroix-à-l'Henri (R.), *Théories et procédés de radiesthésie*, Dangles; *Manuel théorique et pratique de radiesthésie*, Dangles.

La Foye (J. de), *Ondes de vie, ondes de mort*, Robert Laffont.

Lambert (A.), *Introduction à la méthode de l'abbé Mermet.*

Le Gall, *Toute la radiesthésie en neuf leçons*, Omnium littéraire.

Leprince (Dr. A.), *Radiesthésie médicale*, Legrand; *La Médiumnité radiesthésique ou les vertus divinatoires du pendule*, Dangles.

Luzy (A.), *La recherche radiesthésique dans le temps et l'espace*, Dangles; *Le mystère et la vérité en radiesthésie*, Dangles; *La radiesthésie moderne*, Dangles.

Mager (H.), *La baguette des sourciers et les forces de la nature*, Dunod.

Mandorla (J.), *ABC du magnétisme*, Jacques Grancher.

Mandorla (J.) et Simpère (F.), *Le guide des guérisseurs et autres thérapeutes*, Philippe Lebaud.

Masson (A. et A.), *Les appareils étranges*, Jacques Bersez.

Mermet (abbé), *Le pendule révélateur ou moyen de découvrir les corps cachés et les maladies, de près ou à distance, sur plan ou sur photographie; Comment j'opère.*

Moine (M.), *Guérir par la radiesthésie*, Éd. de l'Hermite; *Guide de la radiesthésie*, Stock; *Radiesthésie, le pendule et la baguette*, Ch. de Bartillat.

Muller (H.), *Pratique de la radiesthésie*, De Vecchi.

Ostrander (S.) et Schroeder (L.), *Fantastiques recherches parapsychiques en URSS*, Robert Laffont.

Pagot (J.), *Radiesthésie et émissions de forme*, Maloine.

Pencreach (R.), *Vers une radiesthésie du 3e millénaire*, Desforges.

Reant (R.), *Parapsychologie pratique pour tous*, Rocher.

Regnault (Dr. J.), *Baguettes et pendules*, Payot.

Rocard (Prof. Y.), *Le pendule explorateur*, ERG; *Le signal du sourcier*, Dunod; « Les sourciers », *Que sais-je*, PUF; *La science et les sourciers*, Dunod.

Sageot (J.), *Révélations radiesthésiques*.

Saint-Marc (A. de), *Manuel pratique de radiesthésie*, Faire Savoir.

Servranx (F. et W.), *La radiesthésie appliquée aux affaires; Vos débuts en radiesthésie*, Editions Servranx, Bruxelles.

Turenne (L.), *De la baguette de coudrier aux détecteurs du pros pecteur*, 10 vol., Desforges et Omnium Littéraire.

Vallemont (abbé de), *La physique occulte ou traité de la baguette divinatoire*.

Vallet (M.), *L'aventure magique de Martine de Bertereau.*

Table des matières

Achevé d'imprimer en septembre 1998
sur presse Cameron
par Bussière Camedan Imprimeries
à Saint-Amand-Montrond (Cher)

N° d'impression : 984068/1.
Dépôt légal : mai 1991.
Imprimé en France